金融科技应用系列教材

JINRONG KEJI YINGYONG XILIE JIAOCAI

征信技术与实务

ZHENGXIN JISHU YU SHIWU

（第二版）

主编◎楼裕胜　贾　悦　王　超

副主编◎韩梦娟　路　涛

中国金融出版社

责任编辑：王　君
责任校对：李俊英
责任印制：丁淮宾

图书在版编目（CIP）数据

征信技术与实务/楼裕胜，贾悦，王超主编 . —2 版 . —北京：中国金融出版社，2023.8

金融科技应用系列教材

ISBN 978 – 7 – 5220 – 1868 – 3

Ⅰ . ①征… Ⅱ . ①楼…②贾…③王… Ⅲ . ①信用制度—教材 Ⅳ . ①F830.5

中国国家版本馆 CIP 数据核字（2023）第 039188 号

征信技术与实务（第二版）
ZHENGXIN JISHU YU SHIWU（DI-ER BAN）

出版
发行　中国金融出版社

社址　北京市丰台区益泽路 2 号
市场开发部　（010）66024766，63805472，63439533（传真）
网 上 书 店　www.cfph.cn
　　　　　　（010）66024766，63372837（传真）
读者服务部　（010）66070833，62568380
邮编　100071
经销　新华书店
印刷　保利达印务有限公司
尺寸　185 毫米 × 260 毫米
印张　13
字数　280 千
版次　2018 年 2 月第 1 版　2023 年 8 月第 2 版
印次　2023 年 8 月第 1 次印刷
定价　45.00 元
ISBN 978 – 7 – 5220 – 1868 – 3
如出现印装错误本社负责调换　联系电话（010）63263947

前言

在我国社会经济逐步迈向高质量发展的重要阶段，信用不仅成为推动社会经济发展的力量，也是国家治理体系的组成部分。信用体系的建设历来受到党中央国务院以及各级党委政府的重视。从微观的视角来看，良好的信用不仅可以提升企业与个人的形象，更重要的是可以使企业与个人因守信而获取经济利益，同时也提高了社会治理的效能。因此，社会信用体系对于国家的社会经济发展以及长治久安的意义不言而喻。

征信是信用体系建设过程中的基础环节，直接关系到信用体系建设水平。我国自古就有征信的思想与实践，"征信"一词来源于《左传·昭公八年》中的"君子之言，信而有征"。我国近现代也有很多关于征信的实践与探索，在1932年就诞生了第一家征信机构——中华征信所。改革开放以后更是在不断探索建设有中国特色的征信体系，已建立全球规模最大的征信系统，在防范金融风险、维护社会稳定、促进经济发展等方面发挥了不可替代的作用，特别是2013年国务院颁布《征信业管理条例》以来，征信在社会经济建设中的地位进一步凸显。

当代大学生是我国今后信用体系建设的主力军、参与者和见证人，也将是最大的受益者。培养大学生信用意识、拓展大学生信用知识、提升大学生信用能力以及提高大学生信用素养，作为培养合格社会主义接班人的高等院校义不容辞，这也是编者编写此书的初衷。

本书从普及征信知识入手，从中国当前征信发展的实际出发，结合高职高专学生的特点，引入大量的案例与素材，力求使用浅显易懂的语言来编写。在编写过程中，编者参考了众多的文献与资料，既吸收了一些当前征信研究的前沿成果，也选取了一些实际工作部门的案例。

本书由浙江金融职业学院楼裕胜教授，杭州市经济信息中心副书记、高级工程师贾悦，杭州市经济信息中心信用事业部主任、高级工程师王超担任主编，具体编写分工如下：第一章，浙江金融职业学院楼裕胜、杭州市经济信息中心贾悦；第二章、第三章，陕西财经职业技术学院韩梦娟；第四章、第七章，陕西财经职业技术学院路涛；第五章，杭州市经济信息中心贾悦、浙江开放大学孔杏；第六章，杭州市经济信息中心王超、浙江金融职业学院毛通。

编者

2023. 2. 12

杭州

目录

第一章 绪论/1
【学习目标】/1
第一节 征信的概念/2
一、征信的含义/2
二、征信的作用与功能/4
三、征信的起源与发展/7
第二节 征信的特征与原则/10
一、征信的特征/10
二、征信的原则/12
三、征信的行为规范/13
四、征信的基本流程/15
第三节 征信产品与服务/17
一、征信产品与服务的基础/17
二、征信产品与服务的概念和种类/18
三、征信机构的产品与服务/19
四、征信机构/21
第四节 征信体系/22
一、征信体系的含义/22
二、征信体系的主要内容/23
三、征信体系的模式/25
四、大数据与征信/27
【思考练习】/33

第二章 征信数据库/34
【学习目标】/34
第一节 征信数据库概述/35
一、征信数据库概述/35
二、征信数据库的分类/35
三、征信数据库的功能/36
第二节 金融信用信息基础数据库/36
一、金融信用信息基础数据库概述/36
二、金融信用信息基础数据库的功能/37
三、金融信用信息基础数据库的意义/40
四、金融信用信息基础数据库的建设历程/41
第三节 政府部门信用信息数据库/44
一、政府部门信用信息数据库概述/44
二、国家企业信用信息公示系统/49
三、地方政府的征信数据库/49
第四节 第三方平台的征信数据库/52
一、第三方平台征信数据库概述/52
二、第三方平台征信数据库的模式/54
第五节 征信数据库的应用案例/57
一、个人征信数据库应用/57
二、企业征信数据库应用/58
【思考练习】/63

第三章 企业征信业务/67
【学习目标】/67
第一节 企业征信产品/68
一、企业信用尽职调查/68
二、企业征信报告与服务/69
三、商账管理/70
四、数据增值服务/70
第二节 企业征信信息/71
一、企业征信信息的主要内容/71
二、企业征信信息的来源/72
三、企业征信信息的采集方式/72
第三节 企业信用评价体系/73
一、企业信用评价体系建立的原则/73
二、企业信用评级要素/74
三、信用评级指标的具体选取/74
第四节 企业信用报告的解读/76

一、企业信用报告的用途/76
　　二、信息展示说明/77
第五节　互联网企业征信业务/80
　　一、互联网企业征信业务的概念/80
　　二、互联网企业与传统企业征信业务的不同/80
　　三、互联网企业征信业务发展历程/80
【思考练习】/87

第四章　个人征信业务/89

【学习目标】/89
第一节　个人征信概述/89
　　一、个人征信的定义/89
　　二、个人征信的作用/90
　　三、我国个人征信的发展/90
　　四、我国个人征信体系现状/93
第二节　个人征信产品/94
　　一、个人信用调查服务/94
　　二、个人征信报告服务/94
　　三、个人信用评分服务/95
　　四、其他个人征信服务/95
第三节　个人征信信息/96
　　一、个人征信信息的主要内容/96
　　二、个人征信信息的主要来源/97
　　三、个人征信信息的采集方式/97
第四节　个人信用评分/98
　　一、信用评分的原理/98
　　二、个人信用评分模型的开发与检验/99
　　三、个人信用评分模型的类型/99
第五节　个人征信报告的解读/100
　　一、个人基本信息解读/100
　　二、个人信用信息解读/101
【思考练习】/103

第五章　征信产品的应用场景/106

【学习目标】/106
第一节　金融领域的应用/106
　　应用一：银行信贷/106
　　应用二：发行债券与股票上市/108
　　应用三：银行信贷与个人征信/109

第二节　经济交易领域的应用/112
第三节　企业管理的应用/115
　　应用一：企业信用管理/115
　　应用二：提升企业信用形象/116
第四节　社会领域的应用/116
　　应用一：信用在社会治理方面的应用/116
　　应用二：信用在行业监管方面的应用/118
　　应用三：信用卡交易与个人征信/120
　　应用四：求职与报考公务员/123
　　应用五：出国留学与个人征信/126
　　应用六：其他个人征信产品应用/127
【思考练习】/129

第六章　信用风险管理/130

【学习目标】/130
第一节　信用与信用风险/130
　　一、信用/130
　　二、信用风险/130
　　三、信用风险的分类/131
　　四、信用风险的特点/132
第二节　信用风险度量/132
　　一、信用风险度量的基本参数/132
　　二、适用于单个信用事件的风险度量方法/134
　　三、适用于组合信用风险的度量方法/136
第三节　信用风险管理/137
　　一、信用风险监测/137
　　二、信用风险预警/138
　　三、信用风险控制/139
　　四、信用风险的分散与转移/141
　　五、信用风险对冲管理/143
　　六、信用风险自留管理/144
【思考练习】/144

第七章　征信业的发展与监管/147

【学习目标】/147
第一节　征信业的发展模式/147
　　一、美国模式——市场主导型/147
　　二、欧盟模式——央行主导型/149
　　三、日本模式——行业协会主导型/150

四、中国征信业发展模式/151
第二节　征信业发展监管模式/152
　　一、美国征信相关法律法规与监管/152
　　二、欧盟征信相关法律法规与监管/160
　　三、日本征信相关法律法规与监管/166
　　四、中国征信相关法律法规与监管/169
第三节　征信业监管体系/177
　　一、征信业监管机构/177
　　二、征信业的监管内容/179
　　三、我国征信业监管机制/184
【思考练习】/185

附录　《征信业管理条例》内容及解读/190

参考文献/198

第一章

绪 论

【学习目标】
- 掌握征信的概念,理解征信的特征与功能
- 掌握征信产品与服务的种类与适用范围
- 了解征信的起源与发展,明确征信对整个社会的意义
- 掌握征信体系的含义、内容,明确国外征信体系的模式

【导读】

1. 征信对个人生活的影响

个人征信对市民工作生活的影响越来越大,个人购车、贷款担保、申请信用卡乃至求职等,都离不开个人征信的介入。如果个人征信评级的等级最高,信用最佳,在申请贷款等方面将一路绿灯。在现实经济生活中,当个人与银行发生信贷关系,难以按期归还银行贷款时,就会遇到"信用危机"。有些客户抱着能拖就拖的方法,故意回避银行的追讨。这种方法不仅无助于问题的解决,而且还会严重影响个人的信用历史。

不良信用记录有何影响?

首先会降低借款人的贷款金额。在将来买房时,银行就会审核贷款人的信用,如果有不良记录,要贷款60万元,银行可能只会审批20万元。

其次是不给借款人优惠利率或使贷款利率上浮。如果有不良的信用记录,银行或许会不给借款人本来该享有的优惠利率,甚至还会提高贷款利率,在很大程度上影响了贷款的成本。

如果有多次的信用不良记录,那么这些信息都会被记录在案。银行可以查询到借款人这些严重的不良的信用记录,会直接拒绝借款人的贷款申请。

此外,不良的记录可能对招聘求职、租房子甚至签证出国多个领域都有影响。

2. 征信对企业生产经营的影响

信用,是自古就有的概念。古代信用是对个人道德层面的要求,在经济上的作用有限。现代信用不仅是考量个人的标准,还是支撑市场经济的基础。对一个企业而言,信用日益成为无形的资产,信用良好与否,将直接并且长久影响到企业经济效益。然而遗憾的是，在市场经济的社会背景下，传统道德的约束力削弱了，现代市场经济的信用制度严重缺失。据商务部统计，我国每年因信用缺失导致的直接经济损失高达6 000亿元，其中因质量低劣、制假售假、合同欺诈造成的各种损失达2 000亿元。在守信成本太高，而失信又几乎没什么成本的情况下，违约、造假、欺诈的故事几乎每天都在上演。

（1）信用评级使企业有了一份有效的信用"身份证"。在市场经济中各个企业（单位）都是独立自主的经营者，要签订购销合同、参加招投标、申请资质、争取政府采购等都需要有一个有效的信用"身份证"，才能取得对方的信任。在资本市场中企业（单位）要运用债券等融资工具筹集资金，必须经过有资质的征信机构进行信用调查，才能发行债券；在信贷市场中企业（单位）要向金融机构申请贷款同样需要企业具有良好的信用状况，特别是具有一定贷款规模的重点大户贷款企业（单位）必须经过确认资格的独立第三方专业征信机构进行规范评估，才能获得金融机构的贷款支持。所以企业征信是进入金融市场必须取得的"通行证"。

（2）信用评级是企业（单位）降低筹资成本的重要手段。在市场经济国家中，企业（单位）信用状况是直接与筹资成本大小挂钩的。信用状况良好的企业（单位）发行债券或申请贷款的利率就低，信用状况差的企业（单位）发行债券或申请贷款利率就相应要较高些；没有信用档案的企业（单位），即无信用记录者，就不允许在市场中发行债券，一般也很难贷到款。

（3）信用评级是企业的一项重要无形资产。它能吸引有关方面大胆放心与之合作，这为企业发展开拓了广阔的道路。即使在发展过程中某一年度信用偏低的企业（单位），有了这一客观、公正的信用记录，也会使金融机构或合作伙伴掌握和了解企业（单位）的历史过程和现实情况，从而得出正确的结论，与之继续支持和合作。

（4）信用评级是改进企业经营管理的一个重要动力。可以看到本企业的好处和不足，能明确今后努力方向和发展思路。信用状况较好的企业（单位），等于对其经营状况作了一个客观的肯定和确切的评价，使企业（单位）进一步优化管理。信用状况偏低的企业（单位）也能从中看到不足，从而找出问题，改进工作，提高管理水平。

资料来源：https://www.sohu.com/a/488801140_120004511。

第一节　征信的概念

一、征信的含义

（一）征信的词义

征信一词来源于《左传·昭公八年》中的"君子之言，信而有征，故怨远于其身"。其中，"信而有征"意为可验证其言为信实，或征求、验证信用。在英语世界里，有"credit checking""credit investigation""credit inquiry/enquiry"等词，通常我们认为，这就是汉语中的"征信"或"信用调查"。目前，在英美等相关法律和世界银行以及一些研究机构的参考文献中广泛使用的词是"credit reporting"。"credit reporting"的含义所涵盖的范围更广,能够更好地与汉语中的"征信"一词相对应。

相应地,从事征信活动的机构,就是征信机构,又称征信所,如新中国成立前的中国征信所、联合征信所等。征信机构有营利、非营利两种。前者以营利为目的而设立,受他人委托,调查报告公司、团体或个人的信用状况;后者是银行业或工商业联合组织,更多的是为银行业和工商业联合组织自身服务。

综上所述,征信就是专业化的、独立的第三方机构为个人或企业建立信用档案,依法采集、客观记录其信用信息,并依法对外提供信用信息服务的一种活动,它为专业化的授信机构提供了信用信息共享的平台。

征信还有一个重要的特点是尊重事实,让事实说话,即提供的信息是可验证、有记录的。对于准确性不高的信息,坚决不予采集,因为异议处理将会使征信活动从经济层面看很不划算,并且会影响到征信的公信力。

(二) 征信的含义

根据信用管理工作内容的不同,有狭义征信和广义征信之分。

所谓狭义的征信,就是指对信用主体的信息进行采集、核实、整理、保存、加工等对外服务的活动,包括资信调查和信用评级等业务活动。目前一般由第三方征信机构依法收集、整理、保存、加工信用主体信用信息,并对外提供征信报告、信用咨询等信用管理服务,帮助客户判断和控制信用风险。

而广义的征信,则是在狭义征信的基础上,加入深度的信用管理服务。即除了传统征信报告、信用咨询等服务外,还开展信用评级、商账追收、信用担保、信用保险和保理、深度信用管理咨询以及信用衍生产品的开发与应用活动,提供信用风险防范。

在企业或个人全过程的信用管理中,离不开信用信息的服务。其中既有对企业和个人信用风险的评价和防范、控制、转移等技术,还有信息服务等。

(三) 信用的含义

从经济的角度理解"信用",它实际上是指"借"和"贷"的关系。信用实际上是指"在一段限定的时间内获得一笔钱的预期"。你借得一笔钱或赊销一批货物,实际上就相当于得到了对方的一个"有期限的信用额度",你之所以能够得到对方的这个"有期限的信用额度",大部分是因为对方对你的信任,有时也可能是因为战略考虑和其他的因素不得已而为之。从经济的角度理解信用有着丰富的层次,至少可以从国家、银行、企业、个人4个层次来理解。

银行与企业、个人之间的信用是相互的。银行要从企业与个人取得信用,也就是要向企业与个人借到钱,这是它们的生存之根基。同时,企业与个人也需要凭信用向银行取得资金,企业可用它解燃眉之急或投资扩张等;个人可用它应不时之需,提高生活质量等。

企业与企业、个人之间的信用,主要体现在两个方面,一是商业信用(也称交易信用,即 trade credit),或者可以称之为 B—B 的信用,它主要是指企业与企业之间的非现金交易,也就是人们常说的赊销。我们不要简单地将赊销对象只看成是一些有形的商品，如汽车零配件供应商提供的一批零件；它实际上也可以是一个工程，比如建筑公司完成了一幢大厦的建筑，工程款尚未完全收回，这时该建筑公司赊出去的不仅是在这幢大厦建筑中预垫的资金、材料，同时还有在建筑过程中的劳动；赊销对象甚至还可以是一些无形的服务、智力产品等，比如管理咨询公司提供的咨询服务等。二是企业与个人之间的信用，也可以称之为B—C信用，这种形式的信用在我们的日常生活中是很常见的，比如我们的手机消费通常都是一种信用消费，我们总是在下个月缴纳上个月的费用，中国移动甚至可以允许用户拖欠2个月的话费。

从伦理角度理解"信用"，它实际上是指"信守诺言"的一种道德品质。

人们在日常生活中讲的"诚信""可信""讲信用""一诺千金""答应的事一定办到""君子一言，驷马难追"实际上反映的就是这个层面的意思。从这个层面来看信用，它对一个国家、一个民族都是至关重要的，因为一个社会只有讲信用，才能够形成一个良好的社会"信任结构"（trust structure），而这个信任结构是一个社会正常运转的重要基础。人们会发现"相互信任同服从、仁爱、友谊和交谈一样，是把一国人民联系和维系在一起必不可少的条件"。齐美尔也指出："没有人们之间相互享有的普遍信任，社会本身将会瓦解。……现代生活是建立在对他人的诚实的信任基础上的，这一点的重要性要远比人们通常认识到的程度大得多。"可以说没有一个社会不强调与褒奖伦理层面的守信的道德，在我国，崇尚信用的风尚有几千年的传统，《论语》中"信"字出现了数十次，比如："自古皆有死，民无信而不立""大德不官，大道不器，大信不约""言必行，行必果""与国人交，止于信"等。在西方社会，守信同样也是人们奉行的道德主轴，《圣经》中关于信用、信任的词汇也出现了几十次之多。

从企业的商业伦理角度来看信用的含义，狄乔治提供了独特的见解。他认为诚信（integrity）行为既指与自身所接受的最高行为规范相一致的行为，也是指将伦理道德要求的规范加于自身的行为。他指出了诚信行为的最大特点是：道德规范是"自加的和自愿接受的"，所以对企业这个"非道德神话"的主体而言，"要强调商家及其最高管理层的自律"。更为重要的是，他限定了诚信行为的范围，至少要以伦理上"无可非议的、正当的正面价值"为最低的道德底线，也就是说企业"自身所接受的最高行为规范"至少要高于这个底线。

二、征信的作用与功能

（一）征信的作用

1. 减轻逆向选择。逆向选择是信贷交易在信息不对称情况下发生的问题，不良贷款风险往往来自那些积极寻找贷款的人。在信息不对称条件下，那些不良借款者往往采用各种手段骗取贷款机构的信任，导致贷款机构将贷款投向不良借款者而非优质借款者，即信贷交易中出现了逆向选择问题。

从理论研究来看，征信活动能使信贷机构有效甄别借款者信用风险的大小。举例来看，当一家企业在一家本地银行发生借贷关系并且信用良好时，通过信息传递机制的安排（例如征信机构），这家银行的信息能够为外地的银行所了解，外地银行就能像对待自己的长期客户一样来对待这家企业。因此，征信有助于银行对申请借款者特征的了解和比较准确地预测还款概率，有利于银行实现对贷款对象的优化和对贷款定价的合理化，减轻逆向选择问题。

2. 减轻对申请借款者的掠夺。征信可以降低银行从其客户处收取的信息租金（信息租金是指贷款机构凭借自身对中小企业信息的垄断而获得的一种超额利润。贷款机构的利润等于市场平均利润加上信息租金，但是，在信息共享的情况下，这一超额利润将不存在，贷款机构只能获得市场平均利润）。其原因在于：当银行对借款者的特征认识非常充分时，就能够收取比那些不了解情况的竞争对手更有竞争优势的租金，从它所拥有的信息中获取信息租金。

银行自身所拥有的信息优势使银行对其拥有的客户享有一定的市场垄断权力，由此产生了对客户的掠夺行为，而客户预期银行未来可能会收取掠夺性利率，遂借款者将减小合约履约的动力。这种局面将会导致更高的违约和利率，甚至会导致信贷市场的崩溃。然而，如果银行互相交换信息，将会保证借款者的信息能够有效共享，银行收取信息租金的能力将会受到约束。这意味着融资项目中所产生的总剩余中将有更大的部分为借款者所获得，借款者从贷款中所获得的净福利提高。因此，借款者将有更大的动力去确保他们所投资项目的成功，从而降低违约的可能性，银行收取的利率也将伴随违约率的降低而降低。相比于没有信息传递时的情况，银行总的贷款额将会增加。

将各家银行的信息汇集，保证借款者的信息能够及时传递到信贷市场，有助于降低各家贷款机构的信息优势和隐含的租金，迫使每个贷款机构的贷款价格更具竞争力；利率的降低提高了借款者的净收益，增加了他们还款的动力。因此，征信活动促进了信息在银行之间的传递，减轻了银行从关系客户中所榨取的信息租金；贷款机构也有动力去组建征信机构，实现信息共享，保证信息在贷款机构之间的传递；申请高额贷款的潜在借款者的可选择机会越多，贷款机构就越有动力去推动借款者的信息在银行间共享。

3. 产生违约披露的纪律约束。即使没有掠夺行为，银行之间也存在共享借款者记录的动力。因为银行共享借款者的违约信息，对借款者而言，会产生一种纪律约束：违约行为变成了较差的信号，其他银行在对其放贷时会考虑到信用风险溢价，执行更高的利率，甚至拒绝贷款。为了避免这种惩罚，借款者将会更加努力偿还贷款，从而降低信贷市场的违约率和利率，增加信贷市场的贷款金额。这一机制提高了借款者的还款激励，减少了道德风险和商业银行的损失，是银行共享借款者信息的动力之一。

4. 避免过度借贷。借款者一般会同时向好几个放贷机构申请信贷，并且经常能从多个放贷机构获得贷款。Ongena and Smith（1998）的研究显示，在大部分国家，尤其是对大国来说，多银行借贷关系是很常见的。在某些国家，可同时借贷的银行数量相对较小，例如，英国、挪威、瑞典，平均数量少于 3 家；爱尔兰、匈牙利、波兰、荷兰、瑞士和芬兰，平均数量为 3 到 4 家。但其他国家可同时借贷的银行数量非常大，例如意大利、法国、西班牙、葡萄牙和比利时等，有 10 家以上，我国也是如此。

从借款者的角度来看,保持多银行借贷关系有如下优势:(1)不同的贷款机构之间相互竞争,有助于减少借贷成本;(2)每个贷款机构只需承担较低的信用风险,因此在利息收取上会要求较低的风险溢价补偿;(3)从多家贷款机构贷款,能够使借款者避免任何一家贷款机构突然收回贷款或减少信用贷款最高限额的风险,从而免于流动性冲击的风险。

如果每个潜在的贷款机构不能确切知晓借款者从其他贷款机构已经或者能够获得的信贷额的信息,多银行贷款关系的成本会逐渐加大。站在单个贷款机构的角度看,一个借款者的风险大小,依赖于该借款者的债权到期时它对该借款者的负债总额。如果贷款机构不知此信息,借款者就有动机过度借贷。例如,考虑一个借款者从两家银行借款的情形,两家银行都没有告诉对方借款者从自家借出的贷款数额,假设借款者的违约概率是其负债总额的增函数,当该借款者向两家银行中的一家申请贷款时,每多借一美元就会减少对另一家银行本金和利息偿付的概率,而另一家银行却不能修改借贷合同条约来对该借款者的这种行为做出反应。因此,借款者要对总负债支付的期望利息负担是总负债的减函数,他就有动机过度借贷。

考虑到这种道德风险,贷款机构在发放贷款时会实行信贷配给,而且(或者)要求支付更高的利率,甚至拒绝所有的信贷申请,除非借款者有担保或条约限制负债总额。如果贷款机构达成一致协议,同意相互披露对每个借款者贷款额度和信贷最高限额,这种道德风险就可以避免。这表明,当贷款机构共享贷款余额信息时,将会增加放款额度,并且可能会改善提供给借款者的利率条款。

(二)征信的功能

1. 维护市场关系的基本准则。随着市场经济的不断发展和信用制度的逐步完善,市场交易方式逐步发生变化,先后经历了三个阶段:实物交易阶段、货币交易阶段和信用交易阶段。交易方式的演变,提高了交易效率,降低了交易成本。现代经济中,信用交易之所以优于货币交易,货币交易又优于实物交易,就是因为交易成本的逐渐降低。

由此看来,信用交易是市场经济高度发达和完善的表现。目前,西方国家交易方式90%都是采用信用交易。然而,如果进行信用交易时一方不守信用,交换关系和市场秩序就会遭到破坏,不仅信用交易无法进行,实物交易与货币交易也会受到影响,经济活动就难以健康发展。

2. 促进资金再分配,提高资金使用效率。信用是促进资金再分配的最灵活的方式。借助于信用可以把闲置的资金和社会分散的货币集中起来转化为借贷资本,在市场规律的作用下使资金得到充分利用。

在信用活动中,价值规律的作用能得到充分发挥,那些具有发展和增长潜力的产业往往容易获得信用的支持。同时,通过竞争机制,信用还会使资金从利润率较低的部门向利润率较高的部门转移,在促使各部门实现利润平均化的过程中,也提高了整个国民经济的资金效率。

3. 节约流通费用。利用各种信用形式能节约大量的流通费用,增加生产资金投入。这是因为：第一，利用信用工具代替现金，节省了与现金流通有关的费用；第二，在发达的信用制度下，资金集中于银行和其他金融机构，可以减少整个社会的现金保管、现金出纳以及簿记登录等流通费用；第三，信用能加速商品价值的实现，有助于减少商品储存和保管费用的支出。

此外，各种债权债务关系利用非现金结算方式来处理，不仅节约了流通费用，还可以缩短流通时间，增加资金在生产领域发挥作用的时间，有利于扩大生产和增加利润。

4. 有利于资本集中。信用是资本集中的有力杠杆。借助于信用，可以不断扩大资本积聚的规模。信用可使零星资本合并为一个规模庞大的资本，也可以使个别资本通过合并其他资本来增加资本规模。现代兼并收购活动很多都是利用信用方式来进行并完成资本集中的。资本集中与积聚有利于大工业的发展和生产社会化程度的提高，推动经济增长。

5. 调节经济结构。信用调节经济的功能主要表现为国家利用货币和信用制度来制定各项金融政策和金融法规，利用各种信用杠杆来改变信用的规模及其运行趋势。金融机构通过各种金融业务，有效地集中和输出货币资金，形成了一个良性循环、不断增加的过程，能够为社会生产力的发展提供巨大的推动力。

国家借助信用的调节功能既能抑制通货膨胀，也能防止经济衰退和通货紧缩，刺激有效需求，促进资本市场平稳发展。国家利用信用杠杆还能引导资金的流向，通过资金流向的变化来实现经济结构的调整，使国民经济结构更合理，经济发展更具持续性。

三、征信的起源与发展

（一）征信的起源

征信活动是伴随着信用交易的产生和发展而逐步发展起来的。信用交易是以偿还为条件的价值运动的特殊形式，主要指货币借贷和商品赊销，也就是银行信用和商业信用。现代经济的本质就是信用经济，是商品经济发展到一定时期的产物。但当商品经济高度发达，信用交易日益广泛的时候，信息就成为了制约信用交易的主要瓶颈，特别是当信用交易扩展到全省、全国乃至全球的时候，进一步熟悉交易对手的资信就成为了一种现实的需求，于是征信活动也就应运而生了。由此可见，征信是随着商品经济的产生而产生，发展而发展，壮大而壮大的，同时征信的发展，也在不断地促进信用经济的快速发展。

19世纪初在英国常有绅士不付裁缝账的现象，即伦敦的裁缝们为绅士和贵族定做衣服，等衣服做好了以后总有一些客户不来及时付款，这给裁缝们带来了一定的经济损失。于是裁缝们为了避免经济损失，保护自身的利益，创设了一个交流客户支付习惯的机制，通过共享信息拒绝为那些信用记录不良的客户服务。这是最初的征信机制的雏形，我们从中可以看到分享客户信息的机制。

现代意义的征信起源于西方国家，至今最少也有300年的历史。美国的征信业起源可以追溯到南北战争时期。由于战争，美国的南北双方处于混乱之中，从而使南北双方棉花贸易欺诈行为非常盛行，于是出现了专门调查南北方棉花商人信用背景的征信机构，这些机构应该是美国最早的征信机构。蚕丝商人Lewis Tappan于1841年7月在纽约建立了第一家商业公司（Mercantile Agency），公司成立的目的就是减少信息的不对称，促进交易顺利进行。1849年，John M. Bradstreet在辛辛那提注册了信用报告管理公司，随后该公司经过多年的积累逐步发展成为企业信用领域中规模最大、历史最悠久、最具影响力的征信机构——邓白氏集团（Dun & Bradstreet Corporation）。

（二）国外征信业的发展史

1. 英国：企业征信起源于欧美国家，1830年，英国的第一家征信机构在伦敦成立，提供的征信服务就是企业类征信服务。18世纪初，英国一些银行开始允许为特定客户办理小额透支业务，为了更好地鉴别有良好信用的客户，这些银行建立了内部客户档案，在银行有良好信用记录的客户很容易获得小额透支服务，这可以称为最早的个人征信。

2. 美国：1841年7月，世界上第一家信用评估机构由Lewis Tappan在美国纽约成立，主要从事企业信用评估。当时，有一名蚕丝商人在纽约成立了一家商业公司，其目的是向贸易双方提供对方的背景和信用信息服务，以减少贸易交易中的不信任和欺诈行为，减少贸易摩擦，促进贸易的顺利进行。此后，在南北战争时期的棉花贸易中，出现了一些专门调查南北方棉花贸易商人信用背景的机构。这些机构都可以称为现代征信机构的雏形，同时也是最早的企业征信雏形。

目前，美国征信业主要分为三类：一是在商业市场上进行企业征信活动的机构，如全世界最大的企业征信机构——邓白氏集团。该公司通过多年的经营积累，逐步发展成为全球企业征信领域中规模最大、历史最悠久且最具影响力的领先企业。二是对个人进行信用评估的机构，在美国叫信用局。主要有3家：环联、艾可飞、益百利（美洲）公司。三是信用评级机构，如标准普尔公司、穆迪投资者服务公司。

3. 日本：1892年，日本第一家企业征信公司即商业兴信所成立，实行会员制管理。1944年，日本银行以自己为主体，联合有关银行成立了日本信用调查公司，以协助银行开展征信业务。特别是日本帝国数据银行，目前拥有员工3 000多人，在国内设有80多个分支机构，在美国和韩国设有分公司，拥有近200万家企业资料。平时除提供一次性的信用调查业务外，还提供追踪调查服务；每月出版刊物报道企业动向，每季出版刊物报道业界动向，每年汇总出版企业年鉴；作为信用调查的延伸，提供市场营销咨询；配合新型的电子商务提供网上认证服务等。

4. 荷兰：1888年，格瑞顿公司成立，它是欧洲最著名的一家征信公司，目前有能力提供世界上130多个国家和地区的企业征信报告。公司总部设在荷兰，主要分公司设在美国、英国和比利时。

（三）中国征信业的发展史

20世纪初期，北洋政府财政部颁布的《银行公会章程》中规定，银行公会应开办征信机构，为各银行提供信用咨询服务。

20 世纪 30 年代，浙江实业银行的章乃器、中国银行的张禹九和祝仰辰、上海商业储蓄银行的资耀华、新华银行的孙瑞英、浙江兴业银行的方寿培等一批对开展征信业务富有经验的人经过几度磋商，策划了一个团体，即中国兴信社。

中国兴信社刚开始只是一个学术团体，其宗旨是：（1）研究信用调查的方法；（2）促进信用调查技术的发展；（3）交换信用调查的资料。为了顺利完成第三个目标，中国兴信社创办了一个专职征信机构，即中国征信所。

中国征信所标志着中国征信业的开端。在中国征信所计划书中写道："中国征信专负调剂工商金融之使命，藉对于报告市场消息，促进工商信用，略有贡献。"由此可见，中国征信所就是采集、整理和分析自然人、法人和其他组织的信用资料，并以此为基础对外提供信用信息咨询、调查和信用评估等服务，帮助客户判断和控制信用风险、进行信用管理活动。

当时中国征信所的主要业务是报告市场消息。受会员或外界委托，调查工厂、商店、个人、家庭财产信用状况，在最短时间内将调查结果报告给委托者。调查结果分为两大类：一是关于被调查对象的一些原始信息；二是对被调查对象的评价。

中国征信所当时的征信业务有以下几个特点：一是受委托之后才做，二是收集信息以上门访谈为主，三是信息的整理、加工和提供方式主要是手工，四是对调查人信用状况的判断基本上是定性的。

（四）当代中国征信业的发展现状

20 世纪 80 年代，随着市场经济的发展，我国陆续涌现出一批或具有政府背景，或纯粹民营性质的征信机构。

1. 企业征信业的发展现状。为适应企业债券的发行和管理，1988 年，中国人民银行批准成立了第一家信用评级公司——上海远东资信评估有限公司。

1993 年，专门从事企业征信的新华信国际信息咨询有限公司开始正式对外提供服务。此后，一批专业信用调查中介机构相继出现。

1996 年，中国人民银行在全国推行企业贷款证制度。

1997 年，上海开展企业信贷资信评级。

2003 年，国务院批准中国人民银行设立征信管理局。上海、北京、广东等地率先启动区域社会征信业发展试点，一批地方性征信机构设立并得到迅速发展，部分信用评级机构开始开拓银行间债券市场信用评级等新的信用服务领域，国际知名信用评级机构先后进入中国市场。

2005 年，银行信贷登记咨询系统升级为全国集中统一的企业信用信息基础数据库。

2013 年，国务院《征信业管理条例》正式颁布实施，填补了我国征信史上的法律空白。

2014 年，国务院《征信业管理条例》授权中国人民银行开始对企业征信机构发放牌照，企业征信机构实行备案制。截至 2022 年 2 月末，全国共有 26 个省（市）的 136 家企业征信机构在人民银行分支行完成备案。

这些机构的建立，填补了中国信用交易制度的空白，开辟出一个崭新的现代征信服务产业。

2. 个人征信业的发展现状。在我国，个人征信相比企业征信起步的时间较晚，前后相差十几年，所以征信市场公司强弱的格局也不一样。

我国的个人征信体系建设，最早是从1999年7月中国人民银行批准上海资信有限公司试点开始的。

2004年，中国人民银行开始组织商业银行建设全国统一的个人征信系统，并于同年12月中旬在全国7个城市的15家全国性商业银行和8家城市商业银行联网试运行，于2005年8月底完成与全国所有商业银行和部分有条件的农村信用社联网运行，经过一年的试运行，于2006年1月正式运行。中国人民银行征信系统填补了我国个人征信行业的空白，至今依然是中国最具权威的个人征信系统。

2015年1月，中国人民银行印发《关于做好个人征信业务准备工作的通知》，要求芝麻信用管理有限公司、腾讯征信有限公司等8家机构做好个人征信业务的准备工作，这标志着中国个人征信业向市场化、商业化发展迈出了坚实的第一步。我国个人征信机构实行审核制。

截至2022年8月末，中国人民银行先后批设了百行征信有限公司和朴道征信有限公司2家个人征信机构。百行征信、朴道征信分别覆盖4.96亿人、1.57亿人，提供服务38.59亿次、10.13亿次，实现个人非贷海量替代数据全面共享应用。2021年11月26日，中国人民银行公示钱塘征信有限公司（筹）相关情况，个人征信行业有望迎来第3家机构。其中，蚂蚁科技集团股份有限公司（以下简称蚂蚁集团）持股35%，与浙江省旅游投资集团有限公司为并列第一大股东。

我国的征信行业起步较晚，经过30年的发展，形成了以中国人民银行征信中心为主导，民营征信机构为补充的混合经营格局。目前，中国人民银行已经建立起覆盖全国的公共征信网络，民营征信机构业务逐步向市场化迈进，整个征信行业进入快速发展期。

第二节　征信的特征与原则

一、征信的特征

（一）独立性

征信机构是第三方中介机构，其主要业务是采集、整理、分析自然人和法人及其他组织的信用信息资料，并以此为基础提供咨询、调查和信用评估等服务。而采集、整理、分析自然人和法人及其他组织的信用信息必须保证征信机构独立性的地位，才能确保其产品的公平、公开与公正。征信机构的独立性，还体现在保持原始数据的独立性上，即征信系统存储的关于各个信息主体的原始数据，都是数据报送机构报送到系统的，征信机构无权对之修改，即便信用报告被确认为有错误，也只能按流程由报送机构自己或由其授权，才能更正原始数据的错误。

（二）信息性

信用信息是指能够在一定程度上反映信息主体信用状况的信息。其中，最主要的是与信用交易相关的信息，如贷款、还款信息及合同履约信息等。目前，信用信息主要区分为信用交易信息和非信用交易信息。

信用交易信息是征信服务要采集的最主要信息，也是最直接反映信息主体信用状况的信息，包括金融信用（交易）信息、商务信用信息和民间信用信息。其中，金融信用包括信贷信用、债券信用、保险信用、担保信用、投资信用等。征信采集金融信用信息都是从金融机构（包括互联网金融平台）批量地采集（由金融机构主动报送）。商务信用则指没有金融中介参与的、一般工商企业之间在商品和服务供求关系中的非即付交易，如水电气、通信等公用事业服务中的先服务后付费业务。在铁路日普遍公司化经营的背景下，地铁、铁路逃票记录信息，严格地说应界定为商务信用信息，而不是行政违规处罚信息。民间信用主要是指民间借贷和民间集资活动。迄今，国内征信机构采集商务信用和民间信用信息的能力还很薄弱。这是我国商务信用和民间信用发展明显落后于金融信用的重要原因，也是未来征信业深化、发展需要加强的重点方向。

非信用交易信息，是指也可以在一定程度上反映或影响信息主体信用状况的其他信息，又可分为公开非信用交易信息和非公开非信用交易信息。公开非信用交易信息以公共部门（包括行政监管部门、司法部门等）公开的有关主体的信息最具代表性和权威性，如环保处罚信息、法院判决及其执行信息等。目前，虽然我国 2007 年就颁布了《政府信息公开条例》，但至今公共部门对在履职过程中产生的或其掌握的涉及企业和居民个人的信息公开披露仍不充分、不规范。非公开非信用交易信息，目前受到广泛关注的是互联网巨头公司在其业务中积累的各类大数据，比如支付、物流、社交、共享平台等产生的新型数据。

（三）归属性

信息账户是征信活动的核心和基础。通俗地说，就是一个企业或个人的信用信息档案，即把一个信息主体在各行各业同其他市场主体的信用交易活动中产生的信用记录，都整合到一个账户之下。在我国，最早的企业信用信息档案可追溯到 20 世纪 90 年代，是由人民银行深圳特区分行推出的纸质贷款证。人民银行在推广深圳贷款证制度并借鉴国外经验的基础上，建立起的全国集中统一的企业和个人征信系统，就是为有信贷交易活动的企业、其他组织和个人建立的信息账户数据库。在信息账户中，信息是需要不断更新的，这是征信系统价值的核心。建立个人或企业的信息账户，是征信的重要特征，有了这个特征，再加上信息性特征，就可以把征信与其他的信息服务区分开来。

（四）微观性

征信具有微观性，在征信活动的两端都表现得很清楚。从数据采集环节看，征信就是尽可能全面地把信息主体在各行业授信服务、消费和投资活动中留下的信用记录，形成微观经济活动主体——企业和个人的信用报告；从信息使用环节看，通过接受征信服务,商业银行有效地加强了对信贷业务、信用卡和授信客户的信用风险管理。所以,无论从企业征信还是个人征信的角度来看,征信服务都主要是一种微观的信息中介服务,而不是宏观的信息服务活动。当然,征信也可以在微观账户数据基础上进行汇总统计和分析,为宏观经济金融分析服务,但这是征信服务的附加产品或增值服务。征信服务应与行政部门的统计服务职能区分开来,不应发生冲突。

(五) 分享性

这种信息分享机制,只是一定范围内的共享,并不能等同于信息无限制地向社会公众公开披露。这就是说,征信产品的使用,即便在授信机构之间,也是有限制地使用,通常是依法依规使用。这是由信用信息的性质决定的,因为它是商务信息,是反映信息主体信用状况的敏感信息。虽然人们对不同敏感程度的信息应该在什么范围内分享会有不同的认识,但不能由此把范围较大的分享理解为信息公开。尤其是在目前征信系统建设的初期,因缺少相关法律法规的指引,人们对信息分享的范围和参与分享的主体种类存在不一致认识,所以需要采取谨慎的态度,更好地把好信息使用关。另外,信息的敏感程度不一样,分享的范围也不一样。更好的、更精细的分享机制,应该是分层共享,即向征信系统报送什么数据,方能分享什么信息。

(六) 约束性

征信行业是依赖于法律法规,并受社会文化环境影响较大的新兴行业。征信数据的采集,需要法律的支持,才能更好地进行;征信产品可以在什么范围使用,同样需要法律明确界定,才会避免争论。如何在促进征信体系发展与保护信息主体权益之间取得适当平衡,是征信立法需要解决的主要问题。目前,我国征信业务还处于发展的初级阶段,有关法规还较少,只有2013年国务院颁布的《征信业管理条例》。因文化环境、道德理念等的不同,征信活动的法规在不同类型国家呈现出很大的差异性。如美国有《隐私权法》和《公平信用报告法》,英国有《数据保护法》,澳大利亚有《隐私法》,印度和俄罗斯等新兴市场经济国家也有专门的规范征信机构的法规。

二、征信的原则

征信的原则是征信业在长期发展过程中逐渐形成的科学的指导原则,是征信活动顺利开展的根本。通常,我们将其归纳为真实性原则、全面性原则、及时性原则、独立性原则、稳健性原则以及隐私和商业秘密保护原则。

(一) 真实性原则

真实性原则,是指在征信过程中,征信机构应采取适当的方法核实原始资料的真实性,以保证所采集的信用信息是真实的。这是征信工作最重要的条件。只有信息准确无误,才能正确反映被征信人的信用状况,保证对被征信人的公平。真实性原则有效地反映了征信活动的科学性。征信机构应基于第三方立场提供被征信人的历史信用记录,对信用报告的内容不妄下结论,在信用报告中要摒弃含有虚伪偏袒的成分,保持客观中立的立场。基于此原则,征信机构应给予被征信人一定的知情权和申诉权,以便能够及时纠正错误的信用信息,确保信用信息的准确性。

(二) 全面性原则

全面性原则，又称完整性原则，是指征信工作要做到资料全面、内容明晰。被征信人，无论企业或个人，均处在一个开放性的经济环境中。人格、财务、资产、生产、管理、行销、人事和经济环境等要素虽然性质互异，但都具有密切的关联，直接或间接地在不同程度上影响着被征信人的信用水平。不过，征信机构往往搜集客户历史信用记录等负债信息，通过其在履约中的历史表现，判断该信息主体的信用状况。历史信用记录既包括正面信息，也包括负面信息。正面信息指客户正常的基础信息和贷款、赊销、支付等信用信息；负面信息指客户欠款、破产、诉讼等信息。负面信息可以帮助授信人快速甄别客户信用状况，正面信息能够全面反映客户的信用状况。

(三) 及时性原则

及时性原则，是指征信机构在采集信息时要尽量实现实时跟踪，能够使用被征信人最新的信用记录，反映其最新的信用状况，避免因不能及时掌握被征信人的信用变动而为授信机构带来损失。信息及时性关系到征信机构的生命力。从征信机构发展历史看，许多征信机构由于不能及时更新信息，授信机构难以据此及时判断被征信人的信用风险，从而导致最终难以经营下去。目前，我国许多征信机构也因此处于经营困境。

(四) 独立性原则

独立性原则，是指征信人员在工作过程中要保持独立性，不能受征信对象及其他外来因素的影响，要根据基础数据和基础资料独立做出评判，运用自己的知识和经验客观、公正、公平地实施征信。

(五) 稳健性原则

稳健性原则，是指在征信和对征信结果的分析过程中，下结论要谨慎，特别是在定性指标打分时，要谨慎给分。在分析时，对影响企业经营的潜在风险要准确指出，对企业某些指标的极端情况要做深入分析。

(六) 隐私和商业秘密保护原则

对被征信人隐私或商业秘密进行保护是征信机构最基本的职业道德，也是征信立法的主要内容之一。征信机构应建立严格的业务规章和内控制度，谨慎处理信用信息，保障被征信人的信用信息安全。在征信过程中，征信机构应明确征信信息和个人隐私与企业商业秘密之间的界限。只有严格遵守隐私和商业秘密保护原则，才能保证征信活动的顺利开展。

三、征信的行为规范

(一) 信息提供的许可规范

从我国法律对信息提供的许可规范来看，主要是对政府有关部门履职信息公开的原则性规范。《政府信息公开条例》明确了对政府信息提供许可的一般性规定，成为政府有关部门进行信息提供的基本依据。《政府信息公开条例》还将教育、供水、供电、供气、供热、环保、医疗卫生、计划生育、公共交通等公共企事业单位纳入了调整范围。《税收征收管理法》中明确了税务机关欠税信息的公开；《中华人民共和国民事诉讼法》和《中华人民共和国企业破产法》中明确了法院部分诉讼判决信息的公开；《中华人民共和国产品质量法》明确了产品质量状况信息的公开；《个人信用信息基础数据库管理暂行办法》对商业银行提供信息的许可做出了明确规定。

（二）信息提供的内容规范

在我国法律中，一方面明确信息提供内容的规范较少。如《政府信息公开条例》规定了行政机关主动公开的政府信息，同时准许公民、法人或者其他组织根据自身生产、生活、科研等特殊需要，向政府部门申请获取相关政府信息；《中华人民共和国企业破产法》规定了人民法院对裁定受理破产申请进行公告的内容。另一方面对信息提供内容予以禁止的规范较多。《政府信息公开条例》规定，行政机关公开的政府信息不得危及国家安全、公共安全、经济安全和社会稳定；不得公开涉及国家秘密、商业秘密、个人隐私的政府信息，但经权利人同意或行政机关认为不公开可能对公共利益造成重大影响的，可以予以公开。

为处理好公开与保密的关系，《政府信息公开条例》还规定行政机关在公开政府信息前，应当依照《保守国家秘密法》及其他法律、法规、规定进行审查；《居民身份证法》规定公安机关对因制作、发放、查验、扣押居民身份证而知悉的公民的个人信息，应当予以保密；《保守国家秘密法》规定一切国家机关、武装力量、政党、社会团体、企事业单位和公民都有保守国家秘密的义务；《统计法》规定属于国家秘密的统计资料必须保密，属于私人、家庭的单项调查资料，非经本人同意，不得泄露。

（三）信息提供的时间规范

《政府信息公开条例》规定，属于主动公开范围的政府信息，应当自该政府信息形成或者变更之日起20个工作日内予以公开。行政机关收到政府信息公开申请，能够当场答复的，应当当场予以答复；不能当场答复的，应当自收到申请之日起15个工作日内予以答复；如需延长答复期限的，应当经政府信息公开工作机构负责人同意，并告知申请人，延长答复的期限最长不得超过15个工作日。

（四）信息提供的准确性规范

《政府信息公开条例》规定，行政机关应当及时、准确地公开政府信息，发现虚假或者不完整信息的，应当在其职责范围内发布准确的政府信息予以澄清。同时，应当与其他行政机关进行沟通、确认，保证发布的政府信息准确一致。《中华人民共和国产品质量法》规定产品质量检验机构、认证机构不得伪造检验结果或者出具虚假证明。

（五）信息提供的范围规范

目前，在国内仅人民银行对金融机构信息提供范围作出了规范。《个人信用信息基础数据库管理暂行办法》规定，商业银行不得向未经信贷征信主管部门批准建立或变相建立的个人信用数据库提供个人信用信息。

（六）信息提供的异议规范

《个人信用信息基础数据库管理暂行办法》规定商业银行应当在接到异议信息核查通知的10个工作日内作出书面答复，并对确实有误的信息进行更正。

四、征信的基本流程

征信活动可以分为两类：一类是征信机构主动去调查被征信人的信用状况，另一类是依靠授信机构或其他机构批量报送被征信人的信用状况。两者最大的区别在于前者往往是一种个体活动，通过接受客户的委托，亲自到一线去收集调查被征信人的信用状况；后者往往是商业银行等授信机构组织起来，将信息定期报给征信机构，从而建立信息共享机制。两者还有一个区别是前者评价的范围更广，把被征信人的资质情况、诚信度考察、资产状况等都包括在内；而后者由于是批量采集信息，因此，在灵活性和主观性上不如前者，但规律性和客观性则强于前者。两类方式在征信的基本流程上是相同的。例如，前一类流程要制订计划，决定采集哪些信息；而后一类流程也同样如此，由征信机构事先确定好需要采集的信息后，与信息拥有方协商，与之达成协议或其他形式的约定，信息拥有方定期向征信机构批量报送数据。因此，在讨论流程时，可以将两者合并在一起。

（一）制订数据采集计划

能够反映被征信人信用状况的信息范围广泛。为提高效率、节省成本，征信机构应事先制订数据采集计划，做到有的放矢。这是征信基本流程中一个重要的环节，一份好的计划能够有效减轻后面环节的工作负担。一般来说，数据采集计划包括以下内容。

1. 采集数据项。客户使用征信产品的目的不尽相同。有的希望了解被征信人短期的信用状况，有的则是作为中长期商业决策的参考。客户的不同需求决定了数据采集重点的迥异。征信机构要本着重点突出、不重不漏的原则，从客户的实际需求出发，进而确定所需采集数据的种类。例如，A 银行决定是否对 B 企业发放一笔短期贷款时，应重点关注该企业的历史信贷记录、资金周转情况，需采集的数据项为企业基本概况、历史信贷记录、财务状况等。

2. 采集方式。确定科学合理的采集方式是采集计划的另一主要内容。不论主动调查，还是授信机构或其他机构批量报送数据，征信机构都应制定最经济便捷的采集方式，做好时间、空间等各项准备工作。对于批量报送数据的方式，由于所提供的数据项种类多、信息量大，征信机构应事先制定一个规范的数据报送格式，让授信机构或其他机构按照格式报送数据。

3. 其他事项。在实际征信过程中，如果存在各种特殊情况或发生突发状况，征信机构应在数据采集计划中加以说明，以便顺利开展下面的工作。

（二）采集数据

数据采集计划完成后，征信机构应依照计划开展数据采集工作。数据一般来源于已公开信息、征信机构内部存档资料、授信机构等专业机构提供的信息、被征信人主动提供的信息、征信机构正面或侧面了解到的信息。出于采集数据真实性和全面性的考虑，征信机构可通过多种途径采集信息。但要注意，这并不意味着数据越多越好，征信机构要兼顾数据的可用性和规模，在适度的范围内采集合适的数据。

(三) 数据分析

征信机构收集到的原始数据，只有经过一系列的科学分析之后，才能成为具有参考价值的征信数据。

1. 数据查证。数据查证是保证征信产品真实性的关键步骤。（1）查证数据的真实性。对于存疑的数据，征信机构可以通过比较不同采集渠道的数据，来确认正确的数据。当数据来源唯一时，可通过二次调查或实地调查，进一步确定数据的真实性。（2）查证数据来源的可信度。某些被征信人为达到不正当目的，可能向征信机构提供虚假的信息。如果发现这种情况，征信机构除及时修改数据外，还应记录该被征信人的"不诚信行为"，作为以后业务的参考依据。（3）查证缺失的数据。如果发现采集信息不完整，征信机构可以依据其他信息进行合理推断，从而将缺失部分补充完整。比如，利用某企业连续几年的财务报表推算出某几个数据缺失项。（4）被征信人自查，即异议处理程序。当被征信人发现自己的信用信息有误时，可向征信机构提出申请，修正错误的信息或添加异议声明。特别是批量报送数据时，征信机构无法对数据进行一一查证，一般常用异议处理方式。

2. 信用评分。信用评分是个人征信活动中最核心的数据分析手段。它运用先进的数据挖掘技术和统计分析方法，通过对个人的基本概况、信用历史记录、行为记录、交易记录等大量数据进行系统的分析，挖掘数据中蕴含的行为模式和信用特征，捕捉历史信息和未来信息表现之间的关系，以信用评分的形式对个人未来的某种信用表现做出综合评估。信用评分模型有各种类型，能够预测未来不同的信用表现。常见的有信用局风险评分、信用局破产评分、征信局收益评分、申请风险评分、交易欺诈评分、申请欺诈评分等。

3. 其他数据分析方法。在对征信数据进行分析时，还有许多其他的方法，主要是借助统计分析方法对征信数据进行全方位分析，并将分析获得的综合信息用于不同的目的。如市场营销、决策支持、宏观分析、行业分析等领域。使用的统计方法主要有关联分析、分类分析、预测分析、时间序列分析、神经网络分析等。

（四）形成信用报告

征信机构完成数据采集后，根据收集到的数据和分析结果，加以综合整理，最终形成信用报告。信用报告是征信机构前期工作的智慧结晶，体现了征信机构的业务水平，同时也是客户了解被征信人信用状况、制定商业决策的重要参考。因此，征信机构在生成信用报告时，务必要贯彻客观性、全面性、隐私和商业秘密保护的科学原则。所谓客观性，指的是信用报告的内容完全是真实客观的，没有掺杂征信机构的任何主观判断。基于全面性原则，征信报告应充分披露任何能够体现被征信人信用状况的信息，但这并不等于长篇大论，一份高质量的信用报告应当言简意赅、重点突出，使客户能够一目了然。征信机构在撰写信用报告过程中，一定要严格遵守隐私和商业秘密保护原则，避免因泄露相关信息致使客户和被征信人权益受到损害。信用报告是征信机构最基本的终端产品。随着征信技术的不断发展，征信机构在信用报告的基础上衍生出越来越多的征信增值产品，如信用评分等。不论形式如何变化，这些基本原则是始终不变的。征信的具体流程如图1-1所示。

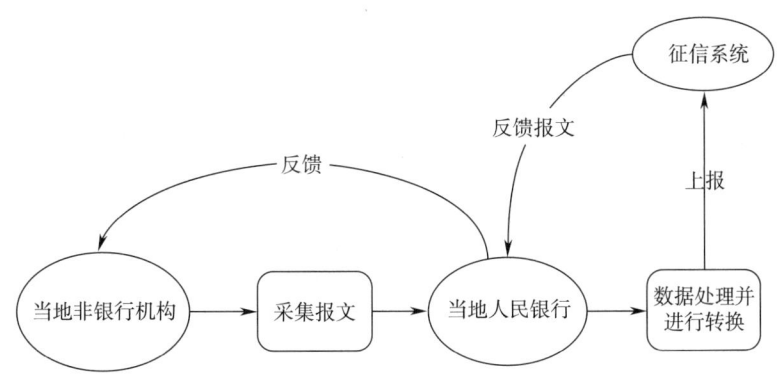

图1-1 征信的具体流程

第三节 征信产品与服务

一、征信产品与服务的基础

征信产品与服务的最根本基础是征信数据。征信数据又称信用信息,是指调查数据及其经过分类、整理之后的信用信息,是制作征信产品的原材料。

1. 征信数据的分类。

(1)征信数据从来源方式上看,主要包括原始调查数据和经过加工处理的数据。征信数据既可以通过直接调查获得,也可以向数据供应商采购,还可以通过与相关数据交换取得。原始征信数据不能直接应用于征信产品的生产,必须经过加工处理才能使用。(2)征信数据从来源主体看,分企业征信数据和个人征信数据。企业征信数据用于生产各类企业资信调查报告,包括制作行业调查报告和国家风险调查报告等;个人征信数据用于生产各类消费者信用调查报告。(3)征信数据从记录方式看,分量化数据和非量化数据。量化数据可以直接用来进行定量分析;非量化数据是对一些事实的记录,用语言形式进行描述,许多非量化数据通过技术处理是可以被量化的。

2. 征信数据的来源。

征信机构从信用信息产生的源头采集信息。具体来说,征信信息主要来自以下机构。(1)提供贷款的机构。主要是商业银行、农村信用社、小额贷款公司等专业化的提供贷款的机构。这类机构提供的信息主要是个人的信贷信息,如借款金额、还款情况、担保情况以及使用信用卡的情况等。(2)提供先消费后付款服务的机构。主要是电信企业,水、电、燃气公司等公共事业单位。上述单位提供个人缴纳电话费、水费、电费、燃气费等信息;此外,上述机构还提供个人的地址、联系方式等基本信息,而这些信息是由个人在办理业务时提供给这些机构的。(3)法院、政府部门。民事经济案件责任一方的信息主要来自做出判决的法院,个人欠税信息来自相关的税务部门。

3. 征信数据的功能和作用。

征信数据在社会信用体系建设中有着重要的作用，主要体现在记忆、揭示和预警等三大基本功能的发挥上。（1）记忆功能是对企业和个人的信用记录的存储，而信用记录以各类征信数据为载体；（2）揭示功能是在法律允许的范围内，对企业和个人的信用信息的披露，是在对部分经过筛选和处理的征信数据的传播中体现的；（3）预警功能是根据对征信数据的分析和研究，对具有特定行为特征的企业和个人的信用风险进行评估，并且对可能发生的风险提出预警。

以征信数据为基础，通过数据库技术和信用分析系统，可以得出各种信用报告，从而为信用需求者制订规划、甄别风险提供参考。同时，定期发布不守信用的黑名单和介绍诚信企业，向社会公众公布有关信息，可以起到监督和约束不良商业行为、鼓励诚实守信的作用。所以，征信数据是社会信用体系运行的基础，对于社会信用体系功能的实现十分重要。

二、征信产品与服务的概念和种类

（一）征信产品的概念

征信产品是征信机构对所征集的个人和企业的信用信息进行加工所形成的产品，例如个人或者企业的信用报告、企业评级等。

（二）征信产品与服务的分类

征信产品可以分为基础产品和增值产品。基础产品是信用报告；增值产品是基于信用报告的信息，经过加工，或进行纵向、横向等各种分析而生产的产品。增值产品经历了一系列的加工过程，包含了大量的智力资本在其中，如个人信用评分、企业信用评级等。常见的征信产品与服务的分类如下。

1. 按业务模式分类，可以分为企业征信服务和个人征信服务。（1）企业征信服务是指征信机构作为提供信用信息服务的企业，按一定规则合法采集企业信用信息，加工整理形成企业的信用报告等征信产品，有偿提供给经济活动中的贷款方、赊销方、招标方、出租方、保险方等有合法需求的信息使用者，为其了解交易对方的信用状况提供便利；（2）个人征信服务是指依法设立的个人信用征信机构对个人信用信息进行采集和加工，并根据用户要求提供个人信用信息查询和评估服务的活动。

2. 按服务对象分类，可以分为信贷征信服务、商业征信服务和雇佣征信服务。（1）信贷征信服务的对象是金融机构，主要为信贷决策以及贷后监测等环节服务；（2）商业征信服务的对象是企业，主要为企业间的信用销售（赊销）服务；（3）雇佣征信服务的对象主要是企业，为雇主的特殊需求提供资信调查、信息服务以及决策等。

3. 按委托方式分类，可以分为主动征信服务和被动征信服务。（1）主动征信是征信机构在征信对象没有委托的情况下开展的资信调查等服务。一般而言，主动征信的信息大部分都是公开信息。（2）被动征信的情况则恰好相反，是在受到委托以后，按照要求开展的征信服务。被动征信在委托方的配合下，征信信息的质量一般比较高。

4. 按征信范围分类，可以分为区域征信服务、国内征信服务和跨国征信服务。

（1）区域征信服务一般是针对于某一个特定的区域开展的征信服务，征信的规模不大，适用于征信业刚起步的国家。一般来讲，当一个国家的征信体系逐步发达的时候，征信业大都会走向兼并或者专业细分，区域的征信也将随之消亡。（2）国内征信是目前世界上很多国家普遍采用的形式，是在一个国家内开展的征信服务。（3）跨国征信则是征信机构的服务不再局限于本国，而是把征信的市场拓展到国外。目前跨国征信迅速崛起，一方面是西方征信发达国家的知名征信机构拓展市场的需求，另一方面也是当前经济全球化对于跨国征信业务的需求越来越广泛。

5. 按征信形式分类，可以分为同业征信服务和联合征信服务。（1）同业征信也称行业征信、会员制征信，是国际上三个具有代表性的征信服务模式之一，是指征信机构在一个独立或封闭的系统内进行征信和提供征信服务的工作方式。在同业征信下，征信机构的信息来源和信息使用者来自同行业的企业。比如，日本的全国消费信贷征信联合会（JICC）、中国的小额信贷行业信用信息共享服务平台（MSP）就是典型的以会员制为基础的同业征信模式。（2）联合征信就是征信机构根据协议把分散在商业银行、政府机关和社会有关方面的信用信息汇集起来进行加工处理形成企业或个人信用数据库。

三、征信机构的产品与服务

（一）国外征信机构的征信产品与服务

美国征信行业的发展已有100多年的历史，目前已形成以益百利（Experian）、艾可飞（Equifax）和环联（TransUnion）三大信用局为核心的个人信用体系和以邓白氏为核心的企业征信体系。

1. 益百利（Experian）的产品开发。益百利在美国和英国都是最大的个人信息产品供应商，在全球30多个国家雇用员工12 500余人，拥有3亿自然人客户和3 000万家企业客户，仅信用报告一项服务年产值就超过20亿美元。目前，益百利已形成包括信用信息、信用解决方案、营销信息、营销方案、消费者与商家数据信息、直接与消费者的互动服务六大板块的产品体系，通过会员制形式向具有一定规模和声望的客户提供征信服务，服务范围涵盖金融服务业、电信业、医疗业、保险业、零售业、汽车业、制造业、休闲产业、公用事业、房地产业和政府部门。

2. 艾可飞（Equifax）的产品开发。总部设在亚特兰大的艾可飞公司始建于1899年，其总员工数超过14 000人。艾可飞公司的资料数据库庞大，拥有超过1.9亿美国人和1 500万加拿大人的消费者个人资料档案，其客户群总数超过10万个企业，年产值在15亿美元以上。它的产品和服务基于包含消费者和各种商务信息的数据库，这些信息来自各类信贷、财政、公共记录、人口和市场营销资料。该公司的产品和服务包括提供消费者和企业的信用信息、信息数据库管理、市场营销信息、决策和分析工具以及身份验证服务，能够帮助企业快速成长和提高运营质量，为公司在信贷方面的决策行为提供服务，避免和消除欺诈，降低投资组合风险和辅助企业建立良好客户关系，并制定市场营销策略。它也方便消费者利用因特网和各种硬拷贝格式销售的组合产品来管理金融事务。此外,该公司还提供了雇员和收入的核查以及人力资源业务流程外包服务。

3. 环联（TransUnion）的产品开发。环联公司为顾客提供的产品包括四个方面：（1）信息服务，包括营销服务、欺诈和身份管理、风险管理、追账管理。服务市场包括汽车、账款追收、通信、金融服务、保健、保险、零售等。（2）房地产服务，包括客户获取、住所信息、洪灾区域鉴定、抵押物评估、财产及房屋所有权等。（3）全球服务，主要包括发展征信基础设施的咨询服务、技术专利使用权、国际账款追收、资产登记、直销、分析技术等。（4）消费者服务，包括高级信用监测和身份盗用保护产品、为金融机构服务的在线及离线信用管理解决方案、营销分析和响应管理等。

4. 邓白氏（Dun&Bradstreet Corporation）的产品开发。美国邓白氏公司是世界著名的商业信息服务机构，拥有覆盖美洲、欧洲和亚洲的130多家子公司和关联公司，运行并管理着全球最大的综合数据库（数据库覆盖全球8 300万家企业），为客户提供市场领先的商业信息服务。通过不断的产品开发，邓白氏为满足全球用户的需求而提供的征信产品主要有：（1）帮助客户降低信用风险，增加现金流，同时提升利润实现能力的风险管理方案；（2）帮助使用者寻找优质客户、促进业务增长的销售与市场拓展方案；（3）使得商务专家能够更好地对公司、执行机构和各行业进行研究，便捷地定位潜在客户的电子商务方案；（4）可以掌控来自顾客供应商的现有收入，帮助使用者抵御严重的财务、操作和监管风险的供应管理方案。此外，邓白氏还有针对中小企业的信用产品和服务，如信用报告，企业信用档案的建设、维护、更新、升级、管理，新客户拓展和债务催收等产品。

（二）发达国家征信产品开发经验

1. 拥有强大的数据库。世界著名的商业信息服务机构邓白氏公司在全球设立了37个数据库基地，有3 000多名员工专门从事数据的加工。数据库基地是企业高度机密的场所和核心部门，美国的大型信用服务公司都拥有自己强大的商业数据库，能提供几种到十几种评级或调查咨询报告。比如，益百利在全球采集了约6亿辆交通工具的历史信息、3 000万张保单信息、1.1亿个家庭（2.15亿个消费者）的分类购买习惯和消费者营销信息等。

2. 培育成熟的征信市场需求。美国拥有非常发达的消费者信用体系，并形成了建立在此基础之上的庞大的信用交易规模。市场对征信产品持续不断的巨大需求成为支撑征信机构生产、加工和销售征信产品的原动力。比如，穆迪公司已经对全球110个国家、1 200家银行、5 000多家大企业进行了评级。企业对征信产品的需求更是旺盛，由邓白氏公司提供征信产品的企业已高达6 500万户。消费者的信用报告是需求量最大的征信产品，环联公司每年大约推销出40多亿份信用报告。

3. 征信产品开发的深度和广度不断增加。征信机构的服务对象不再局限于传统的银行业，其业务已经扩展到保险公司、金融租赁公司、信用卡公司等相关企业和个人。例如，在意大利的征信机构CRIF公司提供的产品和服务中，既有面向银行等信贷机构的授信管理和客户拓展业务，也有面向保险公司的客户营销、资产评估和抵押评估服务，还有直接面向消费者的信用报告查询、信用资质跟踪、警示和反欺诈等服务。同时，征信机构不断挖掘数据库内涵，使得征信产品不仅包括粗加工的信用信息，也包括从信用信息中提炼出来的众多商业信息和方案服务。例如，益百利的业务不仅包括基于数据信息的传统服务，而且也提供基于对强大数据库资源分析基础上的信用风险解决方案、营销方案和消费者消费方案等服务。

4. 征信产品开发的手段趋于丰富。征信产品的服务方式由在线信用报告查询，逐步扩展到利用互联网、电子邮件、网络通信技术等方式，通过在线、离线、外包等手段广泛提供征信产品。在美国，商业银行不仅使用征信局提供的信用报告，而且更多地使用特征变量（Attribute）、信用评分等产品的离线批量服务以及触发器（Trigger）、警示（Alert）、营销等实时征信增值产品。

（三）国内征信机构的征信产品与服务

1. 我国征信市场的现状。目前，我国已有的征信产品和服务与市场潜在需求之间存在巨大的缺口，征信产品开发和服务的创新迫在眉睫。国内的征信服务主要在基础征信领域，以提供信用报告服务或者以此为基础的信用评分等业务为主。随着我国经济社会的不断发展，多元化的征信格局正在逐步建立，征信产品日益丰富。国内征信服务的产品已经涵盖了企业征信报告、个人信用报告、信用调查报告、债券主体评级报告、债券债项评级报告、借款企业评级报告、担保机构评级报告、小额贷款公司评级报告和持续跟踪评级报告等；征信产品的服务范围也涵盖了信贷市场、债券市场、个人消费信用市场、商业信用市场以及政府管理领域。征信的主体包括了个人、企业、银行、非银行金融机构、专业服务机构和政府部门等市场主体。

2. 积极发展我国征信市场。当前，我国的征信市场处于起步阶段，需要政府主管部门积极培育和引导征信服务需求，开展融资性担保机构的信用评级，把评级的结果纳入对其的综合评价中；积极研究商业承兑汇票的信用评级，拓宽评级报告的适用范围；加大政府使用的力度，在招投标、政府采购、资质认定等领域使用信用报告；另外还要积极拓展征信服务在企业信用管理、商账追收等领域的应用。

四、征信机构

（一）征信机构的定义

征信机构是指依法设立的、独立于信用交易双方的第三方机构，专门从事收集、整理、加工和分析企业和个人信用信息资料工作，出具信用报告，提供多样化征信服务，帮助客户判断和控制信用风险等。征信机构是征信市场的支柱，在现代市场经济条件下扮演着至关重要的角色，是信息不对称情况下扩大市场交易规模的必要前提。没有征信机构承担的社会功能，社会信用很难充分发挥作用。

国务院于2013年颁布的《征信业管理条例》指出，征信机构是经征信监督管理部门批准，专门从事征信业务活动的企业法人单位。美国的《公平信用报告法》定义的个人征信机构是消费者信用调查和报告机构，是采集和传播消费者的信用价值、信用状况、特征、名誉等信用信息的专业机构。

因此，狭义而论，只有提供信用信息服务的专业机构才是征信机构。但广义上看，判别一个机构是否为征信机构，主要看其业务是否对企业信用管理提供防范、控制和转移信用风险的技术支持。换言之，某一机构的产品和服务能否被用作企业信用管理的工具，是界定征信机构的基本标准。

（二）征信机构的分类

1. 按业务模式分类，可以分为企业征信机构和个人征信机构。（1）企业征信机构（Commercial Credit Reporting Company）提供关于企业的信息（这些企业包含个人独资企业、合伙企业和公司制企业），并通过公共渠道、直接调查、供货商和贸易债权人提供的付款历史来获取信息。企业征信机构所覆盖的企业在规模和经营收入上都小于信用评级机构所覆盖的企业，其采集的信息一般用于信用风险评估或信用评分，或是用于贸易信用展期等其他用途。（2）个人征信机构（Credit Bureau）通常是私营的，是按照现代企业制度建立、完全市场化运作的征信机构。主要为商业银行、保险公司、贸易和邮购公司等信息使用者提供服务。美国是典型的私营征信机构模式，商业化征信机构拥有全面的信用信息系统。

在有些国家，这两种业务类型由一个机构完成；有的国家既有单独从事个人征信业务的机构，也有从事个人征信和企业征信两种业务类型的机构，这些国家一般不对此加以限制，由征信机构根据自己的实际情况自主决定。

2. 按照服务对象分类，可以分为信贷征信机构、商业征信机构和雇佣征信机构。（1）信贷征信机构是指受授信单位的委托，利用自身信息优势和第三方机构的特性，为授信单位开展授信决策、风险预警等相关服务。（2）商业征信机构服务对象主要是企业，为其赊销决策提供依据。（3）雇佣征信机构的服务对象是雇主，为雇主的实际需求提供个性化的征信服务。

3. 按照服务范围分类，可以分为区域征信机构、全国征信机构和跨国征信机构。（1）区域征信机构一般规模较小，只在某一特定区域内提供征信服务。这种模式一般在征信业刚起步的国家存在较多，征信业发展到一定阶段后，大都走向兼并或专业细分，真正意义上的区域征信随之逐步消失。（2）全国征信机构是目前世界范围内最多的机构形式之一，尤其是近年来开设征信机构的国家普遍采取这种形式。（3）跨国征信机构是指征信业务已经不再局限于一个国家，而是在国际间广泛开展业务的机构。

第四节　征信体系

一、征信体系的含义

征信体系指由与征信活动有关的法律规章、组织机构、市场管理、文化建设、宣传教育等共同构成的一个体系。征信体系的主要功能是为信贷市场服务，但同时具有较强的外延性，也服务于商品交易市场和劳动力市场。

社会信用体系是市场经济发展的必然产物。经过上百年市场经济的发展,发达国家形成了相对完善的社会信用体系,但是,由于各国经济、文化、历史不同,不同国家形成了不同的社会信用体系模式。从国际发达国家的经验看,征信体系模式主要有市场主导、政府主导和会员制三种模式。美国、加拿大、英国和北欧国家采用市场主导型模式,政府主导型模式的代表是法国、德国、比利时、意大利等几个欧洲国家,日本则采用会员制模式。

二、征信体系的主要内容

从当前各国的理论构架和实践体系来看,征信体系主要包括征信法律法规、征信机构、征信行业标准、征信行业监督、征信市场与培育和征信教育与研究六个方面,如图 1-2 所示。

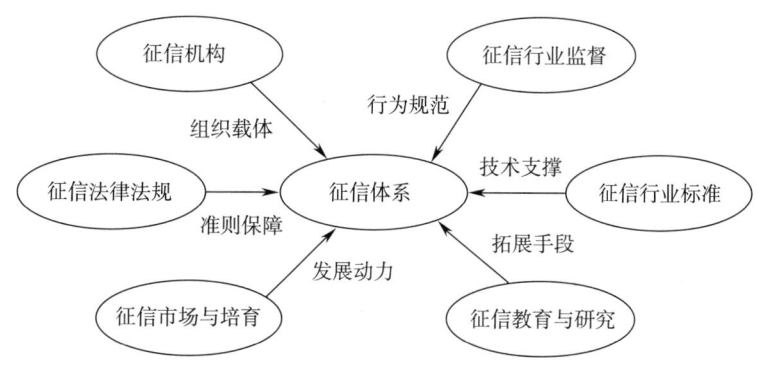

图 1-2 征信体系构成

(一)征信法律法规

征信法律是指直接或间接与征信行为和征信机构有关的法律法规,一般由一组法律法规组成。从各国经验看,完整的征信法规体系一般包括两部分:一部分是关于征信业管理的法规。其调整对象是征信机构和全社会的征信活动;主要目的是依法规范征信机构运行及其管理,促进征信业健康发展,维护国家经济信息安全和社会稳定。另一部分是关于政务、企业信息披露及个人隐私保护的法规。其调整对象是政府部门、企业和个人;主要目的是提高信息透明度、实现信息共享,保护企业的商业秘密和个人隐私不受侵害。在征信发达国家,征信的法律法规体系一般由十几部甚至几十部法律法规组成。

(二)征信机构

征信机构指依法设立的专门从事征信业务即信用信息服务的机构。它可以是一个独立的法人,也可以是某独立法人的专业部门,包括信用信息登记机构(有公共和私营,私营信用信息登记公司在国际上也被称为征信局)、信用调查公司、信用评分公司、信用评级公司。征信机构是征信市场的组织载体,也是市场的参与主体。征信机构是一个国家征信体系的重要组成部分,也是衡量一个国家征信水平的重要标志之一。

（三）征信行业标准

征信体系的建设是一个庞大的系统工程，涉及金融、公安、法院、税务、环保、工商等多个部门。为了保证征信体系建设顺畅，尽快实现征信行业的标准化就显得意义重大。征信行业的标准化，就是要建立全国征信行业标准体系，为各征信系统建设与对接提供支持与服务；实现征信的标准化，也是为实现各个征信系统的互联互通、信息共享奠定基础。

中国人民银行作为征信行业的监管部门，于2005年底启动了征信标准化工作，迄今共发布了以下7项标准。

1. 《征信数据元　数据元设计与管理》。该标准规定了征信数据元的基本概念和结构、征信数据元的表示规范以及设计规则和方法等，并给出了征信数据元的动态维护管理机制；适用于与征信业务有关的机构进行数据元设计与管理，并为建立征信数据元的注册与维护管理机制提供指导。

2. 《征信数据元　个人征信数据元》。该标准规定了与个人征信业务有关的机构使用的数据元，适用于从事个人征信业务的机构与相关机构间的个人征信信息交换与共享。

3. 《征信数据元　信用评级数据元》。该标准规定了与信用评级有关的数据元，适用于对信用评级机构及金融机构内部评估系统的评级结果进行质量评价，以及相关机构间的信用评级信息交换与共享。

4. 《征信数据交换格式　信用评级违约率数据采集格式》。该标准规定了信用评级违约率数据采集业务中对数据的要求、数据采集对象和来源、数据采集指标体系、数据采集报文的结构以及数据采集流程和方式，适用于从事信用评级违约率数据采集业务的机构与相关数据报送机构间的信用评级违约率数据的交换与共享。

5. 《信贷市场和银行间债券市场信用评级规范　第1部分：信用评级主体规范》。该标准规定了在信贷市场和银行间债券市场从事信用评级的机构进入和退出该市场的程序、从事信用评级业务的基本原则及要求，适用于信贷市场和银行间债券市场中从事信用评级业务的主体。

6. 《信贷市场和银行间债券市场信用评级规范　第2部分：信用评级业务规范》。该标准规定了信用评级业务中信用评级程序、信用等级符号及含义、信用评级报告内容等，适用于信用评级机构进行信用评级时的业务操作。

7. 《信贷市场和银行间债券市场信用评级规范　第3部分：信用评级业务管理规范》。该标准规定了开展信用评级业务准则、信用评级的跟踪与检验、信用评级业务的质量检查和信用评级业务数据的管理与统计等内容，适用于信用评级市场信用评级业务的管理和控制。

（四）征信行业监督

征信行业涉及众多企业与个人的信用信息，责任巨大；征信行业是一个新兴行业，需要规范。因而有必要设立专门的部门监督，规范征信业的发展。

《征信业管理条例》明确指出，中国人民银行及其派出机构是征信业监督管理部门，依法履行对征信业和金融信用信息基础数据库运行机构的监督管理职责：一是制定征信业管理的规章制度;二是管理征信机构市场的准入与退出,审批从事个人征信业务的机构,接受从事企业征信业务的征信机构的备案,定期向社会公告征信机构名单;三是对征信业务活动进行常规管理;四是对征信机构、金融信用信息基础数据库运行机构以及向金融信用信息基础数据库报送或者查询信息的机构遵守《征信业管理条例》及有关规章制度的情况进行检查,对违法行为进行处罚;五是处理信息主体提出的投诉。

（五）征信市场与培育

征信市场是生产与交换征信产品和服务的各种关系的综合,是征信机构提供征信服务的目标市场,主要由市场范畴、征信服务、征信对象和信息源单位组成。一个积极的、有效的征信市场,是构建征信体系的关键,需要政府政策的支持、民众信用意识的提升以及宣传广度与深度的拓展。征信产业链模式如图1-3所示。

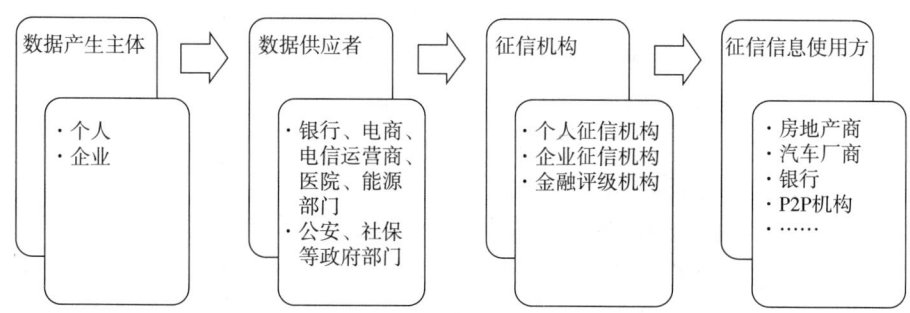

资料来源：广发证券发展研究中心。

图1-3 征信产业链模式

（六）征信教育与研究

根据联合国相关组织的测算,我国在2006年就已经步入了信用经济的时代。但我国的征信行业目前仍处于起步阶段,需要大量的征信人才去发展征信市场和支撑征信理论的研究。这也就需要我国的高校建立完善的征信教育体系。

三、征信体系的模式

（一）美国模式：市场主导型

美国的征信业始于1841年,第一家征信所是由纽约纺织品批发商Lewis Tappan建立的。从简单征信服务到比较完善的现代信用体系的建立,美国经历了160多年的时间。美国模式是典型的市场主导型模式,征信业以商业性征信公司为主体,由民间资本投资建立和经营。它们是独立于政府和金融机构之外的第三方征信机构,按照市场经济的法则和运作机制,以营利为目的,向社会提供有偿的商业征信服务。

美国的征信服务机构都是独立于政府之外的民营征信机构（或称私人信用调查机构）,是按照现代企业制度方式建立,并依据市场化原则运作的征信服务主体。

美国的征信服务机构具有一些很明显的特征。在机构组成上,主要由私人和法人投资组成。它们的信息来源广泛,除来自银行和相关的金融机构外,还来自信贷协会和其他各类协会、财务公司或租赁公司、信用卡发行公司和商业零售机构等。信息内容也较为全面，不仅征集负面信用信息，也征集正面信息。此外，这些机构面向全社会提供信用信息服务。

提到征信，就必然会涉及法律。美国对征信的立法因20世纪70年代征信业的快速发展所导致的系列问题而开始，走的是一条在发展中规范的立法道路。现在，美国不仅具备了较为完善的信用法律体系和政府监管体系，而且与市场经济的发展相辅相成，形成了独立、客观、公正的法律环境。政府基本上处于社会信用体系之外，主要负责立法、司法和执法，为征信业建立起一种协调的市场环境和市场秩序；同时，其本身也成为商业性征信公司的评级对象，这样就保证了征信公司能确保其独立性、中立性和公正性。

（二）欧洲模式：政府主导型

欧洲征信业的发展主要采用政府主导型模式，又称公共模式或中央信贷登记模式。这种模式是以中央银行建立的"中央信贷登记系统"为主体，兼具私营征信机构的社会信用体系。其征信系统由两部分组成：一部分是由各国中央银行管理，主要采集一定金额以上的银行信贷信息，目的是为中央银行监管和商业银行开展信贷业务服务；另一部分由市场化的征信机构组成，一般从事个人征信业务。

欧洲对于征信的立法最初是源于对数据、个人隐私的保护，因此与美国相比，欧洲具有较严格的个人数据保护法律。1995年10月，欧洲议会通过了欧盟《个人数据保护纲领》，这是欧盟第一个涉及个人征信的公共法律，该部法律的立法宗旨和基本原则是在保护人权和开放数据之间取得平衡。欧盟于1997年12月公布了第二个《数据保护指南》，根据欧洲议会通过的法律，欧盟各国对本国的信用管理法律体制进行完善。

欧洲的政府主导型征信模式与美国的市场化征信模式的差别体现在三个方面：(1) 信用信息服务机构是被作为中央银行的一个部门建立，而不是由私人部门发起设立；(2) 银行需要依法向信用信息局提供相关信用信息；(3) 中央银行承担主要的监管职能。

（三）日本模式：会员制征信

日本的征信体系明显区别于美国和欧洲国家，采用的是会员制征信模式，这主要是由于日本的行业协会在日本经济中具有较大的影响力。这种模式由行业协会为主建立信用信息中心，为协会会员提供个人和企业的信用信息互换平台，通过内部信用信息共享机制实现征集和使用信用信息的目的。在会员制模式下，会员向协会信用信息中心义务提供由会员自身掌握的个人或者企业的信用信息，同时，协会信用信息中心也仅限于向协会会员提供信用信息查询服务。这种协会信用信息中心不以营利为目的，只收取成本费用。

目前，日本的信用信息机构大体上可划分为银行体系、消费信贷体系和销售信用体系三类，分别对应银行业协会、信贷业协会和信用产业协会。这些协会的会员包括银行、信用卡公司、保证公司、其他金融机构、商业公司以及零售店等。三大行业协会的信用信息服务基本能够满足会员对个人信用信息征集考查的需求。例如，日本银行协会建立了全国银行个人信息中心,信息中心的信息来源于会员银行,会员银行在与个人签订消费贷款的合同时,均要求个人义务提供真实的个人信用信息,这些个人信息中心负责对消费者个人或企业进行征信。同时,日本征信业还存在一些商业性的征信公司,如"帝国数据银行",它拥有亚洲最大的企业资信数据库,拥有4 000户上市公司和230万户非上市企业资料。

日本的消费者信用信息并不完全公开,只在协会成员之间交换使用。对此,以前并没有明确的法律规定,但在银行授信前,会要求借款人签订关于允许将其个人信息披露给其他银行的合同。另外,日本行业协会的内部规定在信用管理活动中也发挥着非常重要的作用。

四、大数据与征信

（一）大数据对征信的影响

1. 大数据使征信数据来源更广泛

大数据使征信数据来源呈现多元化、多层化和非结构化的特点,更加全面和真实地反映信息主体的信用情况。

（1）征信数据来源的广度和深度不断延伸。在广度和深度上,大数据使征信数据全面地覆盖与信息主体相关的各项因素。如电商平台积累了每一个买家和每一个卖家的行为轨迹以及大量企业和个人的信息,这些看起来杂乱无章的海量信息,经过交叉分析和索引处理后,变成了有价值的数据。

（2）征信数据在细分度上不断发展。大数据时代征信机构越来越细致地收集信息主体的多层次的信息,不仅包括信息主体财务数据,还包括行为数据。因为与客户财务信息等静态数据相比,行为数据具有更强的稳定性,基于行为对未来的预测更加准确。

（3）征信数据的采集范围越来越多样化。大数据时代,从政府部门、金融机构、互联网采集信用信息主体的各种信息不仅包括信息主体信贷交易信息等结构化的数据,而且包括信息主体的音频、视频、图片等半结构化和非结构化的数据,且这类数据占比越来越高。

2. 大数据使征信数据存储和处理方式多样化

如何高效、便捷地汇总分析多层次数据是如今征信技术需要突破的问题。大数据的一个关键点就是数据流速快、处理速度快和时效性强。

（1）改变传统的存储方式。以前征信机构存储征信数据主要是在本地建立数据库。大数据时代,征信数据的存储方式更加多样化,随着数据量不断增加,征信机构通过整合服务器、存储器、网络,形成大规模的"云",极大地扩充了存储能力,提高了计算能力。

（2）处理方式更加多样化。一是推动挖掘技术的进步。多层次数据挖掘已经成为征信数据处理的方法之一。通过引入挖掘技术,减少主观判断,提高风险预测的准确性。二是量化分析能够更准确地识别个体或组织的行为。量化分析的结果更为客观,更易于让不同层级、条线的人员达成共识，分析的结果可以长期储存和反复跟踪验证，比人为判断更能准确地反映市场规律，并在实践中印证，从而也具有更好的预测能力和事后评估能力。

3. 大数据使征信产品更丰富，服务范围更广

大数据使征信产品更加丰富和多样化，及时和动态化，能照顾到不同客户群体的各种细分需求。一些征信机构利用大数据分析平台，收集分析客户的交易行为数据、社交网数据，用于实现更完整的客户信用行为评估。美国三大征信机构已经向大数据分析转型，服务范围已经远远超出了金融领域，面向经济和社会领域提供服务。如在收集庞大的数据以后，从海量的数据中运用数据分析方法去挖掘和萃取有关信息主体的一些规律性的东西，准确地预测了个体或组织的行为。

（二）大数据时代征信的发展趋势

1. 大数据时代征信业发展面临的机遇

大数据不仅为征信业发展提供了极为丰富的数据信息资源，而且也改变了征信产品设计和生产理念，未来的征信机构的发展方向是大数据、信息技术与征信业务深度融合。大数据已经成为未来征信业发展最重要的基石，伴随着云计算、搜索引擎等新兴互联网技术的发展，征信业必将获得革命性的发展。

（1）极大地拓宽了行业发展空间。在大数据时代，征信机构通过搜索引擎、云计算等先进信息技术可以获取到海量的效据，为开发征信产品提供了丰富的资源，能够提供满足社会发展需求的各种各样的征信产品。在大数据的支持下，有越来越多的征信信息服务模式得以建立，从而迎来征信发展的黄金时代，并将促进经济和社会各个领域的健康发展。

（2）增强征信的预测能力。通过大数据技术在征信领域的拓展应用，能够收集比传统数据模式更加多维、更加全面、更加及时的数据，从而形成更加科学的预测模型，支持征信行业更精准地预测企业和自然人的信用行为，提高征信产品使用者的决策能力。

（3）促进行业差异化竞争。各个征信机构通过采取不同的数据来源和不同的数据处理方式，针对不同的客户，开发出不同的产品，满足不同层次客户的市场需求，实现差异化竞争。

2. 大数据时代征信业发展面临的挑战

（1）数据处理技术和能力不足。如何有效处理大数据，是大数据发挥作用的重要环节。大数据处理专业性非常强，对数据处理设备和人员要求非常高，数据收集、数据存储、数据云计算处理等各个环节都涉及当今世界上最先进的信息技术，征信业在这些方面的技术能力和技术储备有待提高。

（2）征信机构人才储备不足。在大数据时代，征信业发展涉及海量数据的存储、加工、处理、分析，需要大量的经济学、数学、计算机、互联网等各类型高技术人才，给征信机构人才队伍建设带来巨大的挑战。

（3）征信管理面临新课题。随着数据的进一步集中和数据量的剧增，对海量数据

进行安全防护变得更加困难，数据的分布式处理也加大了数据泄露的风险，隐私保护和数据安全成为制约大数据发展的最大瓶颈。

【延伸阅读】

1. 中国征信服务行业现状及形势分析

（1）我国征信业发展的现状

征信业务是指对企业、事业单位等组织的信用信息和个人的信用信息进行采集、整理、保存、加工，并向信息使用者提供的活动。在实践中形成的共识是，凡是为金融经济活动提供服务，用于判断个人和企业信用状况的各类信息均属于信用信息，利用信用信息对个人和企业进行画像、评价等活动均属于征信业务。我国现代征信业是改革开放的产物，从信贷征信起步，逐步扩展至政府及社会信用、市场主体之间的商业信用等领域。

在信贷领域征信方面，目前，我国已建成世界上最大的企业和个人征信系统，实现经济主体全覆盖。截至2020年末，人民银行建设的征信系统共收录超过11亿自然人、6 092万户企业及其他组织信息，2020年个人和企业日均查询征信报告分别达866万次、19万次。

在政府及社会等领域征信方面，推动建立地方征信平台，利用政府掌握的政务信息等替代数据，为金融机构提供信息支持。探索出"台州经验"和"苏州经验"，在全国复制推广。目前已建成广东"粤信融"等省级平台6家、地市级平台30多家，在支持稳企业保就业中发挥了积极作用。

在商业领域征信方面，批设2家市场化个人征信机构，备案企业征信机构131家。其中，人民银行重点监测的7家市场化征信机构累计帮助234.55万户小微企业获得融资1.41万亿元，含信用贷款5 914.72亿元，占比41.95%。此外，探索运用区块链等新技术实现征信信息的互联互通，目前在长三角区域内已取得积极进展。

（2）发展与"十四五"规划和2035年远景目标相适应的现代征信业所面临的挑战

目前，我国征信业尽管取得不小成绩，但还不能满足人民群众和经济社会发展对征信产品的要求，距离构建与"十四五"规划和2035年远景目标相适应的现代征信体系，尚面临不少挑战。

征信需求的多样化对现有征信格局提出挑战。当前和未来一段时期，我国以人民银行征信中心为主导的公共征信格局已经不能适应征信需求海量化、多元化的形势发展。其现状是征信产品应用的广度和深度不够；覆盖征信人群虽大，但有效融资人群小，不能满足普惠金融和数字化金融的要求；金融或类金融机构快速增加，接入征信系统的意愿强烈，由此导致信息种类和信息格式多样化，既挑战现有征信系统的容纳能力，又挑战其处理能力。

新商业形态的涌现对现有征信服务提出挑战。随着信息及网络技术的发展，数字金融和数字征信的应用场景逐步形成。其显著特点是通过人脸识别技术和大数据信用评价发放贷款，客户面向普通大众、小微企业，其对信用信息的需求具有高发性、高频性、实时性特点，并且需要7×24小时网络支持。这些新特点对我国现有公共征信系统的数据承载力、高频高速查询的支持力和关联信息的整合力等提出了新挑战。

征信需求的国际化对跨境征信服务及其监管提出挑战。近些年，跨境人民币贷款业务迅速发展，在贷款前，境外的贷款行对境内的贷款主体有强烈的信用需求，而在贷款后，这些跨境贷款数据如何与贷款主体关联，以便于境内实时掌握其信用风险状况，成为亟待解决的问题。此外，广东与港澳双向移居的人数越来越多，催生大量相关信用产品需求，如何满足这些跨境征信需求，需要统筹考虑。

（3）全面推动我国征信业高质量发展的务实举措

面向未来，征信领域要深入学习贯彻党的十九届五中全会和中央经济工作会议精神，深化征信在数字金融和经济治理中的应用，在"十四五"期间努力构建与我国全面建设社会主义现代化国家相适应的现代征信体系，奋力推动我国征信业高质量发展。

加快健全和完善覆盖全社会的征信体系（系统），提升征信可得性。一是强化征信业顶层设计。深化"政府+市场""全国+地方"的双轮双层驱动征信发展模式，从四个逻辑层级健全和完善覆盖全社会的征信体系，分别是金融数据共享、政务数据共享、企业特别是互联网企业集团的市场交易信息共享、利用区块链等可信技术建立上述三个层次各征信机构之间的联盟链。二是完善征信机构体系。进一步丰富人民银行征信系统的征信产品增量供给，优化存量征信产品服务。加快培育市场化品牌征信机构，打造全国性、区域性龙头征信平台。支持征信机构、评级机构高质量引进来和高水平走出去，主动参与国际竞争。三是优化征信服务体系。践行"征信为民"理念，把人民满意不满意作为衡量标准，着力构建涵盖现场查询、自助查询、代理点查询、网银查询、互联网查询的立体查询网络，切实增强人民群众在征信服务中的获得感。

持续优化征信信息采集环境，提升征信可信性。一是探索制定信息共享统一标准。对金融信息、政务信息和企业交易信息，分别制定信息共享基础标准，待时机成熟，打通三类信息共享渠道。深化区块链技术在征信领域应用。二是推动政府信息公开。推动政府数据开放共享，方便市场化征信机构全面、及时、准确和低成本地获取相关信用信息，促进数据要素转化为生产要素。三是推动企业信用信息共享。支持普通企业，尤其是互联网企业集团通过共享方式实现应用，帮助更多没有信贷记录的"长尾"或"白户"群体建立信用记录，享受正规金融服务。

筑牢征信信息安全防护网，提升征信可控性。一方面，加强征信业审慎监管。将所有征信业务活动纳入统一监管框架，建立分类监管与动态监管机制。个人征信业务需要持牌经营。推动技术与监管深度融合，实现征信智慧监管。另一方面，加强数字经济时代的个人信息保护。在现有法规基础上，进一步建立健全能够满足数字经济条件下征信机构运行、征信业监督管理、信息主体权益保护的多层次的法律法规制度，减少隐私侵害。持续完善征信异议、投诉和责任追究机制。

资料来源：http://www.qizhiwang.org.cn/GB/n1/2021/0318/c437118-32054438.html。

2. 中国互联网征信市场发展现状分析：依托三大模式发力、助力征信数字化发展

2013年，国务院颁发《征信业管理条例》，标志着我国征信体系建设进入了市场化、法治化、规范化发展的新阶段。近年来，大数据技术在征信领域广泛应用，大量有效的"替代数据"被用于分析个人的信用情况，鉴于此背景，2021年中国人民银行颁发《征信业务管理办法》，明确将信贷数据以外的其他数据纳入监管，这将为互联网征信提供良好的法治环境，推动互联网征信业务发展（见表1-1）。

表1-1 中国互联网征信监管背景

时间	情况
2013年	国务院颁发的《征信业管理条例》明确了经营个人征信业务的征信机构准入标准，这意味着我国征信体系建设进入了市场化、法治化、规范化发展的新阶段。
2015年1月	央行尝试放开个人征信市场，首批8家获准筹备个人征信业务的机构也在积极创新，分别推出了"芝麻分""考拉分""腾讯信用""猪猪分""万象分""鹏元800"和"好信度"等多种个人信用评分产品。
2018年2月	百行征信获我国首张个人征信业务牌照，个人征信业务市场化取得实质性突破。百行征信股东包括互联网领域巨头、传统知名征信机构等。
2021年9月	央行发布《征信业务管理办法》，将信贷数据以外的其他替代数据纳入监管，以保证征信监管的一致性，促进信息共享。

资料来源：前瞻产业研究院。

(1) 三大模式梳理介绍

根据互联网征信业务开展模式的差异，可以将互联网征信分为央行模式、互联网平台模式、"传统征信+互联网"模式（见表1-2）。

表1-2 中国互联网征信三大模式梳理

模式	说明	参与者代表
央行模式	中国人民银行征信中心依靠商业银行、人民银行分行两条主线进行信息收集，由全国总行—省级分行—地方支行—营业网点逐级覆盖，范围涵盖全国。	中国人民银行征信中心
互联网平台模式	互联网平台模式的核心在于共享开放，并与外部机构双向互动，任何外部机构都可以接入互联网平台实现信息共享。	芝麻信用管理有限公司、微众信用科技股份有限公司
"传统征信+互联网"模式	互联网金融业蓬勃发展，驱动着传统征信企业运用互联网技术，积极开发数据库、运用人工智能等技术进行信用分析。现有征信企业利用互联网技术，变革数据收集方式、深化数据分析业务能力，实现征信业务升级。	中诚信征信有限公司、鹏元征信有限公司

资料来源：前瞻产业研究院。

央行模式凭借独一无二的政治优势，依托商业银行、人民银行分行进行信贷信息收集，形成了覆盖全国的征信系统；互联网平台模式主要是由互联网公司开发，旨在

构建一个信息互通、共享的平台，实现征信目的；"传统征信＋互联网"的模式主要是传统征信机构利用互联网技术，变革数据收集方式、深化数据分析业务能力，实现征信业务升级。

（2）三大模式特点对比

互联网三大征信模式具有鲜明的特点，从采集数据类型来说，"传统征信＋互联网"模式依托已有的客户基础，以采集信贷信息为主，辅助采集多元的替代信息，可以更全面地分析用户的信用情况，在信息质量上更具优势；而从运行模式来看，互联网平台模式可以快速聚集流量，积累多元化信用数据，效率上更具有优势。央行依托行政力量可以便捷获取权威数据，运行模式较好（见表1-3）。

表1-3　　　　　　　　　中国互联网征信三大发展模式特点对比

特点	央行模式	互联网平台模式	传统征信＋互联网模式
采集数据类型	主要以信贷数据为主	以替代数据为主，并逐渐开放引入信贷机构，收集信贷数据。	以信贷信息为主，逐渐引入更多元的替代数据丰富征信评价模式。
模式优势	高效收集数据，普及面广，数据权威	聚集流量、为征信快递积累数据，并形成先发优势。	具备多年的征信专业经验并积累了一定的征信市场认可

资料来源：前瞻产业研究院。

（3）央行模式发展现状

中国人民银行征信系统自2006年在全国范围内正式启动，迄今已建成全球最大的企业和个人征信系统。截至2021年，央行征信中心累计收录超过6 092.3万户企业及其他组织和11亿自然人，日均查询量分别达到26万次、988万次（见表1-4）。

表1-4　　　　　　　　　　2021年央行征信系统建设情况

指标	企业征信系统	个人征信系统
业务类型	企业信用报告、信贷资产结构分析、对公业务风险提示、关联查询	个人信用报告、个人业务重要信息提示
收录情况	收录超过6 092.3万户企业及其他组织	收录超过11亿自然人
日均查询量	26万次	988万次

资料来源：中国人民银行征信中心、前瞻产业研究院。

（4）互联网平台模式发展现状

互联网平台模式当前主要是以芝麻信用管理有限公司、微众信用科技股份有限公司为典型代表，二者均有较强的互联网背景。以芝麻信用管理有限公司为例，其为蚂蚁集团全资控股子公司，依托支付宝、电商平台等优势，在用户同意的前提下可以获取各类消费及行为数据，利用大量的替代数据实现用户信用评价。

截至2021年，芝麻信用开发企业征信平台，收录超400万中小企业信息；使用场景包括出行、住宿、小额信贷等领域。互联网平台模式的显著优势在于搭建平台实现信息共享，依托自身业务搜集多元化替代数据辅助判断（见表1-5）。

表 1-5　　　　2021 年芝麻信用管理有限公司征信业务运营情况

指标	具体说明
业务类型	合作方风险管理、企业资信平台、芝麻分
收录情况	超 400 万中小企业成为平台的入驻者
信息类型	工商、司法等方面的公开信息；个人各类消费及行为数据
使用场景	出行、住宿、小额信贷、通信等

资料来源：芝麻信用管理有限公司官网、前瞻产业研究院。

（5）"传统征信+互联网"发展现状

"传统征信+互联网"的模式主要是传统征信机构利用互联网技术，变革自身数据收集方式、深化数据分析业务能力，实现征信业务升级。典型如中诚信有限公司开发"万象信用"一站式互联网大数据征信平台，提供实时在线的大数据征信产品服务。

以中诚信为例，其互联网征信与数百家金融机构及中大型企业合作，主要收集信贷信息，辅之以替代数据，可以用于银行、保险、互联网金融、供应链金融、消费金融及消费、生活等多种商业场景（见表 1-6）。

表 1-6　　　　2021 年中诚信征信有限公司征信业务运营情况

指标	具体说明
业务类型	信用报告、信用评分、风险监控、用户画像、信用风险解决方案
收录情况	覆盖数百家金融机构及中大型企业，包括国有银行、股份银行、城农商行、中石化、中海油、京东金融等用户
信息类型	信贷数据为主，另包括企业交易数据、供应链数据等信息
使用场景	银行、保险、互联网金融、供应链金融、消费金融及消费、生活等多种商业场景

资料来源：中诚信征信有限公司官网、前瞻产业研究院。

【思考练习】

1. 什么是征信？
2. 征信有什么特性？
3. 征信对整个社会的意义是什么？
4. 什么是征信产品？举两个例子说明。
5. 请分析中国的征信行业发展概况。
6. 征信的原则是什么？
7. 简述征信的基本流程。
8. 简述征信体系的主要内容。
9. 谈谈对未来的征信市场的看法。

第二章

征信数据库

【学习目标】

- 理解征信数据库的概念与功能
- 熟悉征信数据库的类型
- 熟悉金融信用信息基础数据库的概念及功能
- 了解金融信用信息基础数据库的意义和发展历程
- 了解我国政府部门信用信息数据库的概况
- 掌握第三方平台征信数据库的概念和模式

【导读】

征信修复：疯狂的骗局

"收费修复，不成功，就退款。"当一个人因征信报告出现不良记录而苦恼时，往往会被这类广告吸引。

征信报告由中国人民银行征信中心出具，可以反映个人或企业社会信用的基本情况，如果其中出现不良记录，会对企业或个人在贷款、申请信用卡、升学就业、出行等方面带来影响。征信报告的重要性，让一些不法分子动起了歪脑筋。近年来，打着"征信修复"旗号的骗局在全国多地层出不穷，诈骗者往往声称可以帮助他人修复不良征信记录，但他们诈骗得逞后，便将客户拉黑，人间蒸发。有的甚至还办起培训班，收费培养"征信修复师"，形成了一条集招聘"征信修复师"、培训、加盟代理、个人信息售卖为一体的灰色产业链。"征信修复"乱象扰乱了征信市场秩序，还给受害人造成经济损失，带来个人信息被恶意使用、泄露、买卖等风险。

在相关法规、文件中，均未提及"征信修复"的概念。2022年8月1日，《中国新闻周刊》调查得知，不论是个人还是企业的信用报告都没有"修复"一说，征信领域也不存在"征信修复"的概念，征信报告中的信息都是由相关信贷机构报送的（比如一个人在农行办理过业务，其征信内容就由农行报送），这些机构如何报送，征信报告就会如何展示，任何打着征信修复名义进行的商业活动都是骗局。

中国人民银行征信中心的征信报告数据是如何获取的？有哪些作用呢？

资料来源：周群峰．"征信修复"：疯狂的骗局 [J]．中国新闻周刊，2022．

第一节 征信数据库概述

一、征信数据库概述

数据库是按照数据结构来组织、存储和管理数据的，是建立在计算机存储设备上的仓库。简单来说，数据库是本身可视为电子化的文件柜——存储电子文件的处所，用户可以对文件中的数据进行新增、截取、更新、删除等操作。在经济管理的日常工作中，常常需要把某些相关的数据放进这样的"仓库"，并根据管理的需要对其进行相应的处理。它存储的是企业和事业部门、团体和个人的有关数据的集合。数据库中的数据是从全局观点出发建立的，并按一定的数据模型进行组织、描述和存储。其结构基于数据间的自然联系，可提供一切必要的存取路径，且数据不再针对某一应用，而是面向全组织，具有整体的结构化特征。从发展的历史看，数据库是数据管理的高级阶段，它是由文件管理系统发展起来的。

所谓征信数据库，就是针对社会各类信用主体的调查数据及其经过分类、整理之后的信用信息所建立的资源库，是信用信息搜集和信用记录的一种重要形式。征信数据库通常是由专业化的、独立的第三方机构为社会各类经济主体建立的信用档案和基础数据库。征信机构等通过依法征集、整合、使用、管理和报告不同社会经济主体的信用信息，建立可实时更新的、动态调整的信用档案，依法对外提供各类信用主体的信用报告。2021年我国《征信业务管理办法》对信用信息采集、整理、保存、加工、提供、使用、安全、监督等作出了详细规定。

二、征信数据库的分类

征信数据库是信用信息管理系统的重要组成部分，征信机构为社会各类信用主体建立信用档案和基础数据库等资源，依法对资源进行征集、整合、使用和管理，并对外提供相关信用报告及相应的延伸服务。

（一）企业征信数据库和个人征信数据库

按照信用主体的不同，征信数据库可分为企业征信数据库和个人征信数据库。(1) 企业征信数据库是针对企业相关信息建立起来的资源库，包括基本信息数据库、企业信用（付款）记录数据库、坏账数据库（黑名单）、往来票据拒付数据库等。最具代表性的企业征信数据库是美国邓白氏公司，其全球商业数据库覆盖了超过1亿条企业信息，并通过邓白氏特有的 Dunsright 流程，对每天收集的原始数据进行编辑及核实以保证其质量。邓白氏及全球领先的商业信息提供商组成了一个强大的联盟：邓白氏全球网络，客户可以通过这个网络进入全世界最大、最优质的商业信息数据库。(2) 个人征信数据库，也称消费者征信数据库，是针对个人信用信息所建立起来的资源库。例如美国的艾可飞公司、环联公司、益百利公司。它们通过合法地收集消费者的个人信息，逐步形成了庞大的征信数据库。

（二）政府部门或行业建设的征信数据库、地方政府建立的征信数据库和第三方平台建立的征信数据库

按照征信数据库建设主体的不同，征信数据库可分为政府部门或行业建设的征信数据库、地方政府建立的征信数据库和第三方平台建立的征信数据库三类：（1）政府部门或行业建设的征信数据库是由政府各部门或行业在行政过程中建立的征信系统，如司法、质检、药监、环保、税务等。我国最突出的是2006年3月中国人民银行设立的中国人民银行征信中心，作为中国人民银行直属事业单位，其专门负责企业和个人征信系统（即金融信用信息基础数据库，又称企业和个人信用信息基础数据库）的建设、运行和维护。（2）地方政府建立的征信数据库是指由各个地方政府针对本地区的信用主体建立的征信数据库。如江苏省、广东省、上海市、深圳市等已陆续建立了地方性的征信数据库。（3）第三方平台建立的征信数据库是由专业的、独立的第三方机构针对社会各信用主体建立的征信数据库。如我国的大公国际资信评估有限公司、上海新世纪资信评估投资服务有限公司等建立的信用数据库。

三、征信数据库的功能

全面、准确的信用数据是建设社会信用体系的基本要素。一国经济的突飞猛进和互联网的发展催生了海量的信用数据，要形成更加客观的信用评价体系，建设完善的社会信用体系，征信数据库的有效建立与适时完善是十分必要且重要的。

（一）依法提供征信服务

征信机构通过依法对征信数据进行收集、整理和加工，形成各信用主体的信用报告、信用评分等资源，从而为各类授信主体提供征信服务，便于各类业务的顺利展开。

（二）建立失信惩戒机制

失信惩戒机制是信用市场各授信主体共同参与，以征信数据库为依据，通过信用记录和信用信息的公开，来降低市场交易中信息不对称程度，约束社会各经济主体信用行为的社会机制，是信用管理体系中的重要组成部分。通过失信惩戒机制，以经济手段和道德谴责手段，可惩罚市场经济活动中的失信者，将有严重经济失信行为的企业和个人从市场的主流中剔除。

（三）形成守信激励

征信数据库可以反映企业和个人的信用状况。守信用的企事业单位和个人在数据库中将保持良好的信用记录，从而帮助其树立良好的社会形象，增大其市场交易中的无形资产，并由此使其得到更多的商业机会。

第二节 金融信用信息基础数据库

一、金融信用信息基础数据库概述

金融信用信息基础数据库，是中国重要的金融基础设施，是国家为了防控金融风

险，提高信贷市场效率，保障金融业稳定发展的信息服务平台。为了更好地促进金融信用信息基础数据库用户管理，2014年12月2日，中国人民银行发布了《金融信用信息基础数据库用户管理规范》。该规范指出，由中国人民银行征信中心建设、运行和维护征信系统。中国人民银行征信中心是中国人民银行下属法人事业单位，是不以营利为目的的征信机构。根据《征信业管理条例》的规定，金融信用信息基础数据库接收从事信贷业务的机构按照规定提供的信息，并为信用主体和取得信息主体本人书面同意的信息使用者提供查询服务。

金融信用信息基础数据库的主要使用者是各类金融机构。金融信用信息基础数据库通过专线与商业银行等金融机构总部的数据库相连接，并通过商业银行等金融机构内部的联网系统将终端延伸至商业银行等金融机构的分支机构信贷人员的业务柜台，从而实现企业和个人信用信息定期由各金融机构流入金融信用信息基础数据库，通过进一步汇总后实时流向金融机构的功能。其中，前者表现为金融机构向金融信用信息基础数据库报送数据，后者表现为金融机构根据有关规定向金融信用信息基础数据库实时查询企业和个人信用报告。

金融信用信息基础数据库的前身是由中国人民银行组织各类商业银行建立的全国统一的个人信用信息基础数据库和企业信用信息基础数据库。当前，金融信用信息基础数据库仍沿用该系统架构，分别设置了个人信用信息基础数据库和企业信用信息基础数据库两个部分。目前，中国人民银行组织建成了世界规模最大、收录人数最多的征信系统，努力为我国有信用活动的企业和个人建立信用档案。截至2022年8月末，全国金融信用信息基础数据库共收录11.5亿自然人和9 889万户主体信用信息。

个人信用信息基础数据库主要采集和保存个人在商业银行的贷款、信用卡、担保、社保、公积金等信用信息，以及个人身份识别信息，并向商业银行提供个人信用信息联网查询服务，满足商业银行防范和管理信用风险的需求，同时服务于货币政策和金融监管的需要。伴随着我国信用体系建设的不断深入和社会信用意识的提高，个人信用信息基础数据库收录信息主体数量稳步提升，经过20多年的建设，我国金融信用信息基础数据库已经成为世界规模最大、收录人数最多、收集信息全面、覆盖和使用范围广泛的信用信息基础数据库。截至2018年底，个人信用信息基础数据库为11.5亿自然人建立了信用档案，其中6.91亿人有信贷记录（见图2-1）。

企业信用信息基础数据库的前身是始建于1997年的"银行信贷登记咨询系统"。该数据库主要从商业银行等金融机构采集企业的基本信息、在金融机构的借款、担保等信贷信息，以及企业主要的财务指标、环保、欠缴税款、民事裁决与执行等信息，全国各商业银行可与其联网查询。截至2018年底，企业信用信息基础数据库收录了企业及其他组织共2 548万户，其中1 124.8万户有信贷记录（见图2-2）。

二、金融信用信息基础数据库的功能

我国征信机构按所有权归属不同可分为公共征信机构、混合型征信机构和私营征信机构三大类。根据相关条例规定，金融信用信息基础数据库运行机构在我国属于公

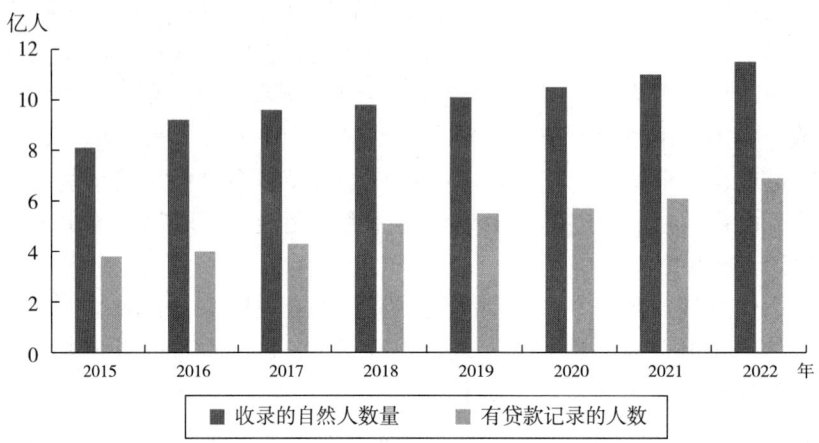

图 2-1　个人信用信息基础数据库收录的自然人数量

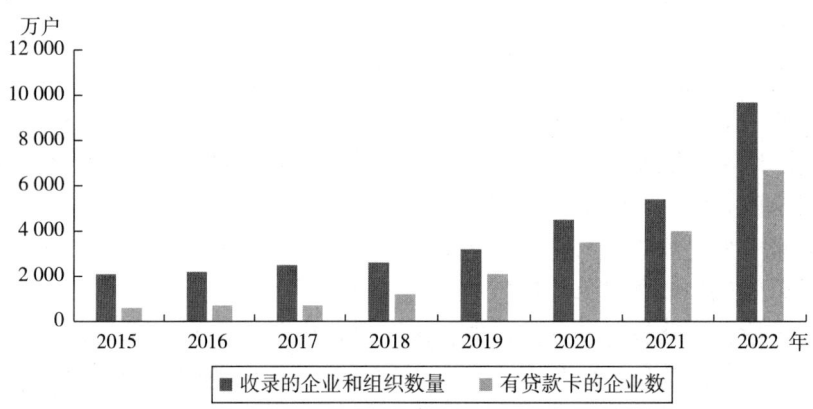

图 2-2　企业信用信息基础数据库收录的企业及组织数量

共征信机构,是以国家为主导的征信信息服务机构。从我国现阶段国情来看,金融信用信息基础数据库运行机构的绩效良好,且中国征信市场规模刚刚起步,公民及企业对信用信息还未足够重视,致使民营征信机构的发展仍然处在初级阶段。故我国征信体系发展所采取的是金融信用信息基础数据库运行机构为主、民营征信机构为辅的模式。不同种类的征信机构具有不同的职能,将它们混为一谈不仅难以促进征信业的健康发展,还易引起不良竞争和恶意垄断。只有厘清政府和市场的"楚河汉界",才能建立我国健全的社会信用体系。

(一)建立全国统一的数据集中管理系统,促进金融机构提高信用风险水平

中国人民银行及其派出机构负责我国征信业市场的监督管理工作,而金融信用信息基础数据库运行机构又称为中国人民银行征信中心,属于中国人民银行的直属机构。以美国为例,美国个人征信平台最早实行的是商业化和市场化的征信运行模式,主要是由分散于各地的大量区域性征信机构构成,然而不同区域征信机构的数据库之间相互独立,各个数据库之间的数据不能完全同步和共享。

我国金融信用信息基础数据库的建设与美国截然不同。它参考了国际最佳征信模式，建立了政府主导型的集中数据库模式；将中国人民银行征信数据库专线与商业银行等金融机构的信贷营业网点相连接，建立了覆盖全国的信用信息采集和服务网络；全面采集企业和个人信贷信息，按照统一系统、统一管理、统一标准的原则，实现了企业和个人信用信息在全国各商业银行等金融机构间的交换和全国共享。该系统运行效率高，能够实现征信报告查询"秒级"响应。金融信用信息基础数据库使金融机构的信贷决策从简单的定性分析向定量分析转化，有效提高了风险管理能力。金融信用信息基础数据库在提高授信申请审批效率、推动解决小微企业融资难问题方面成效显著。

（二）丰富征信数据，拓宽数据覆盖范围，为信贷市场健康发展提供保障

征信活动一般包含两部分：一部分是征信机构（例如中国人民银行）主动调查被征信人的信用状况，了解被征信人的信用信息；另一部分是授信机构或其他金融机构（例如商业银行）向征信机构批量报送被征信人的信用状况或信用信息。由于金融信用信息基础数据库采取授信机构批量报送信用数据的方式，所以接入系统的金融机构数量和类型的多寡直接影响该征信系统数据覆盖面的大小。自2006年上线运行以来，金融信用信息基础数据库接入的机构类型不断丰富，数量也稳步增加。在机构类型上几乎涵盖了金融市场上所有的授信机构，在机构数量上几乎覆盖了全部的银行业金融机构。

从接入征信系统的机构类型看，金融信用信息基础数据库接入机构的用户类型除传统的全国性股份制银行、城市股份制商业银行和外资银行外，还包括各类信托公司、保险公司、财务公司、合作金融机构等非银行类金融机构，以及小额贷款公司、融资性担保公司、村镇银行、贷款公司、消费金融公司等小型金融机构。从接入征信系统的机构数量看，截至2022年8月末，企业和个人信用信息基础数据库累计接入金融机构数分别为1 082家和4 081家，日均提供查询1 084.4万次。

金融信用信息基础数据库的使用和运行既能丰富征信数据库的类型，使更多的机构参与到征信数据库中来，又能扩宽征信数据，使借款主体不断增加，不良贷款率逐年下降，金融体系稳定运行。

（三）以信贷信息为主，非银行信息为辅，支持社会信用体系建设

征信机构一般会根据机构自身的定位、经营方向和市场需求的差异，有选择地收集相应的信用信息。例如，美国的征信机构一般是以营利为目的，根据市场的需求有针对性地收集个人和企业的信贷交易记录，如信用卡额度、贷款余额、还款状况等。欧洲的征信机构主要以政府为主导，更多收集个人和企业的不良信用信息，特别是法国的公共征信系统主要以收集个人的负面信贷信息为主。为全面反映企业和个人信用状况，帮助更多的企业和个人与商业银行等金融机构建立信贷关系，征信机构需广泛整合企业和个人身份信息、非金融领域负债及遵纪守法等方面的信息。如企业和个人的社保信息、住房公积金信息、税收缴纳信息、法院判决和强制执行信息，以及行政许可和处罚信息等非银行信息。除此之外，政府部门可以利用数据库在财政贴息项目

审查、小微企业扶持计划资质认定、企业信用分类管理、集中采购、项目招投标、招商引资、公务员录用等活动中将企业和个人信用状况作为评价之一，从而有效地促进了失信联防惩戒机制作用的发挥。

（四）利用强制性手段采集信息，有效保障信用数据质量

公共征信机构通常可以利用行政手段强制要求所监管的金融机构上报个人和企业的信用信息，或利用法律强制要求信息提供者提供准确的信用信息。然而，私人征信机构只能在双方自愿的基础上，严格遵守《中华人民共和国个人信息保护法》等法律法规，以合同或协议的方式采集信用数据，收集信用信息，信息质量方面只能依靠信息提供者的自觉性来保证信息的准确性。

而金融信用信息基础数据库属于公共征信系统，其信息数据采集的主要特点就是具有强制性。《征信业管理条例》第二十九条明确规定："从事信贷业务的机构应当按照规定向金融信用信息基础数据库提供信贷信息。"该条规定与金融信用信息基础数据库主要采用被动接受信贷信息的采集方式相适应，从而有效地保障了金融信用信息基础数据库的信息来源、信息的持续更新以及信息的质量。

三、金融信用信息基础数据库的意义

（一）提高金融机构控制风险能力，进一步满足中小企业融资需要

随着金融信用信息基础数据库的广泛运用，商业银行等金融机构可以利用数据库查询借款人的历史贷款记录，通过对借款人信贷违约风险进行评估，借助该系统的失信行为处罚制度进一步约束贷款人的还款行为，从而达到缓解金融机构信贷业务中面临信息不对称和缺乏约束机制的问题，有效提高商业银行等金融机构防范信贷业务风险的能力。当前，几乎所有的商业银行都把查询金融信用信息基础数据库作为审查贷款的必经环节。截至2022年上半年，金融机构通过查询征信系统贷前审批拒绝高风险客户申请3 936.9亿元，预警高风险存量贷款7 803.4亿元，清收不良贷款957亿元，识别二套及以上住房贷款申请56万笔。据相关统计数据显示，仅2022年上半年，征信系统在遵义市累计提供个人信用报告查询超过17万次、企业信用报告查询5 000余次、促成贷款交易400多亿元。同时，在征信系统的支撑下，遵义市银行业金融机构不良贷款率逐年降低，区域信贷资产质量稳步提高。

商业银行在不了解某企业或个人信用状况的情况下，为了防范风险、减少损失，一般会采取相对紧缩或保守的信贷政策。金融信用信息基础数据库减少了企业、个人和金融机构之间的信息不对称。当企业和个人向金融机构申请贷款的时候，金融机构可以通过查阅借款人的历史贷款记录或以前的信用记录来了解企业和个人的信用状况，并针对不同信用状况的客户采取相对灵活的信贷政策，从而进一步扩大信贷范围。特别是针对缺乏抵押品或担保的中小企业、中低收入者等边缘性借款人，避免了因金融机构采取"一竿子"信贷政策而减少金融机构的信贷规模。

（二）服务政府部门，提升执法效率

根据国际征信机构发展经验，各类征信机构在信息采集过程中除了采集商业银行

信贷信息以外，一般还依据各国政府的政府信息公开法规采集大量的非银行信息，通常用于帮助授信机构防范风险，降低损失。在这种背景下，当各国政府部门在执法过程中需要征信机构提供数据或信息帮助时，可以依法查询征信机构的数据库或要求征信机构提供相应数据。

金融信用信息基础数据库现已依法为部分政府部门、法院、公安、检察院等系统的业务和案件办理提供了相关信息查询服务。近年来，中国人民银行相继与国家环保总局、国家质检总局、最高人民法院等部门合作，将环保、产品质量、商业经营等方面的违规信息、行政处罚信息以及欠缴农民工工资等不良信息纳入金融信用信息基础数据库。对于环保违规或拖欠农民工工资的企业，商业银行通过查询系统一旦发现，将禁止为这些企业提供贷款。这有利于政府部门执法力度的加强和相关企业及个人诚信意识的提高。

（三）增强大众信用意识，维护社会稳定

在现代化市场经济活动中，培养企业和个人良好的社会信用意识，有利于提升我国宏观经济运行效率。然而，良好的社会信用意识并不是仅仅依靠教育和道德的约束就能够建立的，必须在制度建设上具有完备的约束机制，将德治与法治相结合，充分利用法制的强制约束力。金融信用信息基础数据库恰恰缓解了我国社会信用约束不足的问题，发挥了"守信激励，失信惩戒"的作用，并逐渐增强了企业和个人的诚信意识。例如，一些拖欠贷款的企业和个人为了避免出现不良记录，防止金融机构停止给予他们贷款，主动偿还了拖欠的贷款，按时履行偿还等合同义务的意识稳步提高。

金融信用信息基础数据库在维护社会稳定方面也发挥着不可忽视的作用。实践经验表明，不少企业和个人具有过度负债的冲动，如果不加约束，可能会造成企业和个人债务负担过重，影响企业和个人的正常经营和活动，甚至引发社会问题。然而，金融信用信息基础数据库有助于金融机构全面了解企业和个人的整体负债情况，从制度上防止企业和个人过度负债。这有助于政府部门及时了解社会的信用变动状况，防范突发事件对国家造成重大影响，维护社会稳定。

四、金融信用信息基础数据库的建设历程

（一）个人信用信息基础数据库发展历程

我国个人信用信息基础数据库是我国社会信用体系的重要基础设施，是在国务院领导下，由中国人民银行组织各商业银行建立的个人信用信息共享平台。该数据库组建于1999年7月，由中国人民银行批准，上海资信有限公司试点组建。该数据库主要用于采集、整理、保存个人信用信息，为金融机构提供个人信用状况查询服务，为货币政策和金融监管提供有关信息服务。随着时代的不断发展，其他各地也相继开始尝试运行个人信用征信系统。2006年1月，由中国人民银行组织各个金融机构建设的全国个人信用数据库，实行了全国联网，逐步实现了个人在信贷交易、担保、信用卡等金融活动中信息记录的共享。为了更好、更全面地反映个人信用状况，征信内容也正朝着非银行领域不断发展与扩大。

由于国内刺激消费、拉动内需等宏观政策的出台及商业银行职能的转变与发展，

个人信用平台随之建立。20世纪80年代后期，我国个人消费信用需求开始萌芽，个人征信行业随之逐步发展。当时，扩大内需成为党中央确定的必须长期坚持的战略方针。各级商业银行为了贯彻这一方针，相继推出了住房、汽车、教育、旅游等消费信用贷款，有效地刺激了国内消费，扩大了内需。然而，由于当时我国的个人征信机制还相对滞后。为了降低信用风险，银行不得不以烦琐的手续、严格的条件来抬高消费信贷门槛，因而限制了消费信贷的发展，并在一定程度上抵消了通过开展消费信贷来扩大内需的效果。为了解决这一矛盾，1999年3月，中国人民银行颁布了《关于开展个人消费信贷的指导意见》，其中明确提出了"逐步建立个人消费贷款信用中介机构""信用制度是个人消费信贷业务发展的重要条件"等建议。中国人民银行开始试点建立个人信用信息基础数据库。1999年7月，经中国人民银行批准，上海地区15家商业银行共同携手，在上海市信息办和中国人民银行上海分行的主持参与下，由上海信息投资股份有限公司、上海市信息中心、上海中汇金融外汇咨询有限公司、上海隶平实业有限公司等联合投资组建的上海资信有限公司成立。该公司成为自新中国成立以来首家开展个人信用联合征信的专业资信机构，承担上海市个人信用档案信息数据中心的建设和管理工作，开展个人信用信息咨询、资质认证和风险评估业务。2000年7月，上海资信有限公司个人信用联合征信服务系统数据采集及信用报告查询系统正式启动，并出具了新中国第一份个人信用报告。

与上海一并入选为个人征信试点城市的深圳，也在个人信用体系建设方面做了许多创新性的工作。2001年12月，《深圳市个人信用征信及信用评级管理办法》在深圳市政府常务会议上获得通过，并于2002年1月1日正式实施。该办法是我国第一部个人信用办法，对我国社会信用体系的建设有着深远的意义。2002年8月9日，受深圳市政府委托，鹏元资信评估有限公司独立承建、自主开发的深圳市个人信用征信及评级系统投入试运行，开始向各商业银行提供个人信用报告查询服务。这是我国继上海之后第二个开通的比较完善的地方个人征信系统。除了上海和深圳以外，海南、广州、大连等地也相继获准建立个人信用制度。这标志着我国个人征信制度建设由试点逐步进入推广阶段。

2004年，中国人民银行在总结试点经验的基础上，不断加快个人信用信息基础数据库的建设，于2004年12月中旬实现了15家全国性商业银行和8家城市商业银行在北京、重庆、深圳、西安、南宁、绵阳、湖州7个城市的联网试运行，于2005年8月底完成与全国所有商业银行和部分有条件的农村信用社的联网运行。经过一年的试运行，个人信用信息基础数据库于2006年1月正式运行。目前，任何自然人在国内任何地方的任何一家商业银行留下的借款和还款记录、申请信用卡或开立结算账户时填报的基本信息，商业银行的基层信贷人员均可经当事人书面授权后对其进行查询。商业银行已经将查询个人信用信息作为贷前审查的固定程序。截至2016年底，芝麻信用、腾讯征信、深圳前海征信中心、鹏元征信、中诚信征信、中智诚征信、拉卡拉信用管理、北京华道征信等公司将业务主线开始转向个人征信服务领域，进一步促进了个人征信的发展。

（二）企业信用信息基础数据库发展历程

企业信用信息基础数据库的建设最早源于贷款证制度。贷款证制度实际上是贷款登记和信息咨询系统，为金融机构审查贷款服务，为中国人民银行宏观金融决策服务，是金融体制改革进一步深化的需要。1990年，深圳商业银行首先向当时的中国人民银行深圳经济特区分行提出要求使用贷款证，以适应国有专业银行向商业银行转轨过程中的金融业务交叉和竞争，提高贷款透明度，防止企业过度负债。在这一背景下，当时的中国人民银行深圳经济特区分行于1991年4月1日率先建立和实施贷款证制度。自深圳特区实施贷款证制度以来，其辖区金融机构和企业普遍反映较好。该制度有效地防止了企业多头套取贷款，减少了商业银行信贷资产风险。在总结部分地区实施贷款证制度经验的基础上，中国人民银行决定自1996年4月1日起在全国大中城市实行贷款证制度，并逐步向全国范围推广。

随着科技的进步和金融业务的丰富，贷款证业务开始暴露出一些弊端，影响了贷款证实效的发挥。具体表现为以下三方面：（1）贷款证登记的信息有限，作用比较单一，不能覆盖金融机构审核贷款所需的信息范围；（2）贷款证涵盖面窄，少数贷款对象和贷款种类没有纳入其中，贷款证对贷款总量的反映不够；（3）贷款证的文本性、分散性使其不能实现信息共享，极大地制约了贷款证作用的发挥。因此，1997年7月，中国人民银行统计司完成了《关于贷款证制度工作发展的总体思路报告》。该报告提出贷款证制度管理要向电子化管理方向发展，以克服文本式贷款证的不足；要充分发挥贷款证制度在防范信贷风险方面的预警监测作用。中国人民银行在考察了国外中央银行信贷登记系统建设情况的基础上，借鉴国外的先进经验，提出了建立我国银行信贷登记咨询系统的设想。

银行信贷登记咨询系统是在原贷款证制度的基础上，结合当时金融电子化发展的趋势和金融工作的要求而建立的一套信息系统。它克服了贷款证的诸多弊端，增加了新的功能，目的是加强金融监管，维护金融秩序，制定货币政策，密切银企关系等。1998年，中国人民银行启动了银行信贷登记咨询系统工程。1999年底，银行信贷登记咨询系统上线运行。2002年，银行信贷登记咨询系统建成地、省、总行三级数据库，实现了以地（市）级数据库为基础的省内数据共享。2005年，在该系统运行多年的基础上，中国人民银行启动了银行信贷登记咨询系统的升级工作，将原有的三级分布式数据库升级为全国集中统一的企业信用信息基础数据库，使其信息系统采集范围不断扩大，服务功能大大提高。2006年6月，企业信用信息基础数据库实现了全国联网查询。

中国人民银行大力推进企业和个人征信体系建设，以2006年全国集中统一的企业和个人信用信息基础数据库基本建成为标志，我国商业银行等存款类金融机构已全面实现对所有企业和个人信贷信息的共享。2013年，我国又陆续出台《征信业管理条例》《电话用户真实身份信息登记规定》《关于公布失信被执行人名单信息的若干规定》《征信机构管理办法》等文件。《征信业管理条例》的正式实施，明确将企业和个人信用信息基础数据库统称为国家金融信用信息基础数据库。2013年10月末，9省市可通过互联网查询个人信用报告。同年11月初，最高人民法院通报全国法院第一批失信被执行人名单信息有关情况,征信体系建设已取得了质的飞跃。截至2013年11月底,约有83 000万人、2 000万家企业被纳入中国人民银行征信系统征信范围,并且各大金融企业的信用数据持续接入该征信系统。2014年,中国人民银行将证券交易、保险、外汇、税法等违法违规的信息纳入征信评估范围。截至2015年4月底,约有86 000万人、2 068万家企业被纳入中国人民银行征信系统征信范围,包括约802万家信贷机构。截至2022年2月末,全国共有26个省(市)的136家征信机构企业在中国人民银行分支行完成备案。

以上建设历程如图2-3所示。

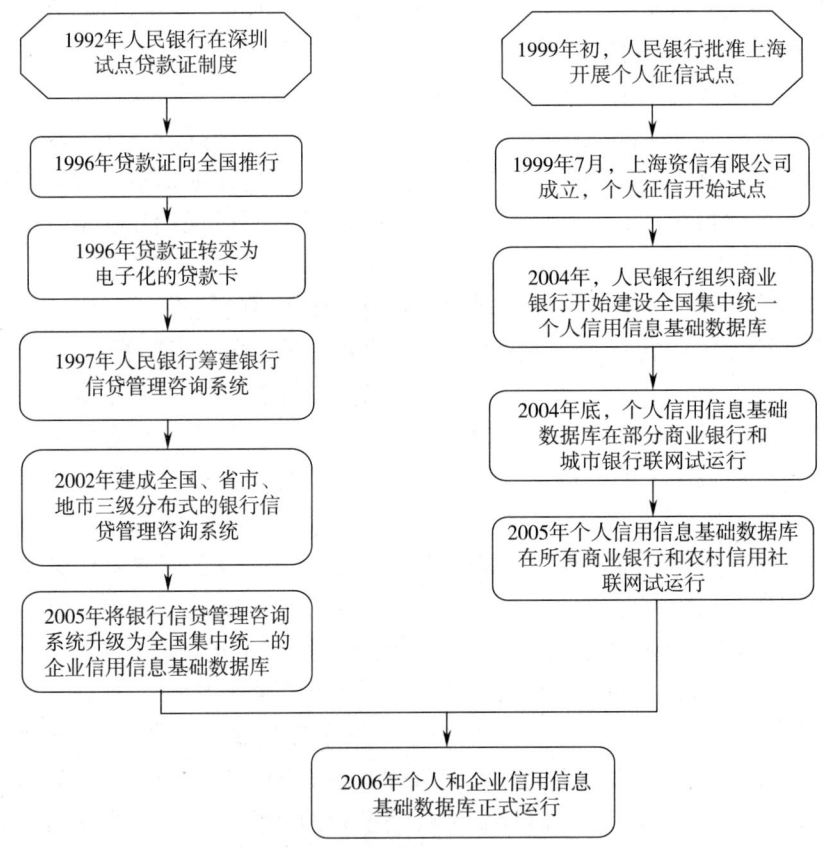

图2-3 金融信用信息基础数据库的建设历程

第三节 政府部门信用信息数据库

一、政府部门信用信息数据库概述

政府部门的信用信息数据库是由政府各部门在行政过程中建立的征信系统。以下以我国为例进行说明。

(一) 司法部门

为推进社会信用体系建设，对失信被执行人进行信用惩戒，促使其自动履行生效法律文书确定的义务，根据《中华人民共和国民事诉讼法》相关规定，最高人民法院制定了《关于公布失信被执行人名单信息的若干规定》，自2003年10月24日起向社会开通"全国法院失信被执行人名单信息公布与查询"平台（见图2-4），社会各界可通过该平台查询全国法院（不包括军事法院）失信被执行人信息。

图2-4　全国法院失信被执行人名单信息公布与查询

(二) 质监部门

国家市场监督管理总局建立市场监管行政处罚文书网、全国12315平台、缺陷产品管理中心、特殊食品注册备案系统等，负责建立市场主体信息公示和共享机制，管理产品质量安全风险，组织打击违法和制售假冒伪劣行为，加强信用管理，保护消费者利益（见图2-5）。

(三) 药监部门

国家药品监督管理总局对食品、药品、医疗器械数据进行管理和维护。公众可对在国家食品药品监督管理总局登记的、合法的食品、保健食品、药品、医疗器械、化妆品、相关广告等进行查询（见图2-6）。

(四) 环保部门

生态环境部设立环评信用信息数据库，积极推动环境保护领域的信用建设，建立企业环保守信激励、失信惩戒机制（见图2-7）。将生态环境部作出的行政处罚决定和责令改正违法行为决定，在专栏予以展示，构建政府为主导、企业为主体、社会组织和公众共同参与的生态环境治理体系，以引导全社会共同关心、支持生态环境保护领域的信用建设，严守生态保护红线和环境质量底线，共同营造"守信光荣、失信可耻"的生态环保诚信氛围，保障国家生态安全，建设美丽中国。

图 2-5　国家市场监督管理总局处罚公示

图 2-6　国家药品监督管理总局信息公示

（五）税务部门

国家税务总局设立纳税信用数据库（见图 2-8、图 2-9），包括纳税信用 A 级纳税人和重大税收违法案件数据库，旨在提高纳税人依法纳税意识，惩戒严重税收违法行为，规范税务机关执法行为，推进社会信用体系建设。

第二章 征信数据库

图 2-7 生态环境部企业信用信息数据库

图 2-8 纳税信用 A 级纳税人数据库

（六）信息中心

在国家发展改革委、人民银行指导下，国家信息中心主办了"信用中国"。这是政府褒扬诚信、惩戒失信的窗口，主要承担信用宣传、信息发布等工作，使用社会信用体系建设部际联席会议成员单位提供的对社会公开的信用信息（见图 2-10）。

图 2-9　重大税收违法案件数据库

图 2-10　信用中国网站

二、国家企业信用信息公示系统

国家企业信用信息公示系统，又称全国企业信用信息公示系统，于 2014 年 2 月上线运行，是由原中华人民共和国国家工商行政管理总局依据《中华人民共和国政府信息公开条例》《企业信息公示暂行条例》等行政法规的有关规定进行的信息公示。公示的主要内容包括市场主体的注册登记、许可审批、年度报告、行政处罚、抽查结果、经营异常状态等信息。系统公示的信息来自工商行政管理部门、其他政府部门及市场主体，政府部门和市场主体分别对其公示信息的真实性负责。通过建立各级工商机关登记在册的所有商事主体的信用信息数据库，对其登记信息、备案信息、行政处罚信息进行公示（见图 2-11）。

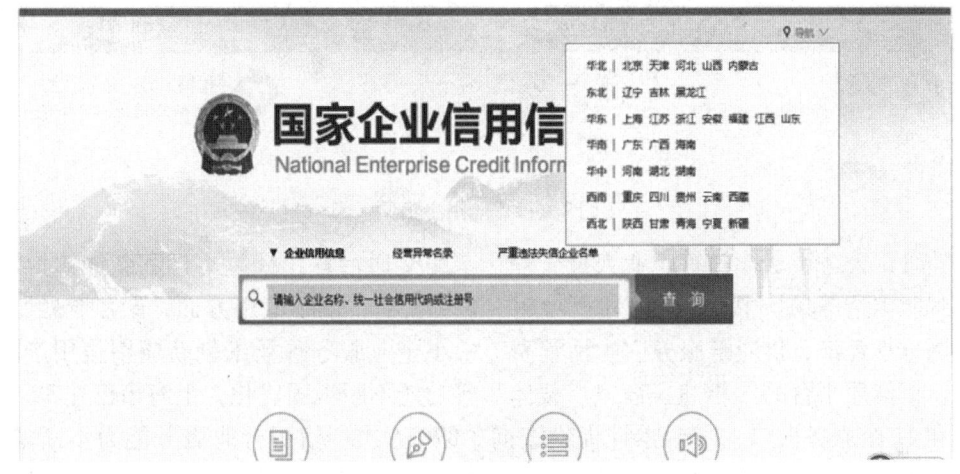

图 2-11　国家企业信用信息公示系统

三、地方政府的征信数据库

地方政府建立的征信数据库是指由各个地方政府针对本地区的信用主体建立的征信数据库。自我国社会信用体系建设以来，除了政府部门建立的征信数据库之外，各地方政府也开始陆续颁布地方信用法规，设立地方信用监管部门，建立地方征信数据库。

（一）上海市征信数据库

上海市于 2017 年率先出台全国首部地方综合性信用法规《上海市社会信用条例》，市信息中心与市社会信用体系建设办公室合办上海诚信网，建立包括上海市各信用主体资质、行为、应用（日常监管、行政审批、行政处罚、政府采购、招标投标、表彰评优、资金支持、录用晋升）在内的征信数据库，并依法向社会提供征信服务（见图 2-12）。

截至 2021 年 6 月，上海市已有 128 家单位确认向信用平台提供 6.5 万余项信息事项，可供查询信用数据 4.82 亿条。政府应用方面，在专项资金申请，行政审批，事中

图 2-12　信用上海网

事后监管，公务员、律师等职业人员管理，道路交通治理，社区治理和新能源汽车补贴及牌照申请等场景中，信用应用事项超过 820 余项；市场应用方面，聚焦金融服务、互联网分享经济、供应链服务、生活消费、中小企业服务等场景创新应用信用产品和服务。市信用平台的"枢纽、窗口、载体"等功能不断巩固优化，上海市已建 32 个子平台和 21 个服务窗口，平台累计提供查询 3 876 万次。信用行业服务能力不断增强，市信用服务行业协会已有会员单位 137 家。社会各方信用应用意识提升，全市"重点领域联合、重点区域联动"的应用工作格局已经形成。

（二）江苏省征信数据库

江苏省经济和信息化委员会联合江苏省公共信用信息中心共同建立信用江苏网站，建立社会法人、自然人信用数据库，向社会提供信用咨询服务，并通过守信案例、失信案例公示，来达到守信激励、失信惩戒的目的（见图 2-13）。

（三）深圳市征信数据库

深圳市建立深圳信用网，在企业信用方面负责"依照规定归集、整合企业信用信息"，建立全国首个地方商事主体信用监管公式平台，实现填报、查询、异常名录等互动功能，日查询量 86 万人次，建成"一网、一微、一端"公共信用平台，征集 410 万商事主体的 8.6 亿条信息，成为华南地区最大的企业信用数据库（见图 2-14）。

（四）广东省征信数据库

信用广东网网站是广东省人民政府主办的广东省公共信用信息统一对外发布、接受外部查询和异议受理等的平台。网站按照统一的标准规范，全面整合广东省有关行业和部门记录的社会成员信用信息，建立企业、个人、事业单位和社会组织信用信息公共数据库；围绕信用公开、信用查询和信用建设三大功能定位，建设覆盖全省的公

图 2-13 信用江苏

图 2-14 深圳信用网

共联合征信系统。该系统实现了行业和部门间信用信息的互通共享，依法有序地向社会公众和信用服务机构公开信用信息；实现了省级行业、部门之间信用信息的互通共享，并向各地级以上市的公共信用信息管理系统开放（见图2-15）。

图2-15　信用广东网

第四节　第三方平台的征信数据库

一、第三方平台征信数据库概述

（一）第三方平台征信数据库的概念

第三方平台征信数据库是指专门的或独立的第三方机构针对社会信用主体（个人或企业）建立的旨在集中社会信用主体各类信用信息的征信数据库，数据来自互联网、消费类金融机构等，主要服务对象为网贷公司、网贷中介机构或消费金融公司等互联网金融机构。我国第三方征信机构有百行征信、芝麻信用、腾讯征信、前海征信、考拉征信、鹏元征信、中诚信征信、中智诚征信、华道征信等（见图2-16）。

图 2-16　芝麻信用官网

（二）第三方平台征信数据库的发展现状

当前正迅速崛起的互联网金融是互联网技术和思维对传统金融的一场深刻变革，其释放了大众长期被压抑的金融需求。在互联网金融高速发展的今天，第三方平台征信日益成为制约互联网金融发展的瓶颈，它大大增加了互联网金融相关环节落地的难度。所幸大数据、云计算等新技术的应用，为征信业提供了全新的技术支撑，进而提升了征信市场的活力和总体水平。中国征信业的立体式发展，将使个人及中小企业特别是小微企业逐步获得更为完整的"信用身份证"，有效降低融资成本，助力普惠金融发展。2015年1月，中国人民银行印发《关于做好个人征信业务准备工作的通知》，要求蚂蚁金服旗下的芝麻信用、腾讯旗下的腾讯征信等8家机构做好开展个人征信业务的准备工作，这标志着我国个人征信行业步入高速发展时期。"互联网+"与征信业的结合能有效激活我国征信体系建设新动力，增加失信的社会成本，提高守信的信用资本。但"互联网+征信"模式在我国仍属于新生事物，无论监管机构还是征信企业均面临着较大的风险隐患，亟须探寻防控和化解风险之策。

就征信行业的市场环境而言，政府主导型的征信机构占据绝对优势，第三方征信机构发展受到的限制较大。随着移动互联网的大发展以及支付结算系统间相互依赖的不断加深，第三方征信机构对于信用体系的介入将愈加深化，成为不可忽视的力量。该类机构若能在《征信业管理条例》和《征信机构管理办法》相关规定的框架下，利用互联网支付服务中自然形成的数据优势，专门针对中小微企业、涉农及流动人口和其他个人等建立信息档案、形成信用报告，做到既深入挖掘新兴业务的发展潜力，又同银行业金融机构实现信息的互联互通，及时填补人民银行现有信用信息基础数据库的缺失和空白，必将在信息服务中形成新的竞争力，从而加速自身发展的转型升级。

（三）第三方平台征信数据库与人民银行征信数据库的不同

第三方平台征信数据库与人民银行征信数据库的不同主要体现在以下三点（见表

2-1)。

1. 数据来源不同。人民银行征信数据库的数据主要来源于信贷信息，而第三方平台征信数据库的数据除了来源于信贷机构外，还包括人们的日常生活、政府部门以及互联网企业，弥补了人民银行征信数据来源单一的不足。

2. 覆盖对象不同。人民银行征信数据库记录覆盖的群体很狭窄，许多个体工商户、自由职业者、学生等均不能得到信用评估，而第三方平台征信数据库服务的用户十分广泛，通过各类互联网平台，可以填补人民银行这方面的空白。

3. 应用的场景不同。人民银行征信数据库的应用场景大都是金融企业，当人们去商业银行贷款时，征信评估结果可以告诉商业银行是否应该给他贷款，从而使商业银行的贷款风险降到最低。第三方平台征信数据库的应用场景则非常广泛，并且已经接入民间信贷机构。以芝麻信用为例，芝麻信用和许多商家已经洽谈成功，其应用场景体现在衣食住行的各个方面。芝麻信用分大于600分，可在支付宝招联"好期贷"申请最高额度20万元的现金，3年内额度可以循环使用，最长借款期限60个月，日利息率低至0.05%；芝麻信用分大于650分，可在神州租车免押金等。

表2-1　　　　　第三方平台征信数据库和人民银行征信数据库的区别

征信类型		
类型	第三方平台征信数据库	人民银行征信数据库
数据来源	1. 数据来源更广泛，种类更多样。2. 通常引入互联网行为轨迹记录、社交和客户评价等数据。	金融机构、政府机构以及电信提供的个人基本信息、账单信息、信贷记录、逾期记录等。
覆盖对象	1. 主要针对传统征信没有覆盖的人群。2. 利用互联网留痕协助信用的判断，满足第三方支付、互联网保险等互联网金融新业态身份识别、反欺诈、信用评估等多方面征信需求。	主要覆盖在持牌金融机构有信用记录的人群。
应用场景	从经济金融领域扩大到日常化、生活化的方方面面，如租房租车、预订酒店、签证、婚恋、求职就业、保险办理等各种需要信用履约的生活场景。	主要用于经济金融活动。

随着第三方平台征信机构逐渐占领征信市场，越来越多的人能够持有一份独立的征信评估报告。诸如芝麻信用、腾讯征信这样的第三方平台征信机构将成为征信体系的未来之星。《征信行业深度报告》的数据显示，2021年我国第三方平台征信的实际市场规模为236亿元，增长率为21.3%；潜在市场规模为2 176.7亿元，增长率为10.3%。2021年之后的征信市场规模在1 000亿元左右。

二、第三方平台征信数据库的模式

随着经济的发展、互联网支付方式的普及、征信技术的不断提高，第三方平台征信数据库模式不断转变，但第三方平台征信数据库模式的不同主要源于征信信息内容的转变和征信数据的丰富化等方面。

(一) 第三方平台征信信息的构成

第三方平台在交易中产生的信息按照类型主要分为四部分,分别是交易信息、账户信息、信用评价信息和其他信息(见图 2-17)。其中,第三方平台信用评价信息又可以分为个人和企业信用评价信息。

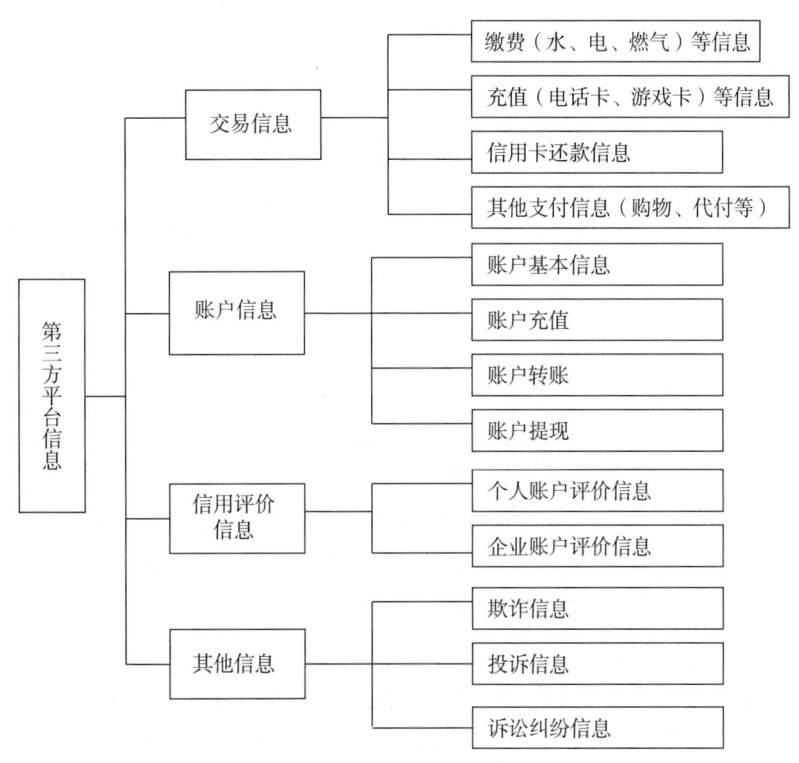

图 2-17 第三方平台信息分析

1. 第三方平台交易信息。这部分信息包括用户缴费(水、电、燃气等)、充值(电话卡、游戏卡等)、信用卡还款信息和其他支付信息(购物、代付等)。其中,水、电、燃气的缴费信息和信用卡还款信息属于以偿还为条件的经济活动行为,能够反映客户的信用状况。2006 年,中国人民银行开展非银行信息采集,已经基本实现了将水、电、燃气的缴费信息纳入中国人民银行征信系统,并取得了良好的效果。信用卡还款信息一直就被纳入中国人民银行个人征信系统,是个人信用报告重要的组成部分。充值及其他支付信息等反映了用户的资金流向和支付情况,有利于增进交易方对用户资金实力和消费能力等情况的了解。

2. 第三方平台账户信息。这部分信息包括账户基本信息及账户的转账、提现等信息。同时,第三方账户信息还记录了用户的资金结算、资金往来等状况,提供了客户的资金周转、资金使用等信息。

3. 第三方平台信用评价信息。这部分信息主要是具有担保功能的第三方支付公司与电子商务网站合作，建立信用评价体系，用户完成网上交易后对交易情况进行评价。这些信用评价信息有助于交易双方了解交易对象的信用状况，从而进一步降低了交易风险。

4. 其他信息。主要包括客户恶意欺诈信息、投诉信息、诉讼纠纷信息等。这些反映客户失信、欺诈的负面信用信息，有助于其他用户了解客户的失信行为，达到"失信惩戒"的目的。

（二）第三方平台征信数据库的模式

第三方机构拥有大量的支付信息、现金流信息、信用评价信息，这些信息是客户交易情况及网络诚信的重要体现。将这些信息纳入中国人民银行征信系统，是完善诚信建设长效机制、健全覆盖全社会的征信体系的重要途径之一，有助于实现第三方平台信息在行业内、地区内的互联互通，也有利于加大对失信行为的惩戒力度，在全社会形成"守信光荣、失信可耻"的良好氛围。

1. 传统的第三方征信数据库模式——社会征信模式。传统的第三方平台征信也叫社会征信，该类征信数据库是指专业的、独立的第三方机构针对社会信用主体建立的征信数据库。如中诚信、大公国际、新华信、鹏元资信等建立的自己的征信数据库。这些征信机构通过多年的发展，利用多种手段收集数据，其征信数据库也得到了进一步完善。

2. 以互联网为中介的第三方平台征信数据库模式。第三方平台在解决中小企业特有的商业信用信息共享难、财务信息不透明、财务制度执行不严、信用意识不强等因素引发的融资难问题方面大有可为。第三方平台通过自有渠道及系统优势可获取以POS机和网络支付接口付款为主要收款方式的中小企业的经营状况，依靠大数据和云计算等新技术建立中小企业分级信用评级指标体系和各类数据库，做到既重视企业成长，又突出现金流量分析和履约情况评价，着重做好中小企业和个人金融信息的补白工作。此外，第三方平台还以此为基础，向产业链中的各相关机构有偿提供以下产品和服务。

（1）商业数据库服务。第三方平台可通过跟踪中小企业的日常交易流水，结合公司商业信息、企业主或管理层的财务状况和历史支付记录，运用其自身开发的搜索和匹配系统及应用软件，向金融机构提供各种形式的信用报告，使金融机构放贷时做到信息对称。

（2）信用风险解决方案类服务。信用信息是第三方平台从事信用业务的基础，提供信用风险解决方案则是该类机构通过咨询研究分析、开发软件和建立系统等手段挖掘数据资源，将原始数据转变为商业情报信息，为金融机构在信贷风险、反欺诈和账户管理方面制订参考方案的关键业务。

（3）营销信息服务。营销成功的关键在于深刻了解潜在客户、客户需求、客户生活习惯和行为方式以及所有影响客户对于营销活动反映的因素。该类数据库可包括营销数据库、车辆数据库以及保险数据库等。第三方平台掌握了海量B端和C端资源，以及基于客户交易行为形成的大数据，所以能够测算客户交易行为特征并匹配交易双方的需求,最终形成相关金融信息数据库。

(4)为金融机构提供外包业务。第三方平台可承继传统收单业务优势,通过为金融机构提供支付管理、账户与文件处理、电子交易等外包业务来扩充信用数据库,并为其提供风险防控服务。

第五节 征信数据库的应用案例

一、个人征信数据库应用

(一)信用卡典型案例

1. 案例详情

2015年6月至2017年8月,王某在经营济南市某超市期间,为获取非法利益,使用超市的两台POS机,采取虚构交易为信用卡持卡人套取现金,并收取一定比例的费用,先后为张某、刘某等多名信用卡持卡人直接支付现金共计8 189 836.64元,非法获利1.7万元。

济南市中级人民法院审理认为,王某违反国家规定,使用销售点终端机具,以虚构交易的方式向信用卡持卡人直接支付现金,透支消费后找到提供非法套现的POS机特约商户,通过刷另外一张卡套现来偿还前一张信用卡欠账,情节特别严重。

2. 案例分析

部分银行对销售终端机监管不严,导致先用卡,再以卡养卡的现象。济南市中级人民法院法官表示,很多持卡人申领多张信用卡,透支消费后找到提供非法套现的POS机特约商户,通过刷另外一张卡套现还钱。

很多人认为欠银行的钱不是什么事,只要到时候把利息、滞纳金等相关费用还了就行,不知道会构成刑事犯罪。银行在催缴无法联系到卡主时,都会报警,卡主就会变成警方联网追查的对象。有的欠款卡主被抓后,虽然能及时还清欠款,但仍会被拘留。法官建议,如确实出现无法及时还款的情况,应及时与银行联系,说明原因,不要抱有侥幸心理。

(二)个人贷款典型案例

1. 案例详情

王先生去某银行申请住房贷款,该行经过审核拒绝了王先生的贷款要求,理由是王先生征信报告被多家小贷公司查询且贷款审批未通过,因而判断王先生财务状况和还款能力出现了问题,所以拒贷。王先生十分奇怪,到人民银行征信服务大厅打印了个人信用报告,发现报告中"机构查询记录明细"一栏有多个小额贷款平台以"贷款审批"为由的查询记录。王先生表示自己并未在小贷平台申请贷款,为什么会有这么多查询记录呢?工作人员询问王先生是否浏览过这些小贷公司平台网站或者手机App,并且点击了"同意"按钮。王先生回忆说,自己确实浏览并进入有关网页或者App,也确实在协议页面点击了"同意"按钮,但是自己并没有详细阅读协议内容,也没有真的申请网络贷款。工作人员向王先生解释，虽然王先生并未办理网络贷款，但是点击协议页面的"同意"按钮则很大可能已经授权了对方查询其信用报告，因而出现了上述小贷公司查询记录。

2. 案例分析

通过网络进行贷款已经成为很多网民的选择，多数互联网平台在被点击进入后就要求客户对有关协议点击"同意"或者"不同意"，有些网民并无真实信贷需求，仅仅是对业务进行了解或者仅仅想查询网贷额度。但是，点击了"同意"按钮也就是给对方授权，在自己"不知情"的情况下被查了信用报告。因此，提醒广大金融消费者，点击"同意"按钮需谨慎，一定要认真阅读协议内容，否则不仅可能影响个人信用记录进而影响正常信贷，还存在非常大的个人信息泄露可能。

（三）求职典型案例

1. 案例详情

刘某是某大学应届毕业生，正当求职季，刘某通过努力得到了市区某外企的青睐，但最后该外企因刘某信用报告存在不良记录给予他不予录用的决定。刘某遂持本人信用报告前往人民银行滁州市中心支行咨询，自述于2008年刚入大学时在当地某银行办理了一张信用卡，激活后一直未使用，直到2012年2月才首次刷卡消费500元。因临近毕业，忙于找工作，忘了及时还款，直到现在某外资企业应聘要求提供个人信用报告时发现有逾期记录，才想起信用卡透支的钱至今未还，后随即还上，但应聘单位依据其信用报告有不良记录做出不予聘用的决定。

2. 案例分析

信用卡发卡等银行信贷信息，自发放或发卡之日起，商业银行就自动将这些信息报送到人民银行征信系统中，如果大学生不按合同规定还款，信用卡逾期，就会在其个人信用报告中形成不良信用记录，影响个人将来的经济、金融活动。个人信用报告客观记录个人信贷业务的还款情况，不记录逾期还款原因，也不对逾期还款是本人主观故意还是疏忽造成进行判断。因此，大学生在日常生活中应养成良好的消费习惯和还款习惯，按合同规定偿还信用卡，避免在个人信用报告中留下不良信用记录。对于日常消费和信用卡使用，要注意还款期限，选择合适的还款方式，采取有效的提醒措施，确保每笔贷款和信用卡按时还款，避免出现逾期记录。

二、企业征信数据库应用

（一）银行贷款典型案例

1. 案例详情

2020年，受新冠肺炎疫情的影响，张先生所在的皮毛公司营业额严重下滑，企业流动资金严重不足，遂向中国农业银行绥德县中心支行申请流动资金贷款120万元，该业务由客户经理李经理负责办理，该资金主要用于收购皮毛。张先生所在皮毛公司是该支行的老客户，已有多年业务往来，银行客户经理出于慎重考虑，通过企业信用信息数据库查询，发现该公司已经拖欠了其他银行贷款利息，获知该信息后，客户经理立即展开了专门的调查、走访，确认事实后，该支行及时中止了此笔业务的办理，避免了银行贷款的损失。

2. 案例分析

该案例充分显示了征信数据库的重要作用。对金融机构而言，金融机构通过征信数据库实现了信息共享，金融机构与企业之间的信息不对称现象大大降低。在全面掌握企业的财务状况、运营状况和信用风险水平等的基础上，金融机构可以识别高风险客户，防范贷款风险，保障银行信贷安全。同时，征信数据库的应用可以通过事实引导客户诚实守信，提高自身的信用意识，重视积累自身的信用记录，最终和金融机构形成良性互动。

（二）债券发行典型案例

1. 案例详情

2019年1月25日，中国银行面向全国银行间债券市场机构投资者公开发行第一期无固定期限资本债券，该期永续债券采取主承销商组织承销团通过簿记建档发行的方式发行。该期债券按票面金额平价发行，票面利率为4.5%，中国银行本次发行的永续债吸引了众多的境内外机构投资者，包括保险公司、基金证券公司、资产投资公司等，全场认购倍数超过2倍，受到市场追捧。

2. 案例分析

本案例中中国银行首次发行永续债券，获得良好的效果和市场的认可，重要原因在于东方金城国际信用评估有限公司对中国银行发行永续债券进行了详细的信用评级，并发布了该评级数据，该评级显示：中国银行主体信用等级为最高的AAA级，评级展望为稳定，同时该永续债券的信用等级也是最高的AAA级。第三方评级机构也给出评级报告显示：中国银行该永续债券信用评级高、违约风险非常小。持有中国银行60.02%股权的第一大股东——中央汇金公司，直接参股控股众多商业银行和证券公司，有权对重点金融企业出资人行使权利和义务。因此，评级机构认为中国银行的主要控股股东对本次永续债券中存在的信用风险具有强有力的保障作用。

（三）股票上市典型案例

1. 案例详情

发行人A于2020年7月提交发行上市申请。招股说明书显示，发行人董事会共有9名董事，其中4名为控股股东委派，2名为创投机构委派，3名为独立董事。自2018年以来，发行人的董事发生过3次变动：（1）2018年6月2日，选举B担任董事；（2）2019年7月，D辞任公司董事；2019年7月18日，选举E担任董事；（3）2019年12月，G和J辞任公司董事；2019年12月22日，选举H和K担任董事，B和E不再担任董事。

2. 案例分析

证监会在审核中重点关注发行人A相关离职董事的提名股东是否与新当选董事的提名股东一致，较大比例的变动情况是否对发行人的生产经营产生了重大影响，最近2

年内发行人董事、高级管理人员是否发生重大不利变化。发行人及保荐人在反馈意见中回复，发行人最近两年内董事变动原因主要是：新股东行使董事提名权并向发行人委派董事而导致的董事变动（创投甲）；因外部投资者股东内部调整委派董事导致董事变动（创投丙、创投丁）；外部投资者股东不再继续委派董事导致董事变动（创投甲、创投乙）。

保荐人通过搜索征信数据库相关资料，比照以往相关案例，得出：发行人 A 离职董事均为外部董事，其主要基于投资关系享有公司知情权和表决权的董事，其中同一投资者股东调整其委派董事或者不再委派董事不构成重大变动。由于内部董事基本未发生变化，未对发行人 A 的生产经营产生不利影响。因此，发行人 A 符合"最近 2 年内董事、高级管理人员没有发生重大不利变化"的发行条件。

【延伸阅读 2-1】

全球数据服务专家——邓白氏公司

在信息爆炸的今天，如果想要更加准确高效地利用数据信息，并期望从中发掘商机或防范风险陷阱，那么寻求专业收集和处理大数据企业的帮助就势在必行。

邓白氏集团凭借几十年的数据分析经验、完整的数据处理流程和被广泛认可的邓氏编码，在这个"大数据"时代吸引来众多目光。2014 年，邓白氏被 *CIO Review* 杂志评为"全美前 100 名最具潜力的大数据企业"。这强有力地肯定了邓白氏在大数据商业应用领域的竞争实力和领导地位。邓白氏获此殊荣的成功关键，首先就是邓白氏所拥有的庞大的商业数据帝国——其所覆盖的企业及组织机构数量在 2022 年突破 4.8 亿家，遍及全球 200 多个国家和地区，其对数据的更新维护频率更是高达每日 150 万次，堪称全球最大最全面的商业信息数据库。全球数据管理专家的两大法宝：Dunsright 与邓氏编码（DUNs Number）。

运营维护如此庞大的全球数据库，还要最大限度地确保信息的真实性、准确性、及时性，这项工作并非易事。然而邓白氏拥有卓越的数据库基础架构，以及独有的 Dunsright 信息质量管理流程，这保证了各类数据在经过专业的筛选和处理后，能成为拥有商业分析价值的信息，并被用以在全球数据库中建立企业档案。

Dunsright 信息质量管理流程从 5 个维度全面管理信息质量，而注册邓氏编码正是其中不可或缺的核心环节。邓氏编码不仅是串联邓白氏数据库中所有企业档案的关键要素，对于全球许多企业、机构甚至国家政府而言，邓氏编码也广受认可和欢迎。那么，邓氏编码究竟是什么呢？

邓氏编码——全球通用的"企业身份证"。邓氏编码是由邓白氏集团在 1963 年创立的 9 位数字全球编码系统，被视作当今社会国际通用的"企业身份证"，被广泛应用于企业识别、商业信息的组织及整理。那么，为何诸多企业青睐并申请邓氏编码？

首先，邓氏编码已是国际认可的"企业身份证"。一旦注册邓氏编码，就等于拥有了全球"企业身份证"。很多国际组织和企业，比如国际标准组织（ISO）、美国联邦政府、欧盟、美国食品药品监督管理局（FDA）、美国海关都承认、推荐或是要求合作方注册邓氏编码系统。可以说，申请邓氏编码等于申请全球通用的"企业身份证"。

其次，一些财富500强企业也都通过各种方式将邓氏编码嵌入其内部运作系统和流程，并可以通过邓氏编码，直接从邓白氏获取其业务伙伴的最新风险信息，从而了解其业务伙伴的最新动态，并对其风险水平进行评估管理。因此，如果供应商或经销商想要成为这些企业的合作伙伴，申请邓氏编码是必然的。

最后，邓氏编码与企业的商业信息紧密关联。邓白氏公司在企业申请邓氏编码的同时，还会为注册邓氏编码的企业在邓白氏全球数据系统中建立基础的企业档案。申请邓氏编码就好比申报身份证，除了编号的生成，还有其相关信息记录在案。国际上许多企业在有意向与新的合作伙伴开展业务时，为避免欺诈风险，往往会在合作前借助邓白氏确认潜在合作伙伴的真实性，这时，注册邓氏编码的企业的档案信息就会派上用场。所以，企业申请邓氏编码，就是在邓白氏数据库中"挂名上册"，为企业的业务发展尤其是全球贸易带来便利。不过，通过邓氏编码建立的企业档案所含信息量并不大，如果有合作伙伴希望了解企业的详细信息，往往会委托邓白氏对企业做更深入的信息审核和风险评估，而邓白氏也会将获得的信息补充在数据库中的企业档案里并进行维护，从而为企业建立更丰富、更全面的档案信息。

也正因为邓白氏集团在全球数据服务领域的地位，让它所创立的邓氏编码被众多企业追捧，使之逐渐演变为商业贸易中不可缺少的必备工具。

资料来源：http：//www.huaxiadnb.com/index.html。

【延伸阅读2-2】

河南身份证将可查个人信用信息　守信者办事"一路绿灯"

2017年7月3日，河南省政府出台《关于加强个人诚信体系建设的实施意见》（以下简称《意见》）。根据《意见》，河南省将以公民身份号码制度为基础，实现公民统一社会信用代码全覆盖。对具有优良信用记录的个人，将在教育、就业、创业、文化、社会保障等领域给予优先支持或重点支持。在办理行政许可过程中，对具有优良信用记录的个人和连续3年以上无不良信用记录的行政相对人，采取"绿色"通道和"容缺受理"等便利服务措施。

1. 实现公民统一社会信用代码全覆盖。《意见》提到，要推动完善个人实名登记制度。制定出台河南省公民统一社会信用代码制度建设实施方案，细化任务分工，明确时间节点，以公民身份号码制度为基础，推动居民身份证登记指纹信息工作，实现公民统一社会信用代码全覆盖。运用信息化技术手段，全面开展个人身份信息查核工作，确保个人身份识别信息的唯一性。以互联网、邮寄递送、电信、金融账户等领域为重点，推进建立实名登记制度，为准确采集个人诚信记录奠定基础。

同时，建立重点领域个人诚信记录。以食品药品、安全生产、消防安全、交通安全、环境保护、生物安全、产品质量、税收缴纳、医疗卫生、劳动保障、工程建设、金融服务、知识产权、司法诉讼、电子商务、志愿服务等领域为重点，以公务员、律师、教师、医师、执业药师、评估师、税务师、注册消防工程师、会计审计人员、房地产中介从业人员、认证人员、金融从业人员、导游等职业人群和企事业单位法定代表人及相关责任人为主要对象，加快建立完善个人信用记录形成机制，及时归集有关人员在相关活动中形成的诚信信息，确保信息真实准确，实现及时动态更新，推广使用职业信用报告。对企事业单位严重失信行为，在记入企事业单位信用记录的同时，记入其法定代表人、主要负责人和其他负有直接责任人员的个人信用记录。鼓励行业协会、商会等行业组织建立健全会员信用档案。

2. 推进个人诚信信息共享与保护。《意见》提到，要推动个人公共信用信息共享。加快省辖市、省直管县（市）公共信用信息平台和省直部门公共信用信息系统建设，依托各公共信用信息平台或系统，建立个人公共信用信息数据库。各级政府要保证信用信息平台依法依规向社会提供个人公共信用信息授权查询服务。郑州、南阳等地创建全国社会信用体系建设示范城市，要率先依据个人公共信用信息建立分类管理和诚信积分管理制度。尽快建立个人公共信用信息与金融信用信息基础数据库互补关系，并向个人征信机构提供服务。鼓励个人征信机构加强信用产品服务创新，有效满足社会对个人信用产品的需求。

同时，要保护个人信息安全。各地、各有关部门要建立健全保障个人信息安全的规章制度，开展信用信息安全风险评估，实行信用信息安全等级保护，建立健全物理安全、网络安全、主机安全、应用安全、数据安全及备份恢复等标准体系。未经法律、法规授权不得采集个人公共信用信息。加大对泄露、篡改、毁损、出售或非法向他人提供个人信息等行为的查处力度。建立违法收集个人信息、泄露个人信息和错误记录信息在行政、民事、刑事等方面的责任追究机制。对金融机构、征信机构、互联网企业、大数据公司、移动应用程序开发企业实施重点监控，规范其个人信息采集、提供和使用行为。

3. 完善个人守信激励和失信惩戒机制。让守信者"一路绿灯"，失信者"寸步难行"。《意见》提到，各级政府要制定出台守信激励政策措施，对具有优良信用记录的个人，在教育、就业、创业、文化、社会保障等领域给予优先支持或重点支持，尽力提供便利服务。在办理行政许可过程中，对具有优良信用记录的个人和连续3年以上无不良信用记录的行政相对人，可根据实际情况依法采取"绿色"通道和"容缺受理"等便利服务措施。在实施财政性资金项目安排、招商引资配套政策和有关公共资源交易活动中，鼓励依法对具有优良信用记录的诚信市场主体优先予以支持或采取信用加分等措施。鼓励社会机构依法使用征信产品，对具有优良信用记录的个人给予优惠和便利，使守信者在市场中获得更多机会和收益。

同时，对重点领域失信个人实施惩戒。将恶意逃废债务、非法集资、电信诈骗、网络欺诈、交通违法、不依法诚信纳税等严重失信个人列为重点监管对象，依法依规采取行政性约束和惩戒措施。在对失信企事业单位进行联合惩戒的同时，依照法律、法规和政策规定对相关责任人员采取相应的联合惩戒措施，将联合惩戒措施落实到人。

鼓励将金融信用信息基础数据库和个人征信机构采集的个人在市场经济活动中产生的严重失信记录，推送至河南省公共信用信息平台、全国信用信息共享平台，作为实施信用惩戒措施的参考。各地、各部门要建立健全个人严重失信行为披露、曝光与举报制度，通过当地政府或部门门户网站，依法向社会公开披露各地政府、部门掌握的个人严重失信信息，并同步推送至"信用河南"网站。鼓励市场主体对严重失信个人采取差别化服务，支持金融机构对严重失信主体提高贷款利率和财产保险费率，或限制向其提供贷款、保荐、承销、保险等服务。支持征信机构采集个人严重失信行为信息，纳入信用记录和信用报告。

资料来源：http：//henan. sina. com. cn/news/z/2017 – 07 – 03/detail – ifyhrx-sk1618174 – p2. shtml。

【延伸阅读2–3】

芝麻信用是一家第三方征信评估和信用管理机构。它根据各渠道采集的信用数据，通过构建评分模型，客观地评价个人的芝麻信用分，最终使每位客户都能体验信用所带来的服务。芝麻信用本质上是一套整合了信贷机构、互联网交易信息、公用事业单位以及日常生活的信用数据的第三方征信系统。

芝麻信用采集的数据有以下四个来源：信贷机构、政府部门、电商和第三方支付等互联网平台以及日常生活。芝麻信用分的组成包括用户的人脉关系、信用历史、身份特质、履约能力和行为偏好五个维度，芝麻信用分就是通过对这五个维度采集的信用数据进行评估得出的结果。信用历史主要通过个人绑定信用卡、用户支付宝的还款履约情况等还款行为记录评估信用历史状况；行为偏好注重个人行为偏好的稳定性；履约能力通过记录用户是否及时履约来评估个人履约能力；身份特质主要是根据用户填写的信息来评分；人脉关系主要是通过支付宝好友以及交流情况判定人脉关系。以上五个维度分别赋予不同权重，其中信用历史权重设计为35%，权重最大；其次为行为偏好、履约能力，分别为25%和20%；身份特质权重为20%；人脉关系权重最少，为5%。通过五个维度的数据采集，经评估模型测算，将会产生一个350～950的信用分。分数越低，信用越差，违约风险也较大（见图2–18）。

【思考练习】

一、填空题

1. 从发展的历史看，数据库是_____的高级阶段，它是由文件管理系统发展起来的。

2. 征信数据库是_____的重要组成部分，征信机构为社会各类信用主体建立信用档案和基础数据库等资源，依法对资源进行征集、整合、使用和管理，并对外提供相关信用报告及相应的延伸服务。

3. 我国最突出的政府部门建设的征信数据库是_____。

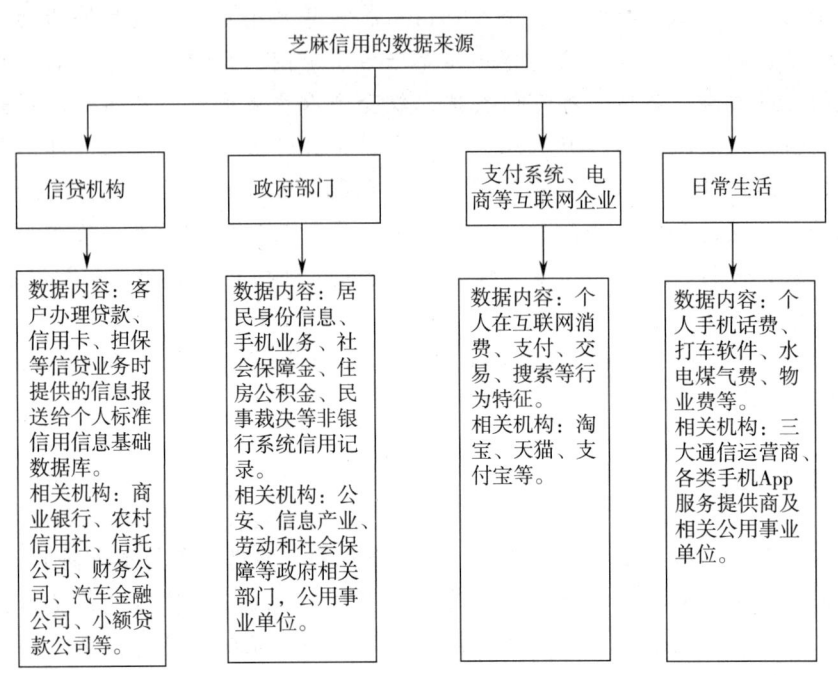

图 2-18 芝麻信用的数据来源

4. 第三方平台建立的征信数据库是由＿＿＿＿＿＿＿＿第三方机构针对社会各信用主体建立的征信数据库。

5. 我国司法部门建立的信用信息数据库是＿＿＿＿＿＿＿＿＿＿。

二、判断题

1. 征信数据库与信用信息管理系统是相同的。（　　）
2. 艾可飞公司的征信数据库主要是企业数据。（　　）
3. 征信数据库的功能之一在于惩戒失信。（　　）
4. 征信数据库即征信数据。（　　）
5. 个人征信数据库指的是针对个人信用信息所建立的数据库。（　　）

三、单项选择题

1. 最具代表性的企业征信数据库是由（　　）建立起来的。
   A. 艾可飞公司　　B. 环联公司　　C. 益百利公司　　D. 邓白氏

2. 国家企业信用信息公示系统，又称全国企业信用信息公示系统，于（　　）上线运行，由中华人民共和国国家工商行政管理总局依据《中华人民共和国政府信息公开条例》《企业信息公示暂行条例》等行政法规的有关规定进行信息公示。
   A. 2014年1月　　B. 2004年2月　　C. 2014年2月　　D. 2004年1月

3. 个人信用信息基础数据库于（　　）正式运行。
   A. 2005年8月　　　　　　　　　B. 2006年1月
   C. 2004年12月中旬　　　　　　D. 2001年1月

4. 率先出台全国首部地方综合性信用法规的是（　　）。
   A. 北京市　　　B. 广东省　　　C. 江苏省　　　D. 上海市

5. 征信数据库是针对社会各类信用主体的调查数据及其经过分类、整理之后的（　　）所建立的资源库，是信用信息搜集和信用记录的一种重要形式。
   A. 金融信息　　B. 数据　　　C. 信用信息　　D. 资质信息

6. 金融信用信息基础数据库运行机构在我国属于（　　），是国家为主导的征信信息服务机构。
   A. 金融机构　　　　　　　　B. 私营征信机构
   C. 混合型征信机构　　　　　D. 公共征信机构

7. 以下分类中，不属于信用数据库的是（　　）。
   A. 企业信用数据库　　　　　B. 个人信用数据库
   C. 政府部门信用数据库　　　D. 技术信用数据库

8. 《金融信用信息基础数据库用户管理规范》指出，金融信用信息基础数据库由（　　）建设、运行和维护。
   A. 中国工商银行　B. 国家统计局　C. 中国人民银行　D. 中国银行

9. （　　）的正式实施，明确将企业和个人信用信息基础数据库统称为国家金融信用信息基础数据库。
   A. 《征信机构管理办法》
   B. 《关于公布失信被执行人名单信息的若干规定》
   C. 《征信业管理条例》
   D. 《电话用户真实身份信息登记规定》

10. 下列哪一项属于第三方平台的账户信息（　　）。
    A. 用户缴费　　B. 资金往来　　C. 充值　　　D. 信用卡还款信息

四、多项选择题

1. 按照信用主体的不同，征信数据库可分为（　　）和（　　）。
   A. 企业征信数据库　　　　　B. 政府征信数据库
   C. 第三方征信数据库　　　　D. 个人征信数据库

2. 金融信用信息基础数据库在其基础架构上，分别设置了（　　）。
   A. 个人信用信息基础数据库　B. 第三方信用信息基础数据库
   C. 政府信用信息基础数据库　D. 企业信用信息基础数据库

3. 征信数据库的功能包括（　　）。
   A. 惩戒失信　　　　　　　　B. 弘扬守信
   C. 完善社会信用体系　　　　D. 提供征信服务

4. 以下属于政府部门信用信息数据库的有（　　）。
   A. 信用江苏　　　　　　　　B. 环境保护部企业信用信息数据库
   C. 深圳信用网　　　　　　　D. 信用中国

5. 我国征信机构按所有权归属不同可分为（　　）。

A. 公共征信机构　　　　　　　　B. 混合型征信机构
C. 私营征信机构　　　　　　　　D. 人行征信中心
6. 第三方平台征信数据库与央行征信数据库的不同表现在哪些方面？（　　）
A. 数据来源　　B. 数据可测性　　C. 覆盖对象　　D. 应用的场景

五、思考题

1. 征信数据库的概念是什么？其有哪些功能？
2. 简述我国的政府部门信用信息数据库。
3. 金融信用信息基础数据库的功能有哪些？
4. 在目前的经济环境下，你认为应该如何健全我国的征信数据库？

第三章

企业征信业务

【学习目标】

- 掌握企业尽职调查、企业征信报告、商账管理以及数据增值服务的概念与主要内容
- 了解企业征信信息的内容、来源以及主要方式
- 理解企业信用评价体系
- 了解征信报告的构成内容
- 掌握征信报告各项内容的含义
- 了解互联网企业征信业务

星云数字与芝麻企业征信合作，助力中小微企业征信数据库建设

2022年3月，南京星云数字技术有限公司（以下简称星云数字）与蚂蚁集团旗下芝麻企业信用签署合作协议，双方将在依法合规、保障信息安全的前提下，在征信服务、风险管理、技术创新等方面进行深度合作，共同助力中小微企业信用数据库搭建、解决企业融资难题。

星云数字作为国内第三方金融科技服务商，在金融行业的数字化、智能化建设方面，拥有深刻的业务理解与成熟的技术积累。截至2021年底，星云数字已申请技术专利270项，获得软件著作权25项。星云数字旗下秋毫征信公司拥有央行颁发的企业征信牌照，专注企业信用管理服务创新，帮助中小企业提高融资效率、降低融资成本。

芝麻企业信用隶属于蚂蚁集团旗下芝麻信用，作为首批央行备案企业征信机构之一，芝麻企业信用利用云计算、机器学习等领先科技客观呈现企业的商业信用状况，并推出全国首个中小企业立信平台，帮助许多中小企业解决拿不出一张"信用名片"的痛点，让企业的信用有准备、信用有价值。目前，已有超400万中小企业成为立信平台的首批入驻者。

我国的企业征信仍处在发展初期，蚂蚁集团拥有大量的中小企业交易数据，能够更全面、更深层地分析小微企业背景数据、交易记录、资产情况等，更为客观地呈现小微企业信用状况，帮助小微企业更加方便快捷地获得信贷等金融支持，让小微企业的信用等于财富。此次星云数字与芝麻企业信用强强联合，既能发挥先进技术对合规金融业务的辅助、支持和优化作用,又能充分释放企业数据作为基础性战略资源的核心价值。未来双方将全面深化合作内容,充分运用各自优势资源,联合进行企业信用风险能力识别、信用评价、信用服务场景拓展等方面的创新探索,赋能企业信用数据库建设,助力经济高质量发展。

资料来源:https://baijiahao.baidu.com/s?id=1726002117794732820&wfr=spider&for=pc。

第一节　企业征信产品

一、企业信用尽职调查

(一)企业信用尽职调查的概念

企业信用尽职调查又称谨慎性调查,是指投资人在与目标企业达成初步合作意向后,经协商一致,投资人对目标企业一切与本次投资有关的事项进行现场调查、资料分析的一系列活动。

(二)企业信用尽职调查的种类

尽职调查的种类包括四类:法律尽职调查、财务尽职调查、业务尽职调查、其他尽职调查。

(三)企业信用尽职调查的内容

1. 主体公司概况:项目公司(主体公司)的基本工商注册登记信息,项目公司(含合并范围)近两年一期经营业绩及主要财务指标(公司总资产、净资产、主营业务收入、毛利率、净利润、净利率),公司或项目亮点及核心竞争力,未来3~5年业绩预计(销售收入、税后净利)。

2. 现有股权结构、公司股权及业务历史沿革。

3. 公司人力资源管理情况:公司管理组织架构,部门设置及人员配置,各部门职责权限,员工结构,用工制度等。

4. 公司高管情况:董事及高级管理人员、核心技术人员的简历及简介,高管薪酬及奖励情况。

5. 公司产品/服务与技术:产品/服务简介,与现有同类产品/服务相比较的主要优缺点,产品/服务的市场占有率、发展前景,技术研发情况,产品制造模式(自行加工或委托加工)或服务模式,制造产品的主要原材料及零配件,产品制造工艺流程或服务流程。

6. 行业及上下游情况:行业现状及发展前景,行业所处生命周期发展阶段,中国特殊的经营环境和经营风险分析,公司在该行业中的地位及影响(列出行业内已上市或未上市的优秀同类公司进行对比分析),公司主要供货商及其变化情况、原材料供应行业的现状及发展前景,公司主要客户及其变化情况。

7. 市场营销情况:市场营销模式,市场营销策略,市场营销团队。

8. 公司财务情况：主体公司及纳入合并范围公司最近两年一期主要财务报表（资产负债表、利润表、现金流量表），上述报表中各项目内容逐一核实，应收及预付账款、其他应收应付款、应付及预收账款、存货及固定资产、无形资产、长期投资、长短期借款、应付薪酬、应缴税费等的主要项目明细情况，损益类科目及其明细项目最近两年发生额变化情况，近两年产品/服务价格、原材料价格变化情况，变动成本与固定成本构成及其变化情况，或有资产、或有负债情况等。

9. 其他情况。例如，公司的不动产、重要动产及无形资产情况；资产抵押担保情况；公司涉诉事件、违规事件等。

二、企业征信报告与服务

（一）企业征信报告的概念

企业征信报告是由征信机构出具的全面记录企业各类经济活动，反映企业信用状况的文书；是根据合法方式采集的信用信息，经验证、整理、分析后形成的客观反映被征信企业信用状况的信息集合报告；是供使用人作为判断被征信企业信用状况的参考；是企业征信系统的基础产品。

企业征信报告涵盖的内容十分丰富，有企业股东情况、管理情况、经营情况、财务情况，也包括关联企业情况、上下游企业情况，还有行业情况、宏观经济情况、政府政策情况以及相关的具体数据、具体指标等。企业信用报告作为基本的企业征信产品，能够全面反映企业的信用状况，从而缓解信用交易中信息不对称的问题，扩展企业经济活动的地域空间。

（二）企业征信报告的种类

1. 企业征信报告按照内容的不同可划分为4类，分别是一般征信报告、基本征信报告、深度征信报告和信用追踪报告。

（1）一般征信报告主要包括信息主体最基本、最普遍的信息。对于信息主体是个人的情况，主要包括基本信息、信用记录、查询记录等信息；对于信息主体是企业的情况，主要包括企业的基本信息、品质、能力、资本、经营状况、担保品和财务信息等。

（2）基本征信报告则相对简单，主要提供信息主体的基本信息，如名称、住址、电话、邮编以及一些公开的负面记录等。

（3）深度征信报告又称个性化定制报告、特制报告，是征信机构接受客户委托，根据客户的需求，结合宏观经济形势、消费者行业发展趋势或企业所处行业发展趋势等，从多角度深入分析信息主体当前的信用状况，可以包含信用评分、信用风险指数及信用评级等在内，是最具综合、最富价值的征信产品。当然，这类报告的价格也非常高。

（4）信用追踪报告是在征信报告出具后，征信机构提供的征信后续追踪增值服务。如针对异常事项快速提供的企业信用异常通报。

2. 按照使用对象的不同，可以将信用报告分为商业银行版信用报告、普通企业版信用报告、政府版信用报告和监管版信用报告等。

上述分类是根据不同主体的实际需要，对信息主体的信息灵活地进行组合、加工和分析得出的。可以说，信用报告的分类还可以有很多种，如何分类取决于商业需要和公共服务需要。

（三）企业征信报告的用途

企业征信报告主要用途有以下多个方面：（1）调查借款、被赊销企业或商务合作方的信用状况，了解其偿债能力与偿债意愿，协助授信银行、赊销企业等主体规避信用风险；（2）增强信用信息的透明度，全面及时掌握客户、供应商、合作企业的风险状况；（3）为企业商务交易和信用管理决策提供信息和评估支持；（4）为金融机构等主体与企业间的合作提供资信信息支持；（5）降低商务和信贷交易成本；（6）促进企业信用记录、监督和约束机制的建立；等等。

三、商账管理

（一）商账管理的概念

随着市场竞争日趋激烈，赊销（信用交易）已成为商业企业市场贸易的主要方式。但信用交易带来信用风险，商账管理主要是在信用政策允许的范围内做好赊销工作，规避由于使用赊销方式给企业带来的信用风险。

商账管理是指为了保证足额、及时收回应收账款，企业或个人在签约或交易之前通过调查、评估、咨询等手段，预测某一合约或交易所存在的各类风险，并通过各类预防措施来避免或者减少风险的做法和管理体制。

在国际市场竞争中，做好商账管理，及时收回贷款，避免出现不良资产，不仅可以减少损失，提高企业的效率，而且可以使企业免除后顾之忧，及时开拓新业务，在竞争中取得优势。

（二）具体工作内容

商账管理工作一般包含三个方面：一是商业对手的资信调查，二是商业决策的评估咨询，三是风险管理的机构设置。

四、数据增值服务

征信机构依据庞大的数据资源，可向客户提供信用监测、行业风险指数、行业研究等数据增值服务。

1. 信用监测是指对目标企业的重大新闻、诉讼记录、红黑榜、注册信息、股东信息、财务状况、商标专利等信息的动态监控服务。

2. 行业风险指数是指集合行业中大量企业的信用信息，经专业风险评价模型计算得出的结果，以反映行业风险状况与变化趋势。

3. 行业研究主要是根据客户需求，对某一行业或行业中主要公司进行的统计分析，一般涉及宏观经济环境、行业竞争环境、行业发展机会和风险等。此类报告可为投资项目的可行性分析、市场进入方案分析、新产品开发分析等提供重要参考。

第二节 企业征信信息

一、企业征信信息的主要内容

企业征信信息是指反映企业的经济状况、履约能力、商业信誉等信用状况的信息以及用于判断企业守信意愿或能力的信息。企业征信机构有针对性地采集企业的信用信息，经过筛选、整理、分类、比较、修复、核实等多个处理程序，便可以将企业信用信息转化为企业征信数据，并输入企业征信数据库中。信用信息在转化成征信数据之后，才能用于生产各类企业征信报告。

企业信用信息的采集或保存必须是合法的。一些在技术上有意义的信用信息，如果在采集、保存或应用等方面受到法律的限制，只能归于"非法信用信息"。事实上，由于收集信息是有成本的，因此，企业征信机构也不见得会广泛地采集所有能够采集到的企业信息。企业征信机构是否加工或保存一类征信数据，受到技术和成本两个条件的制约。征信数据必须在技术上能够对企业信用价值的评估作出贡献，并且在经济上是合算的。为控制成本，某些征信机构只会选择生产几种性价比高的报告，但是每家征信机构的主流产品都是普通版企业资信调查报告和企业基本信息报告。

对企业征信数据进行分类是一项重要的工作，它有助于提高企业征信机构采集信用信息作业的工作效率，降低信用信息的采集成本，开发和利用信用信息源。企业征信数据的分类直接对应着企业信用信息的分类，常见的信用信息分类包括：（1）根据不同的信用信息源分类。如企业内部信息和外部信息，官方信息（政府公务信息）和非官方信息（民间信息）。（2）根据性质分类。如事实记录和访谈记录，直接信息和间接信息，定性信息和定量信息。（3）根据采集成本分类。如收费信息和免费信息。（4）根据采集方式分类。如采购信息和交换信息。（5）根据完整性分类。如单项信息和成套信息。（6）根据加工深度分类。如原始数据和成品数据，粗加工数据和深度加工数据。（7）根据资信调查报告的模板分类。如公共记录和银行往来记录。（8）根据法律限制程度分类。如公开信息和保密信息，合法信息和非法信息。（9）根据信用信息反映的经济形势分类。如宏观信用信息、中观信用信息、微观信用信息。

对于企业征信机构来说，征信数据的质量至关重要。数据的质量会直接影响到征信报告产品的质量，也决定了数学模型预测的精度。此外，征信数据的质量还会直接影响到征信数据库的质量，决定征信数据的交换价值和征信数据库的资产评估值。对于企业征信数据质量的好坏进行衡量的主要指标包括：（1）征信数据项的完整性。数据项完整，基本没有漏项，才可形成用于报告生产的成套数据。（2）征信数据的时间完整性。（3）征信数据的更新频率。更新频率指标非常重要，不仅体现出数据质量，还要求数据源供应的稳定性，这项指标直接影响到征信数据库的价值。一般来说，财务数据最好每三个月更新一次，而登记注册事项最好能够随时更新。（4）征信数据的真实性。最主要的是数据来源的可靠性和征信机构自身处理数据的水平。包括核实数据程序的合理性和真实性。（5）征信数据的精度。数据的精度主要影响数学模型预测的准确性。精度指标起码要达到国际或国内相关标准，在必要情况下，征信机构需要对数据精度提出更高的要求。（6）征信数据的合法性。征信数据库中不允许保存任何非法的征信数据，全部征信数据必须是合法的。（7）符合国家或行业标准。国家、行业和国际标准要求的基本征信数据项、数据精度和数据结构是衡量征信数据质量的最低标准。征信机构要达到最严格的标准要求。

二、企业征信信息的来源

企业征信信息来源主要包括直接来源和间接来源两种方式。

1. 直接来源。企业信用信息直接来源是被征信企业，主要通过现场调查、电话调查等方式获得。

2. 间接来源。企业征信信息的间接来源是行政和司法部门、社团组织、媒体传播机构、与被征信企业存在业务关系的合作企业、金融机构、其他征信机构及被征信企业的股东和附属机构等。（1）行政和司法部门：市场监督、税务、质量检验检疫、统计、海关、卫生、环保、劳动保障、公安、法院、房管等机关及其他承担行政管理职能的组织机构。（2）金融机构：人民银行、商业银行、证券公司、保险公司、信托投资公司、资产管理公司、金融租赁公司。（3）社团组织、公用事业单位：行业协会、商会、贸促会等社团组织；水、电、气等公用事业单位。（4）存在业务关系的合作企业：被征信企业的国内外客户、国内外供应商等企业组织。（5）媒体传播机构：合法设立的媒体传播机构。（6）其他征信机构：其他依法设立的征信机构。（7）股东和附属机构：被征信企业的股东、被征信企业的子公司及参股公司。（8）其他可依法获得的信息来源，如电子商务交易平台等。

三、企业征信信息的采集方式

企业征信信息的采集通常包括现代征信方法和传统征信方法两种征信作业方法。现代征信作业方法是指借助大型征信数据库建立起海量数据的联合征信平台，采取主动征信的操作方法，可为每个企业和个人建立信用档案。传统征信作业方法是指通过线下现场调查、观察或数据采购，取得被调查对象的全套信用信息，采取被动征信的操作方法，比较类似于经济侦探的作业方法。常见征信信息采集方法如下。

1. 电话调查。电话调查是指征信调查人员通过电话向被调查企业进行问询，以了解企业情况的一种调查方法。由于调查过程彼此不直接接触，而是借助于电话这一中介工具进行，因而是一种间接的调查方法。对于客户基本概况和一些可以公开的信息，电话调查是最便捷、成本最低的方法。通过直接给客户打电话，可以核实企业的注册信息、经营者信息、大致的销售和采购情况等信息。通过给企业的供应商打电话，可以核实客户对供应商的付款情况。

2. 现场调查。对于一些比较重要或难以通过二手资料了解的信息，需要采用实地调查的方法。书面资料的调查通常无法显现企业全部的运营状况，征信人员可以通过实地现场调查，一方面验证企业提供的书面资料是否正确，另一方面可掌握非书面资料所能显现的重要信用资讯。

3. 利用政府职能部门公开信息以及合作机构信息进行调查。有些政府部门会公开一些企业的信息，可充分利用这些免费的公务信息开放政策和渠道核实信用信息。一是利用政府管理部门及相关社会团体协会组织的网站（或其他方式）进行征信信息调查与核实；二是与相关服务机构合作进行信息收集与核实。

4. 委托第三方进行调查。征信机构出于人员、成本、时间等制约因素的考虑，也会采用委托第三方的方式来进行调查。如对于经营地在外地的企业，可以委托当地的专业征信机构、律师事务所对其进行调查。这种方法能在短期内完成企业调查，但费用支出较大。同时，调查人员的素质和能力对调查结果影响很大，所以，受委托的征信调查机构业务能力也是影响调查结果的因素之一。

第三节 企业信用评价体系

企业信用评价是指独立的、中立的专业机构，受评价对象的委托，按照"客观、公正、科学"的原则，以标准化的评价事项和内容为依据，用规范的程序和科学的方法，对受评对象履行相应经济承诺的行为、能力和可信任程度进行调查、审核和综合评价，并以直观的符号表示其评价结果的行为。

科学完善的信用评级指标可以保证信用评级工作的客观、公正、科学性和可靠性。信用评级指标的选择直接决定了信用评价的结果和效果。

一、企业信用评价体系建立的原则

1. 全面性原则。评级指标应该能够反映所有对企业信用等级产生影响的因素。它包括对历史信息的考核和对未来发展趋势的预测，同时还要考虑企业自身的情况和外部的环境及其影响。由于影响到企业信用评级的因素有很多，如主要因素、次要因素、直接因素、间接因素等，我们不可能把所有的都包括进去。所以对于评级指标体系的选择非常重要，既要能够全面反映，又要对重点有所突出。

2. 科学性原则。信用评级是完整的系统，包括整体和分项目标。其中，整体目标是站在战略性的高度对整个评级工程进行指导和宏观调控，明确指出评级工作所要达到的目的；分项目标是对于整体目标的进一步具体化，明确各项具体要求，保证整体目标的实现。对于各个分项具体目标要求必须有机结合成一个完整的体系，各目标之间不重复、不矛盾，这是保证信用评级体系的科学性的关键。同时，需要在整个信用评级执行的过程中对企业信用评级系统不断地进行完善。

3. 针对性原则。不同的评级对象，为其所设计的指标体系也不同。所以，在对指标体系进行设计时，需要对评级对象有一定的了解。我们要深入了解和分析评级对象所处行业和经济区域的特点和运营规律，以便对评级对象所适用的政策、法律和风险监管等进行考虑。如零售业和服务业的经营特点不同，自然风险要点也不同，适用的指标体系也不一样。

4. 合法性原则。信用评级必须遵守国家有关政策、法律和法规。指标体系要以国家的宏观政策为导向，有些企业信用评级指标要符合国家规定的经济效益指标、风险监管指标和政府机关规定的标准。

5. 可操作性原则。对于已经确定的指标，其既要与国际接轨，又要符合我国的国情，有我国的特色，同时最重要的还是要有实用性。另外，指标还要具有可理解性，因为使用评级结果的大多是没有信用评级专业知识的人员，所以指标要使预期使用者容易理解。对于信用评级指标的选择，要注意选择那些易理解、易获取，并同时具有普遍性和实用性的数据和信息。否则，评价结果将会失去意义。

二、企业信用评级要素

国外传统的信用评估指标体系有"5C"指标体系、"5P"指标体系和LAPP指标体系。

1. "5C"指标体系。5C指：（1）Character（品格），是指企业愿意履行付款义务的可能性。企业是否愿意尽最大努力来归还货款，直接决定着货款收回的速度和数量。企业主要管理者的道德因素是影响信用状况的最重要因素。（2）Capacity（能力），是指企业偿还货款的能力。这主要根据企业的经营规模和经营状况来判断。（3）Capital（资本），指企业的财务状况，通常依据企业的负债比率、流动比率、速动比率等指标来判断。（4）Collateral（抵押品），指企业能否为获取商业信用提供担保的资产。（5）Condition（经营条件与状况），指社会经济发展趋势或所在地区经济的某些特殊情况对企业偿债能力可能产生的影响。

2. "5P"指标体系。5P指Personal（个人因素）、Purpose（目的因素）、Payment（偿还因素）、Protection（保障因素）及Perspective（前景因素）。

3. LAPP指标体系。LAPP指Liquidity（流动性）、Activity（活动性）、Profitability（盈利性）、Potentiality（潜力）。

三、信用评级指标的具体选取

信用评级指标是信用评级要素的具体化，而信用评级要素是信用评级指标的综合表现。信用评级人员执行信用评级业务，应当根据受评客体类型、资料收集情况等相关条件，主要考虑行业发展趋势、国家政治和监管环境、管理层基本素质、基本经营和竞争地位、财务状况、组织结构、特殊事件风险等，采用定量分析与定性分析相结合、静态分析与动态分析相结合的技术，对受评客体的信用状况进行综合评价分析，具体包括三部分：企业基础素质分析、外部环境支持分析、企业发展潜力分析。

（一）企业基础素质分析

企业基础素质分析主要考虑企业概况和企业综合评价。一般来说，在企业基础素质分析中主要考察六个方面：企业财务状况、制度建设、连续经营时间、管理效率、职工素质和资产质量。

1. 企业财务状况分析。该项主要考察企业的收入与利润、产品生产与销售情况、产品库存情况、成本与费用核算和资金使用情况。这可从以下四个方面遴选出的代表性指标加以反映。

（1）资产管理能力的指标，包括主营业务利润率、总资产周转率、存货周转率、应收账款周转率。（2）反映盈利能力的指标，包括销售净利润率、总资产利润率、上市公司的每股收益以及每股经营现金流。（3）反映偿债能力的指标，包括资产负债率、流动比率、速动比率。（4）反映盈利成长性的指标，包括总资产增长率、净资产增长率、主营业务增长率、净利润增长率。

2. 制度建设。公司能够可持续发展的前提之一就是公司的制度完善。这里主要分析公司三会（股东代表大会、董事会、监事会）的议事制度、日常管理制度是否健全以及制度的执行情况，主要采取定性分析方法，定量给分。由于公司的制度由公司决策层共同制定，因而制度的执行状况暗示着公司是否按照计划在不断地实现既定目标。

3. 连续经营分析。通过对企业连续经营状况的分析，可以判断企业经营的稳定性，为预测企业未来经营状况提供稳定的平台。一个刚成立不久的公司存在着许多不稳定因素，因此，考察一个公司一定要看它的连续经营记录，以此来判断它是否能稳步前进。

4. 管理效率。公司的管理效率反映公司管理层驾驭公司和实现各个阶段性目标的能力。实现目标和计划目标的时间差别及合同履约率能很好地体现公司阶段性目标的实现情况。通过考察这样的指标才能了解企业的管理效率。

5. 职工素质。这方面主要考察企业管理层、技术人员和普通员工的素质。关于这部分的评定方法主要参考两个方面：接受教育的程度和工作经验。这两个方面能比较准确地刻画企业的职工素质。另外，还要关注研发人员比例及各个部门的人才结构。

6. 资产质量。分析企业资产质量大致可从两方面着手：一是分析硬件，主要考虑机械设备、基础设施的状况，可从设备先进性、设备成新度等角度考察；二是分析软件，包括技术工艺、工业产权和专利设备，可通过工艺的先进性和设备的新旧程度两个指标来反映。

（二）外部环境支持分析

外部环境支持分析可以从政府支持、产品知名度、行业状况和上下游厂商四方面考察。

1. 政府支持。主要考察公司项目是否列入国家或当地政府政策扶持范围，是否属于国家或当地政府资金补贴项目。就国家而言，支持项目范围包括通过国家高新技术企业认定的项目和国家重点技术改造项目，或由国家级企业技术中心、国家火炬计划、科学技术部及财政部的科技型中小企业技术创新基金资助的项目。公司经营项目是否被列为上述项目和公司的研发中心是否为国家或省市所承认，都是企业是否获得政府支持的体现。

2. 产品知名度。产品知名度能深刻揭示产品在消费者中所处的地位，同时也表明了公司的市场前景，因而认真考察产品的知名度对刻画产品的销售前景、质量和应对市场波动的能力都具有重大意义。但如何确定产品的知名度却很困难，因为不可能对全部消费者群体进行调查，只能选择有代表性的消费者进行粗略估计。这方面可以做问卷调查，也可以委托咨询公司等媒介调查。

3. 行业状况。主要考察行业景气度、稳定性、国际竞争力、国家的产业政策。因为不同行业面临的风险不同，规避风险的难度也大相径庭。企业所处的行业优势是企业环境支持不可缺少的一部分。

4. 上下游厂商。分析企业的上下游厂商主要是考察企业的供应商和客户。供应商是否在行业中具有领先优势，直接关系着公司产品的原材料质量及公司的供货渠道是否稳健。企业的客户在行业中的地位如何，同样可以反映企业的回款保证及销售是否可以稳步增长。

（三）企业发展潜力分析

企业发展潜力分析可以从盈利能力增长率、科研投入平均增长率、基础素质增长率、行业产值的平均增长率和 GDP 平均增长率 5 个指标来考察。

1. 盈利能力增长率。分析企业盈利能力增长率，主要分析新产品增长率、主营业务收入加权平均增长率、净利润加权平均增长率、净资产收益率加权平均增长率、总资产收益率加权平均增长率及总资产周转率加权平均增长率。

2. 科研投入平均增长率。企业的科研投入平均增长率能较好地衡量企业重视科研的程度，也能从侧面反映科技创新能力，折射出企业产品的市场竞争力。同时，企业的科研投入力度，也能反映出企业研发力量的大小。因此，全面分析企业的资信水平必须侧重分析企业的科研投入比例和自身的增长情况。

3. 基础素质增长率。这是分析企业后劲是否充足的必要因素。只有基础素质的增长明显提高，才能说明企业未来成长有支撑。这方面可主要研究科技创新加权平均增长率、企业高素质职工加权平均增长率、净资产加权平均增长率、总资产加权平均增长率、市场份额增长率等。

4. 行业产值的平均增长率。行业产值的平均增长率最能说明企业所在行业的景气度。这里还要深入分析行业产值占国内生产总值的比重。

5. GDP 平均增长率。GDP 平均增长率能够很好地反映最近整个国民经济的发展状况。只有整个国民经济蓬勃发展，才能确保该行业的顺利发展，才能为公司的发展提供契机。

第四节 企业信用报告的解读

一、企业信用报告的用途

企业信用报告主要有两个方面的用途。

1. 供企业主动了解自己的征信记录。如查看征信报告中是否存在不良信贷信息、比较信用报告中的贷款余额与自身实际的借款账面余额是否相符等。

2. 企业查询后提供给交易对手、政府部门或其他机构使用，作为自身资质及信用状况的证明，以取得对方的信任。如将之提供给拟合作的投资伙伴；政府部门对企业进行各类招标时，要求企业提供自己的信用报告以了解企业有无不良记录。

二、信息展示说明

信用报告的结构主要分为 8 个部分：报告头、报告说明、基本信息、有直接关联关系的其他企业、信息概要、信贷记录明细、公共记录明细和声明信息明细。

（一）报告头

报告头为信用报告的起始部分，用于描述信用报告的生成时间、查询信息等基本要素。用户在线浏览时，报告头展示具体包括机构信用代码、贷款卡编码、报告日期等要素。打印和下载时，报告头以封面的形式呈现，封面展示的数据项包括报告编号、信息主体的名称、机构信用代码、贷款卡编码、报告日期等要素（见图 3－1）。

中国人民银行
征信中心
CREDIT REFERENCE CENTER
THE PEOPLE'S BANK OF CHINA

NO.2015110110051525534123

企业信用报告

（自主查询版）

企业名称：	北京报告样本公司
中征码：	4103090000069511
统一社会信用代码：	91110102183797313J
查询机构：	中国某某银行北京分行
报告时间：	2015-11-01T10:05:15

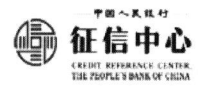

图 3－1 中国人民银行征信中心企业信用报告

（二）报告说明

报告说明的内容主要是对信用报告中的数据源、部分专有名词，以及一些需要补充说明的重要事项进行说明。在线浏览时，不展示报告说明。打印和下载时，报告说明在封面的后一页展示。

（三）基本信息

基本信息展示信息主体的一些基本属性。内容包括身份信息、主要出资人信息、高管人员信息等。

1. 身份信息。身份信息主要包括信用主体的名称、注册地址、登记注册号、组织机构代码、登记注册日期、有效截止日期、国税登记号、地税登记号、贷款卡状态、最后一次年审日期等。

2. 主要出资人信息。主要出资人信息包括注册资金、出资方名称、证件类型、证件号码、币种、出资金额、出资占比等。

3. 高管人员信息。高管人员信息包括职务、姓名、证件类型、证件号码、性别、出生年月等，按照高管人员类别依次展示法定代表人、总经理和财务负责人的信息。

（四）有直接关联关系的其他企业

该项展示与该企业存在一级关联关系的企业。关系类别只展示大类，依次为家族企业、母子公司、投资关联、担保关联、出资人关联、高管人员关联、担保人关联。对于同一个贷款卡编码，在"关系"中列出所有的关联关系类别，企业按照关系类别的多少进行排序（见表3-1）。

表3-1　　　　　　　　　　有直接关联关系的企业

名称	中证码	关系
报告样本上海公司1	410309000006345*	企业担保关联—被担保
报告样本上海公司1	410309000006346*	企业担保关联—相互担保
报告样本上海公司1	410309000006348*	企业担保关联—母子关系

（五）信息概要

信息概要主要是让企业能够迅速了解自己的信用报告主要包含哪些内容，总体的违约情况和负债情况，提高了阅读后面明细记录的针对性，提升了解读信用报告的效率。信息概要的具体内容是先展示一段描述性文字，再依次展示当前负债信息概要、已还清债务信息概要和对外担保信息概要。

1. 描述性文字。此部分根据描述信息主体的总体信用状况，具体包括三部分：（1）信贷信息总体描述，包括信息主体首次与金融机构发生信贷关系的年份，发生信贷关系的金融机构数量，以及目前仍存在信贷关系的金融机构数量。（2）公共信息总体描述，即对信息主体在遵纪守法方面的表现做提示性说明，主要展示信息主体的欠税记录、民事判决记录、强制执行记录、行政处罚记录各有几条。（3）声明信息总体描述，即对信用主体项下是否存在报数机构说明、征信中心标注和信息主体声明等信息进行提示。

2. 当前负债信息概要。此部分主要描述信息主体当前负债及或有负债的总体情况，包括未结清的由资产管理公司处置的债务、担保代偿、欠息和垫款汇总信息及七类未结清的信贷业务汇总信息。

3. 已还清债务信息概要。此部分主要展示该信息主体已还清债务的总体情况，具体包括已结清的由资产管理公司处置的债务、担保代偿、垫款汇总及七类信贷信息的汇总信息。

4. 对外担保信息概要。此部分展示信息主体名下当前有效的对外担保汇总信息。

（六）信贷记录明细

信贷记录明细通过逐笔详细描述信息主体的信贷业务信息，反映信用主体借钱和还钱的历史。首先展示当前负债，再展示已还清债务，最后展示对外担保。按照信息受金融机构关注程度由高到低，当前负债依次展示由资产管理公司处置的债务、担保代偿、欠息、垫款、不良和关注类业务、正常类业务；已结清债务依次展示由资产管理公司处置的负债、担保代偿、垫款、贷款、贸易融资、保理、票据贴现、银行承兑汇票、信用证、保函等；对外担保依次展示保证担保、抵押担保、质押担保。信贷业务按照先表内、后表外的顺序依次展示贷款、贸易融资、保理、票据贴现、银行承兑汇票、信用证、保函。

当某类信贷业务存在多笔时，同一顶级机构名下的业务放在一起展示；在当前负债中，不同顶级机构之间按照同一顶级机构项下的余额汇总值大小降序排列；在已结清债务中，不同顶级机构之间按照发生额汇总值大小降序排列；同一顶级机构名下的业务则按照"五级分类"严重程度由高到低（损失、可疑、次级、关注、正常）排列；"五级分类"相同的，当前负债按照到期日由近到远展示，已结清债务业务按照结清时间由近到远展示。

（七）公共记录明细

公共记录明细依次展示欠税记录、民事判决记录、强制执行记录、行政处罚记录、社会保险参保缴费记录、住房公积金缴费记录、获得许可记录、获得认证记录、获得资质记录、获得奖励记录、出入境检验检疫绿色通道信息、进出口商品免检信息、进出口免检分类监管信息、上市公司或有事项、拥有专利情况、公共事业缴费记录。该展示顺序是为了先展示信息主体不遵纪守法的信息，再展示一些正面公共信息，最后展示一些比较敏感的信息。

（八）声明信息明细

声明信息明细依次展示报数机构说明、征信中心标注、信息主体声明。报数机构说明通常为信息主体信用信息的一部分，所以优先展示；征信中心标注通常包括两方面信息，一是描述一些与信息主体有关的重要事项，二是对信用报告中所采集的信用信息进行异议标注，所以放在报数机构说明之后展示；信息主体声明主要是信息主体对异议处理情况进行的申述，所以将其放在最后展示。

第五节 互联网企业征信业务

一、互联网企业征信业务的概念

互联网企业征信业务是将互联网企业征信与传统企业征信体系相结合，以人民银行提供的企业征信为主要参考，运用大数据、云计算、人工智能等技术对互联网用户的行为信息进行数据采集与信息评估的一种企业征信活动。需要注意的是，数据信息的采集同样需要综合线下的行为数据，因而互联网企业征信的数据采集层面需要注意把握采集的完整性与可操作性。

二、互联网企业与传统企业征信业务的不同

互联网企业征信与传统企业征信有着显著的区别。

传统企业征信业务主要来自最权威的人民银行征信，主要从银行、保险以及社保体系等渠道收集数据信息，能够保证数据信息的基本完整，同时数据的价值主要体现在资产的评估、信用卡征信以及银行放贷情况。传统企业征信业务是当前使用最多的征信方式，社会大众接受程度遍较高，且覆盖的人群范围也更加广泛。

互联网企业征信业务主要依托大数据技术，随着互联网企业的发展而逐渐建立起来，在大数据的支持下，互联网企业征信业务在发展中不断得到完善。

三、互联网企业征信业务发展历程

2013年3月，我国《征信业管理条例》正式实施，明确了我国企业征信机构施行备案制管理制度。先后有芝麻信用、腾讯征信、微众信科、前海征信等互联网征信企业率先开展企业征信业务。

2014年10月，阿里巴巴宣布成立蚂蚁金服集团，并且成立了芝麻信用二级子公司，芝麻信用主要包括芝麻信用报告和芝麻信用分等产品，这是大数据下的首家第三方征信机构。芝麻信用、腾讯征信等多家互联网第三方征信机构的出现，标志着我国互联网征信数据库的正式建立和完善。

2014年微众信科成立，它是当前中国领先的大数据征信服务商。2015年获得企业征信备案，截至2022年9月末，微众信科累计为超过999万户中小微企业生成超过3 516万份征信报告，累计合作金融机构327家，助力政府机构、商事企业和金融机构提升风险决策效率。

2016年7月，芝麻信用宣布企业征信业务经营备案，独家研发了小微企业信用洞察"灵芝"系统，推出企业信用报告、风险云图、信用评分和指数、关注名单、风险监控预警五大产品，将聚焦小微企业提供企业征信服务，有望为小微企业提供全息高清征信画像。这标志着"互联网+征信公司"的建立，以创新的科技为支点，用有效的信用评估撬动小微企业的未来，让小微企业的信用等于财富。

2021年1月,《征信业务管理办法》出台,对信用信息范围、采集、整理、保存、加工、提供、使用、安全、跨境流动和业务监督管理进行了规定,进一步强调加强个人和企业信息主体权益保护,保障信息安全的重要性。该办法对互联网企业征信进行约束和监督,要求信息采集应遵循"最少、必要"的原则。

截至2021年末,芝麻信用企业征信平台收录超400万中小企业信息;使用场景包括出行、住宿、小额信贷等领域。互联网企业征信的显著优势在于搭建平台实现信息共享、依托自身业务搜集多元化替代数据辅助判断。

【延伸阅读3-1】

中国人民银行企业信用报告(自主查询版)样本节选

基本信息

☞ 身份信息

名称	报告样本公司		
注册地址	北京市××路188号		
登记注册类型	工商注册号	登记注册号	18379××-×
登记注册日期	1998.01.01	有效截止日期	2018.01.01
组织机构代码	12345678-8	中征码	510802714××××××
国税登记号	G1000000000000×	地税登记号	55645555×××××××

☞ 主要出资人信息

注册资金折合人民币合计250 000万元

出资方名称	证件类型	证件号码	出资占比
报告样本上海公司	中征码	410309000×××××××	40%
陈光	身份证号码	110000××××××××××	60%

☞ 高管人员信息

职务	姓名	证件类型	证件号码
法定代表人	李伟	身份证	11000019450614002×
总经理	王伟	身份证	11000019460614002×
财务负责人	张伟	身份证	11000019470614002×

有直接关联关系的其他企业

名称	中征码	关系
报告样本北京公司1	410309000×××××××	企业担保关联—被担保
报告样本北京公司2	410309000×××××××	企业担保关联—相互担保
报告样本北京公司3	410309000×××××××	集团企业关联—母子关系

信息概要

信息主体于2001年首次有信贷交易记录。于报告期内，共在8家机构办理过信贷业务。目前在6家机构的业务仍未结清，当前负债余额为458.3万元，不良和违约负债余额为53.2万元。共有1条欠税记录、1条强制执行记录。

目前，报告中共有4条报数机构说明、3条征信中心标注、2条信息主体声明。

☞ 当前负债信息概要

由资产管理公司处置的债务			欠息汇总	
笔数	余额（元）	最近一次处置完成日期	笔数	余额（元）
1	20 000	2011.01.23	1	1 000

垫款		担保及第三方代偿的债务		
笔数	余额（元）	笔数	余额（元）	最近一次还款日期
1	10	1	20 000	2011.01.23

	正常类汇总		关注类汇总		不良/违约类汇总		合计	
	笔数	余额（元）	笔数	余额（元）	笔数	余额（元）	笔数	余额（元）
贷款	2	1 456 908	1	2 300	1	23 030	4	1 482 238
类贷款	5	12 234 890	1	22 390	1	890 300	7	13 147 580
贸易融资	2	1 456 908	1	2 300	1	23 030	4	1 482 238
保理	3	234 450	1	4 300	2	45 050	6	283 800
票据贴现	3	34 780	1	5 800	2	3 000	6	43 580
银行承兑汇票	2	34 000	1	3 908	1	55 000	4	92 908
信用证	1	45 020	1	43 708	1	2 340	3	91 068
保函	1	42 900	1	3 908	1	78 290	3	125 098
合计	17	14 082 948	7	86 314	9	1 097 010	33	15 266 272

说明：正常类指债权银行内部五级分类为"正常"的债务。
关注类指债权银行内部五级分类为"关注"的债务。
不良类指债权银行内部五级分类为"次级""可疑""损失"的债务。下同。

☞ 已还清债务信息概要

由资产管理公司处置的债务			被剥离负债汇总			欠息汇总	
笔数	原始金额（元）	处置完成日期	笔数	金额（元）	最近一次被剥离日期	笔数	最近一次结清日期
1	20 000	2009.01.12	2	30 000	2010.05.01	3	2010.05.01

垫款汇总			担保及第三方代偿的债务		
笔数	金额（元）	结清日期	笔数	金额（元）	追偿完毕日期/代偿还清日期
1	20 000	2011.01.23	1	20 000	2011.01.23

	贷款	类贷款	贸易融资	保理	票据贴现	银行承兑汇票	信用证	保函
不良/违约类笔数	1	6	1	2	0	0	0	0
关注类笔数	1	6	1	2	0	0	0	0
正常类笔数	2	10	2	4	5	100	100	50

☞ 对外担保信息概要

	笔数	担保金额（元）	所担保主业务余额（元）			
			正常	关注	不良	合计
保证汇总	2	20 000	10 000	1 000	0	
抵押汇总	3	200 000	22 000	0	1 000	11 000
质押汇总	3	23 000	12 000	0	0	

注："所担保主业务余额"的"合计"是指信息主体提供担保对应主业务的当前余额合计。当一笔主业务存在多种担保方式时，主业务余额排重后加总计算。

【延伸阅读3-2】

企业信用报告查询指引

1. 电子营业执照下载

第一步，法定代表人通过微信或支付宝扫描以下二维码打开电子营业执照小程序。

第二步，按照提示点击"下载执照"。

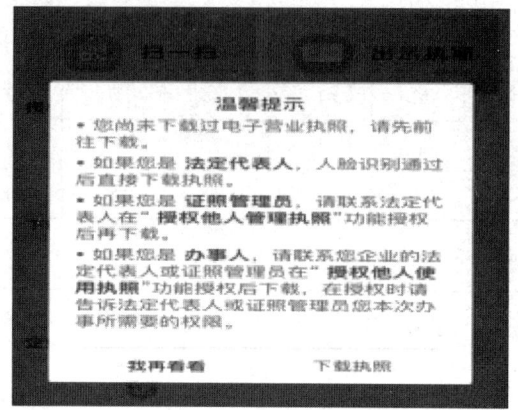

第三步，同意授权认证（微信需输入本人信息）。

第四步，选择企业登记地和要下载的企业执照。

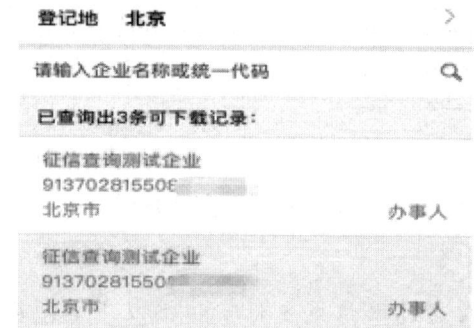

第五步，点击"下载"按钮。

2. 法定代表人授权代理人自助查询企业信用报告

企业法人可通过电子营业执照小程序授权他人查询企业信用报告。

第一步，在小程序中点击"授权他人使用执照"按钮。

第二步，选择要授权的企业执照，输入密码（默认密码 123456）后，点击"确认"。

第三步，点击右下角"新增授权"按钮，点击"办事人"。

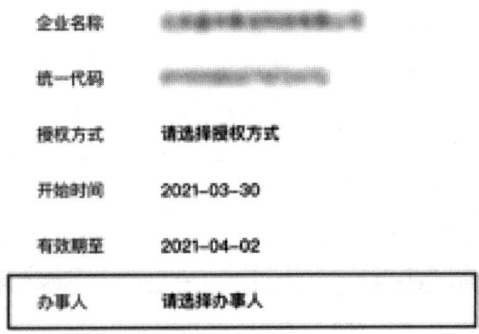

第四步，输入经办人姓名、身份证号、手机号。

第五步，选择授权方式为"全业务授权"或"精准授权。若为"精准授权"，选择授权事项为"电子政务－人民银行－企业信用报告查询"。授权期限默认为 3 天，可自行调整。

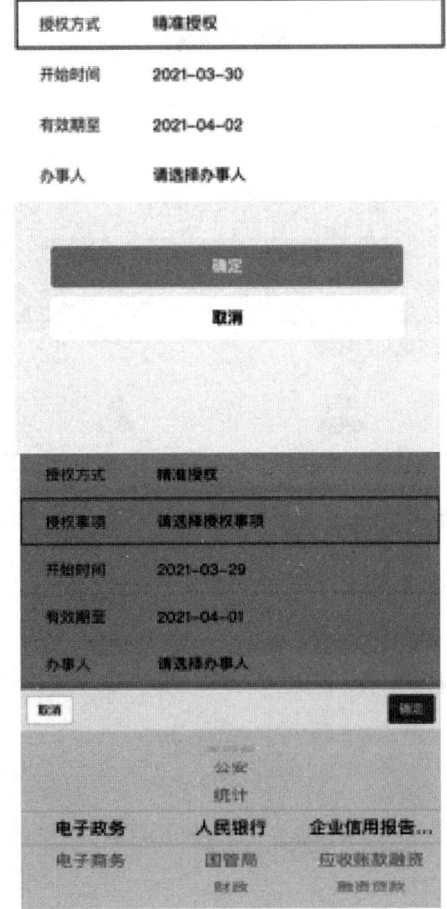

授权完成后，授权经办人需按照"1.电子营业执照下载"的提示，下载电子营业执照。

3. 企业信用报告自助查询

法定代表人或授权代理人携带本人身份证原件（必须为有效且有磁性的第二代居民身份证）及手机至企业信用报告自助查询网点打印企业信用报告。

第一步，点击自助机屏幕，按设备提示进入电子营业执照授权页面。

第二步，使用小程序中的"扫一扫"功能扫描自助机屏幕上的二维码。

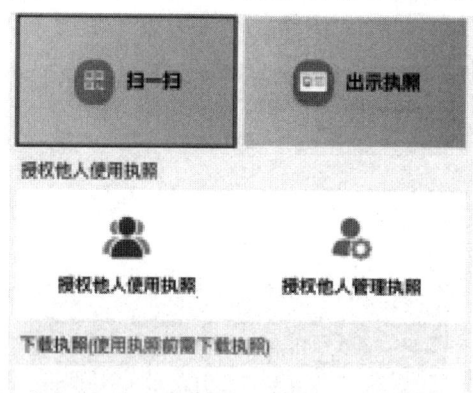

第三步，选择要查询企业的电子营业执照。

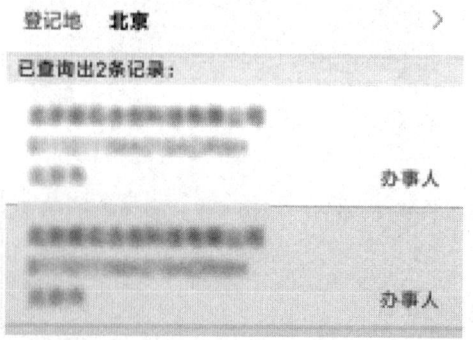

第四步，输入电子营业执照的密码（初始密码为123456），并点击"确认"按钮。

第五步，核对企业信息无误后点击"确定"按钮，放置查询人身份证。

第六步，根据自助机提示，完成人脸拍照比对。

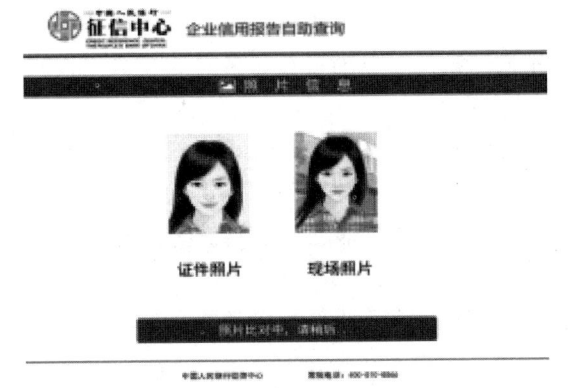

第七步，收好证件，等待报告打印完成。

企业信用报告自助查询业务仅限使用第二代居民身份证查询，使用护照、临时身份证等其他身份证件查询要前往人民银行征信窗口进行柜面查询。首次办理企业信用报告查询业务的企业，建议自备一份柜面查询申请材料。

【延伸阅读3-3】

互联网小微企业征信工具：天眼查

天眼查是中国领先的商业查询平台，已收录全国近3亿家社会实体信息，及时更新300多种维度信息。截至2020年，天眼查用户覆盖超过3亿，长期稳居行业第一。2021年3月，旗下可信企业服务平台天眼企服升级发布，天眼查正在加速构建以"查公司、查老板、查关系"为核心的天眼生态。

天眼查是商业查询平台，是以公开数据为切入点、以关系为核心的产品，在帮助传统企业或个人降低成本、防范化解金融风险方面提供了产品化的解决方案。例如，银行或金融担保机构可通过天眼查所提供的信息查询及关系挖掘服务，高效率获取借贷企业更多更全面的经营状况信息，以确保借贷资金的安全性，同时也为媒体在新闻报道中提供高效、可靠的线索查询渠道，优化信息求证方式。

2022年，在"华为云与华为终端云服务创新峰会2022"上，天眼查与华为签署战略合作协议，达成"云云协同"，将在公有云业务、品牌合作和华为云市场生态等几个方面展开深度合作。

【思考练习】

一、填空题

1. 企业信用尽职调查又称_____，是投资人与企业协商进行调查与分析的活动。

2. 企业尽职调查的种类包括法律尽职调查、_____、业务尽职调查、其他尽职调查。

3. 一般企业征信报告主要包括信用主体_____的信息。

4. _____是为保证足额及时收回应收账款，企业或个人避免风险的管理体制。

二、判断题

1. 企业征信报告是征信机构出具的部分记录企业经济活动的文书。（   ）

2. 企业信用追踪报告是在征信报告出具前，由征信机构提供的。（   ）

3. 征信数据库中不允许保存任何非法的征信数据，全部征信数据必须是合法的。（   ）

4. 现代征信作业方法是借助大型征信数据库建立起海量数据的联合征信平台。（   ）

三、单项选择题

1. 以下哪个属于企业征信报告中的基本信用报告（   ）。
   A. 企业基本信息   B. 名称   C. 资本   D. 经营状况

2. 企业商账管理工作包含商业对手的资信调查、商业决策的评估咨询及（   ）。
   A. 行业研究   B. 风险指数   C. 信用监测   D. 风险管理的机构设置

3. 根据企业征信信用信息的（   ）分类，可以将征信信用信息分为单项信息和成套信息。
   A. 采集方式   B. 完整性   C. 采集成本   D. 信息来源

4. 受委托征信调查机构的（   ）是影响调查结果的因素之一。
   A. 业务能力   B. 信息搜索   C. 调查研究   D. 收集核实

四、多项选择题

1. 企业征信报告按照内容分为（   ）。
   A. 一般信用报告   B. 基本信用报告   C. 深度信用报告   D. 信用追踪报告

2. 征信机构可向客户提供（   ）数据增值服务。
   A. 信用监测   B. 行业风险指数   C. 信用报告   D. 行业研究

3. 企业征信信息按照信息采集方式分为（   ）。
   A. 采购信息   B. 收费信息   C. 免费信息   D. 交换信息

4. 企业征信信息来源途径包括（   ）。
   A. 合法来源   B. 标准来源   C. 直接来源   D. 间接来源

五、思考题

1. 企业信用尽职调查的内容有哪些？

2. 简述企业征信信息的采集方式。

3. 简述5C信用评估指标体系。

4. 简述企业征信报告的用途。

第四章

个人征信业务

【学习目标】
- 掌握个人征信的定义及作用，了解我国个人征信发展历程
- 掌握个人征信产品中的个人信用调查服务，个人征信报告服务与个人信用评分服务
- 掌握个人征信信息的主要内容，掌握个人征信信息的主要来源与采集方式
- 了解个人信用评分的原理，个人信用评分模型的开发与检验以及个人信用评分模型的类型
- 了解个人征信报告的解读方法

个人征信业务，是指专业化的征信机构依法对个人的信用信息进行采集、整理、保存、加工并对外提供服务的活动。

第一节 个人征信概述

一、个人征信的定义

个人征信是指依法设立的个人信用征信机构对个人信用信息进行采集和加工，并根据用户要求提供个人信用信息查询和评估服务的活动。目前，为促进个人信贷业务的发展，保障个人信用信息的安全和合法使用，中国人民银行负责组织商业银行建立个人信用信息基础数据库，并负责设立征信服务中心，承担个人信用信息基础数据库的日常运行和管理。个人信用数据库采集、整理、保存个人信用信息，为商业银行和个人提供信用报告查询服务，为货币政策制定、金融监管和法律、法规规定的其他用途提供有关信息服务。

个人信用信息包括个人基本信息、个人信贷交易信息以及反映个人信用状况的其他信息，其中个人基本信息是指自然人身份识别信息、职业和居住地址等信息；个人信贷交易信息是指商业银行提供的自然人在个人贷款、贷记卡、准贷记卡、担保等信用活动中形成的交易记录。

根据党中央和国务院的部署，人民银行从信贷征信起步，从 20 世纪 90 年代初贷款证制度开始，一直在不停地推动着全国个人征信体系的建设，在保护信息主体权益的基础上，构建完善的制度安排，促进征信业健康发展，形成良好的社会信用环境。

二、个人征信的作用

1. 从抽象的角度出发，个人征信的作用可以总结为四个方面：减轻逆向选择、减轻对申请借款者的掠夺、产生违约披露的纪律约束和避免过度借贷。通过征信体系获取申请者的信用报告，信贷机构可以在进行放贷业务时，有效判别出申请借款者信用风险的大小，省去信贷机构再亲自进行调查的时间和成本。通过个人征信体系，促进征信主体个人的征信信息在银行之间的高效传递，实现信息共享。同时，建立个人征信机制可以提高借款者的还款激励，如若借款者不能按时还款，则该项信用记录会被记录到征信体系中，降低信用评分，并可能影响之后的信用活动。个人征信体系在一定程度上可以减少道德风险和商业银行的损失，是银行共享借款者的动力之一，同时通过共享贷款余额信息，了解借款者的以往贷款信息，可以避免过度借贷。

2. 从服务对象的不同角度出发，建立个人征信机制可以防范信用风险，促进个人信贷市场的安全发展，同时服务其他授信市场，为需要授信的场景提供信用信息，通过掌握借款人的历史行为和数据，对应提供授信服务；加强金融监管和宏观调控，维护金融稳定；服务其他政府部门，依据大量非银行数据，将公安、社保等其他公共数据加入征信体系中，提升执法效率，有效揭示征信主体个人的信用状况，为市场各方参与机构提供决策的信用依据；同时有助于提高社会信用意识，培养个人养成良好的信用意识，维护个人的征信信用报告，在此基础上提升宏观经济运行效率，维护社会稳定。

综上所述，通过构建个人征信体系，可以帮助实现不同维度、不同人群的信息共享，以获得某一征信主体更加全面的征信信息，帮助提高对交易对手的风险识别能力。个人征信在经济和金融活动中具有重要的地位，构成了现代金融体系运行的基石，是金融稳定的基础，对于建设良好的社会信用环境具有非常深远的意义。

三、我国个人征信的发展

我国个人征信从地方个人征信体系的建立发展开始，之后由中国人民银行牵头，成立个人征信专题工作小组，建立个人信用信息基础数据库，成立百行征信有限公司，颁发个人征信业务牌照，目前我国个人征信已经形成了初具规模的"政府＋市场"双轮驱动的征信市场组织格局。

1. 地方个人征信体系

地方征信机构在个人征信体系建设方面都做了积极的尝试，发展较早且个人征信体系建立相对成功的有上海、深圳等地。20世纪90年代，我国市场经济开始活跃起来，经济主体呈现多样化，个人消费和投资逐步上升，商业银行需要获得更多个人的信用信息。为和市场经济改革相适应，我国开始准备建设与我国国情相适应的个人征信体系。1999年，根据国务院总理朱镕基"同意个人信誉公司在上海试点"的批示，经中国人民银行批准，成立了上海资信有限公司。上海资信有限公司是全国首家从事个人征信业务的机构。2000年和2002年，上海资信有限公司分别出具了新中国成立以来大陆地区首份个人信用报告和首个个人信用评分。2009年，中国人民银行征信中心正式成为上海资信的控股股东。

深圳同样作为个人征信的试点城市，率先开始开展个人征信体系的调研和建设。受深圳市人民政府的委托，1999年鹏元资信评估有限公司在深圳针对建立个人征信系统开展市场调研；2000年4月，鹏元资信评估有限公司向深圳市人民政府提出建立个人征信及评级系统的建议；2001年3月，深圳市政府指示鹏元资信评估有限公司尽快建成深圳市个人信用征信及评级系统。2002年1月1日，深圳市政府正式实施《深圳市个人信用征信及信用评级管理办法》，该办法是我国第一部个人信用办法，对我国个人信用体系的建设具有深远的意义。

2002年8月9日，鹏元资信评估有限公司开发的深圳市个人信用征信及评级系统开始试运行，向各商业银行提供个人信用报告查询服务，这是我国继上海之后第二个较为完善的地方个人征信系统。2003年10月，深圳市个人信用征信及评级系统向全社会开放，用于提供个人信用查询服务。

2. 中国人民银行个人信用信息基础数据库

在总结上海和深圳两个试点城市个人征信体系建设经验的基础上，按照党中央、国务院的要求，从2004年开始我国加快了个人征信体系建设的步伐。2004年初，中国人民银行建立了个人信用信息基础数据库，由征信管理局运作和管理，于2006年1月正式运行，这一数据库中包括了127家商业银行的数据，记录了全国金融机构中90%的个人消费贷款信用数据。2013年，《征信业管理条例》正式实施，我国征信行业步入了有法可依的运营模式。之后又陆续颁布了《征信机构管理办法》《征信机构信息安全规范》《金融信用信息基础数据库用户管理规范》等关于征信机构管理、征信数据安全规范等的征信规范办法，使我国征信业的发展运行更加规范。

2019年3月，时任中国人民银行副行长陈雨露在十三届全国人大二次会议记者招待会上指出，我国征信体系数据库目前已经接入了包括国有大型商业银行、全国性股份制银行、城市商业银行、农村商业银行、民营银行等3 500多家银行和其他金融机构的信用信息数据，9.9亿自然人的信用信息以及2 600多万户的企业和其他法人组织的信用信息。目前，国家信用信息基础数据库已成为全球收录自然人数量最多的征信系统。

和我国较为完善的企业征信相比，目前我国个人征信行业还不够完善，具有较大的发展空间。结合我国个人征信的发展过程可以看出，我国个人征信发展之初主要由国家和地方政府进行牵头，具有很强的政府色彩，各地的个人征信体系是在当地政府的支持下建立起来的，在资金和信息方面都具有垄断优势。目前人民银行建设的个人征信体系有向市场化运作发展的趋势，因此发挥市场化征信机构的作用来共同构建社会个人征信体系，并继续研究提供除征信报告之外更多的个人信用产品，可以提高我国个人征信体系的竞争力。

3. 百行征信

2015年1月，中国人民银行印发《关于做好个人征信业务准备工作的通知》，要求芝麻信用、腾讯征信、前海征信、考拉征信、鹏元征信、中诚信征信、中智诚征信、华道征信 8 家市场机构做好个人征信业务准备，以芝麻信用为代表的大数据征信标志着我国个人征信发展进入了新的篇章。

各家互联网征信机构结合自身平台的征信数据，纷纷推出了各机构市场化的个人信用评分等产品和服务，给用户带来了巨大的便利。但同时也出现了众多问题，8 家市场机构的实际展业情况与市场需求和监管要求存在较大差距，最终人民银行并没有向这 8 家机构单独发放牌照，而是采取"百行征信"模式。

2018 年 1 月 6 日，人民银行官网表示，正式受理"百行征信有限公司"的个人征信业务申请，这意味着百行征信有限公司正式获准设立，这就是市场期盼已久的"信联"。2018 年 5 月 23 日，百行征信宣布正式挂牌。百行征信作为中国人民银行行政许可的全国唯一一家持牌市场化个人征信机构，在中国人民银行监管指导下，由市场自律组织中国互联网金融协会，与芝麻信用、腾讯征信、前海征信、考拉征信、鹏元征信、中诚信征信、中智诚征信、华道征信 8 家市场机构按照共商共建共享共赢原则，共同发起组建。主要专注于个人征信业务，包括个人征信信息数据库的建立、数据的征集和管理，同时利用企业信息开展企业信用评估、评级业务等（见表 4-1）。百行征信按照国务院的指示，建立覆盖全社会的个人征信系统，正式形成"政府+市场"双轮驱动的征信框架。

表 4-1　　　　　　　　　　　个人征信机构

征信机构	主要股东及背景	数据来源	产品及服务	用户	应用
芝麻信用	蚂蚁金服	阿里电商、蚂蚁金服、用户上传、合作互联网平台、金融机构、公共机构	芝麻分、信用报告、反欺诈行业关注名单	C端	信用生活服务和金融服务两大类，合计 80 项。生活服务：信用借还、出行等，金融服务：信用贷（借呗）、分期（花呗）、车贷（天猫开新车）等
腾讯征信	腾讯	QQ 和微信用户、财付通、用户上传、京东等第三方合作平台	腾讯信用分、金融反欺诈信用报告、人脸识别	C端	处于小范围公测阶段，2018 年 1 月 31 日放开公测，当天却下线。未实质开展业务
中诚信征信	中诚信，老牌征信机构	银行、保险公司、合作的中小金融机构和企业平台	万象分、信用体系建设、信用报告、信用信息验证	B端	银行、电商、P2P 平台、小贷公司等
鹏元征信	鹏元，老牌征信机构	合作的金融机构、各级政府、公共事业单位	身份认证、个人反欺诈分析、贷中风险监控、失联修复、用户画像、企业推送	B端、C端	银行、P2P、小贷、第三方支付、消费分期、电商等
中智诚	阿米巴资产管理、盛希泰	合作的 P2P 平台和其他第三方机构	个人征信评分、反欺诈、身份信息认证	B端	P2P、消费金融等，将会接入银行和汽车金融公司
考拉征信	拉卡拉、蓝色光标、51job 等	拉卡拉集团支付、小贷、保理、网贷、社区电商、银行等合作机构和公共机构	考拉信用分、考拉商户分	B端、C端	在合作商户及金融机构办理租车、住宿、信贷理财等产品；商户向拉卡拉小贷公司或其合作伙伴申请信用贷款

续表

征信机构	主要股东及背景	数据来源	产品及服务	用户	应用
华道征信	银之杰、创恒鼎盛、清控三联、新奥资本	银之杰金融服务体系、亿美软通移动商务平台、燃气等公共机构	华道猪猪分、反欺诈、同业征信联盟华道信用评估模型、个人征信报告	B端、C端	租房，未来向金融、租赁、婚恋、人力等领域拓展
前海征信	平安集团	平安集团综合金融数据，银行、小贷、网贷、保险、投资、信用卡、财富网管理、众筹等2 000家合作方	信用风险产品、反欺诈解决方案、人脸识别等高科技产品、咨询服务	B端	信贷、租车、车贷等

资料来源：根据公开资料整理。

四、我国个人征信体系现状

我国在个人征信上做出了很多尝试和创新，从部分城市试点开始，到由人民银行带头构建全国个人征信体系，逐步开放市场化个人征信，再到授予百行征信市场化个人征信机构牌照，我国个人征信体系目前逐渐形成了"政府＋市场"的双轮驱动征信框架。其中，我国个人征信体系是以人民银行征信中心的个人信用信息基础数据库为核心，人民银行征信中心主要服务于传统金融机构，记录来源于传统金融机构和公共事业机构的数据；同时，个人征信呈现市场化趋势，更多市场化征信及评级机构、互联网机构进入个人征信业。其中百行征信主要专注于互联网金融领域的个人征信信息数据，为互联网金融机构提供个人征信产品和服务，与人民银行征信中心两者功能互补、错位发展。同时各地方信用信息服务机构、社会征信机构和资信评级机构共同构成了我国的个人信用体系（见图4-1）。

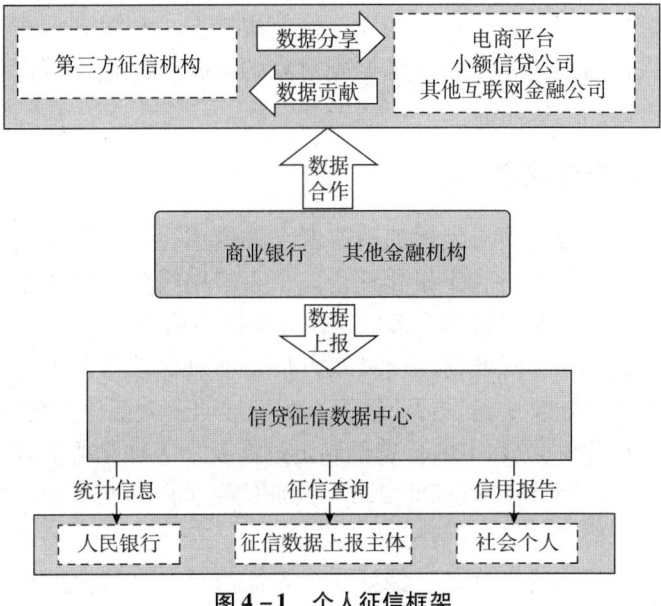

图4-1 个人征信框架

第二节 个人征信产品

一、个人信用调查服务

个人信用调查服务是指个人征信机构对自然人的信用申请人或受信人的信用状况进行调查和分析的技术操作,包括对消费者的信用价值进行评价。

在个人信用调查服务中,调查委托人是各种各样的授信机构、雇主和一些政府部门;被调查对象是自然人性质的消费者、个体工商户;从事调查作业的是个人征信机构。个人征信机构主要依靠所掌握的个人信用信息资源,以个人征信数据、个人信用记录、个人特征变量、个人信用评分等服务方式,让授信机构、雇主或政府了解自然人性质的个人的信用状况,正确评价个人的信用价值,包括了解个人的行踪。个人信用价值是对授信机构而言的,个人征信机构对个人信用状况进行评价的结果包括三个方面:(1)申请信用的消费者或潜在消费者有没有可以发放信用的价值;(2)可以向一位消费者授予多大额度的信用,具体对应哪种信用工具;(3)假设给一位消费者发放信用工具,预测他(她)未来可能拖欠的违约率,这是对前两个方面提供的一种检验。

理论上说,个人信用调查的作业模式,是在接到对自然人进行调查的委托后,个人征信机构派人去采集被调查人的信用信息,然后加以分析,作出该人的信用调查报告。这是传统的征信作业方式,属于被动调查方式。目前,虽然在市场上还有一些非主流的小型个人征信机构、个别的私家侦探所、商务调查公司和律师事务所在采用这种被动调查的作业方法,但这早已不是个人征信行业普遍使用的调查作业方法了。

个人征信行业的主流调查作业模式是依靠巨型的个人征信数据库,对一城或一国的所有居民进行主动征信,为每个人建立一份信用档案。在接到调查委托时,个人征信机构直接从个人征信数据库中调出该调查对象的资料,经过快速汇总,形成个人信用报告,交给合法的用户使用。

二、个人征信报告服务

个人征信报告是向合法用户提供的消费者个人信用行为的汇总记录,有的报告还包括对当事人信用状况的分析和定量化评价。个人信用报告的种类很多,主流报告是当事人信用调查报告,就业报告和个人信用评分报告的销售量也很大。

为了在保护个人隐私和降低信用交易双方信息不对称性这两者之间取得平衡,各国信用信息保护类法律陆续出台,行业组织也积极推动个人征信报告版式标准的制定。美国的消费者数据行业协会(CDIA)曾经制定过涉及个人征信报告格式的标准,即所谓的"信用观察2000"表格。该标准要求个人征信报告应包括5个栏目的个人信用记录,分别为人口统计信息、付款/费记录、就业记录、公共记录、查询记录。为个人信用报告制定统一报告格式的好处是:保证了个人征信行业全行业的机构都能集体避免违反法律规定,保证了个人征信报告的产品质量,告诉个人信用信息供应者提供信息的范围,在客观上设置了个人征信机构的业务门槛。

根据法律,个人信用报告分为个人信用记录型报告和个人信用调查型报告两大类。个人信用记录型报告是大型个人征信机构的主流报告产品,种类很多,购房信贷信用报告、就业报告、商业报告、销售支援报告、个人信用评分报告等是常见的报告。个人信用调查型报告是在记录型报告的基础上补充了一些现场访谈和调查性的资料,以及调查员对消费者的主观评价。个人信用调查型报告的主要用户是保险公司和雇主,其市场需求比较小,主流的个人征信机构较少生产这种报告。

鉴于个人征信报告有特定的版式,使用专用的符号和编码系统,而且报告所用的语言非常简练,所以,个人征信机构往往需要向客户提供报告解读服务。

三、个人信用评分服务

个人信用评分是一种度量消费者个人信用风险的量化方法,通过预测消费者个人未来的信用表现,可以提高授信机构授信决策的正确性和工作效率。在原理上,个人信用评分是一种用于预测信用风险的数学模型,只要输入个人信用档案中的数据,就可以得出个人信用风险度量的具体分值,生产出个人信用评分报告产品。

对于个人信用评分报告的用户而言,个人信用评分的主要用途有两个:一是预测信用申请人的违约可能性,并依次决定是否批准一份信用申请,从潜在客户群中筛选出信用风险小的好客户;二是预测授信机构现有客户的违约率,帮助授信机构对客户群体进行分类,区分出客户的好与坏,以及盈利与损失。

个人信用评分分为通用评分和行业选择评分两大类,前者是市场上的主流评分产品。建立通用的个人信用评分模型所使用的数据样本主要取自大型个人征信数据库,样本数量非常大,所使用数据具有覆盖授信机构和商业银行、时间长度和空间跨度非常大的特点,因此,通用评分作为通用化的客户行为模型,是各个人征信机构普遍使用的个人信用评分系统,也是各商业或金融机构普遍采用的数据处理标准以及机构之间相互比较和沟通的交流手段。常用的个人信用评分产品是 FICO 评分。FICO 评分系统用于预测情况变坏的可能性,它所预测的是在评分后的 24 个月内消费者逾期 90 天还款的可能性。

行业选择评分是指适用于某行业的特定信用评分,常见的行业选择评分产品针对的领域包括房地产信贷、住房抵押贷款、分期付款信贷、汽车贷款、其他大件产品的分期付款贷款、循环信用工具、信用卡、赊购卡。由专业信用评分技术开发机构和个人征信机构共同开发的行业选择信用评分系统的针对性很强,比通用评分对金融或非金融信用工具的信用风险预测更为精确。

四、其他个人征信服务

目前,许多征信机构利用自身拥有的数据库,推出了越来越多的产品和服务。除了上面介绍的 3 种个人征信产品外,征信机构还开发出市场服务、欺诈监测、身份认证等一系列增值服务。

另外,大数据时代,除目前的征信机构,互联网企业和金融机构也将进军征信业,建立新型的征信机构,并推出相应的互联网个人征信产品。此外,随着互联网金融的兴起,一些成熟的第三方网贷平台将转型成为行业征信主体,利用大数据技术提供征信服务。

第三节 个人征信信息

一、个人征信信息的主要内容

个人信用报告主体基本上包含个人基本信息、信用交易信息、公共记录、查询记录以及异议标注与个人声明5个栏目的信用记录。

1. 个人基本信息。个人基本信息也称识别信息,主要用来帮助个人报告的使用者迅速了解信息主体的身份及基本情况。个人基本信息一般包括信息主体的姓名、身份识别号码、家庭及工作地址、电话号码等数据项。通过身份识别号码或身份识别号码与其他数据项的组合,可以对信息主体进行唯一标识和定位,从而将来自不同数据报送机构的信息整合在一起,最终形成完整的信用报告。身份识别号码可以是个人身份证号码、社会保险号、税号、选民号,甚至是驾驶执照号码。

2. 信用交易信息。其主要指贷款、信用卡、支票账户、对外担保等信息。其中,每一项信息又包含许多具体的数据项,如贷款信息又包括账号、账户类型、开户日期、闭户日期、贷款金额、当前余额、付款方式、月付款额度以及历史还款记录等数据项。其中,历史还款记录显示出了个人在某个时间段中管理账户和使用款项的情况,对于反映个人的消费习惯、消费能力和支付能力等极其重要。

3. 公共记录。公共记录主要包括缴费记录、个人破产记录、法院民事案件判决、行政处罚记录等,作为判断个人信用状况的辅助参考。

4. 查询记录。查询记录是指数据库系统根据信息主体被查询的情况而自动记录、生成的数据信息,通常包括查询用户、查询原因、查询时间等。查询记录对于判断个人信息主体的信用价值非常重要,实践中,各个授信机构也都非常重视对查询记录的分析。当一个人积极地寻求借贷的时候,会向不同的授信机构提出申请,会出现多次集中的查询记录,被拒绝的次数也较多。因此,在一般情况下,短时间内查询记录越多,表明该信息主体贷款需求越迫切,偿债能力也就越弱,风险会随之上升。

5. 异议标注与个人声明。异议标注是指个人信息主体认为其信用报告中的记录存在错误、遗漏时,向征信报告机构或数据报送机构提出异议,征信机构或数据报送机构对处于异议处理期的信息予以标注而产生的信息。征信机构或数据报送机构经过核查,仍然不能确认该项记录是否有误时,信息主体可以要求在个人信用报告中对有关异议信息添加一段个人声明。

二、个人征信信息的主要来源

征信机构本身不生产数据,征信数据主要是从与个人进行信用活动的交易对手方,即信用数据产生的源头来获取数据,这些源头主要有以下几类。

1. 社会安全管理部门。这类机构提供借款者的基本信息,比如个人姓名、身份证号码等。中国对于在本土居住的居民和非居民身份识别存在一定的差异。对于除军人以外的所有中国公民,使用公安部统一提供的个人身份证号码;在中国,所有的军官可以使用军官证号码;外宾使用护照号码识别;来自台湾地区的人员则使用台胞证号码识别;来自香港地区的人员使用香港身份证号码识别。征信机构可由公安部全国公民身份证号码查询服务中心提供的查询服务,核实个人提供的身份信息的真实性。

2. 商业银行等金融机构以及其他提供授信的机构。这类机构提供个人的信贷数据,如借款金额、还款信息、拖欠信息等。由于授信机构在授信过程中对于交易对手的真实情况可能不了解,因此,只能用借款者还款历史的详细信息来了解借款者过去的信用状况,并用于预测未来的还款概率。

3. 水电燃气等公共事业单位。这些部门掌握着个人的非金融负债数据,比如,个人缴纳水电燃气费用的数据由自来水公司、电力公司、天然气公司提供等。将这类信息记入征信数据库有利于增强对借款者信用状况的判断。以电信数据为例,电信公司(固定电话)的电子化程度较高,已建成个人话费交费情况数据库,可通过个人身份证号码实现单一识别。

4. 掌握公共记录的政府部门。这些部门掌握着个人遵纪守法的数据,比如,个人缴纳税款的数据由税务部门提供,个人的法院判决数据由法院提供。在政府部门依法行政的过程中,产生了许多行政处罚信息,这类信息反映了借款者遵纪守法的情况,可能会对借款者以后的信贷履约造成重大影响。例如,法院依法审判产生的司法判决信息,不仅反映了被判决人的负债状况,在某种程度上也反映了被判决人履行合同的意愿。

5. 各类商业机构。商业赊销零售机构以及各类金融创新形式的民间金融机构等,也存在大量个人信贷及信用交易记录,特别是随着互联网的发展,电商交易数据、社交数据、网贷机构数据等都成为新的数据来源。

6. 与个人的信用报告被查询记录相关。个人信用报告每次被查询的情况,如查询人、查询原因、查询时间、查询记录结果等,都会被记录在数据库中并展示在个人信用报告中。

三、个人征信信息的采集方式

对于征信机构而言,个人数据征集可以分成三种方式:同业征信、联合征信和金融联合征信。

1. 同业征信。由征信机构在一个独立或封闭的系统内部进行征信和提供征信服务的征信工作方式。同业征信就是在本行业范围内定期采集用于评价客户的信息,一般由行业服务征信机构执行。该信息只能在本行业内进行流通和使用。同业征信的方式仅在特定的行业内收集信用信息,并只能使用于特定行业,通常信用信息的提供者就是后来制作的信用报告的使用者。

2. 联合征信。由征信机构根据协议,从一家以上的征信数据源单位采集征信数据的形式。联合征信允许向所有拥有征信数据的单位采集征信数据,并且通过征信机构,在提供征信数据的单位之间建立数据资源共享的关系。通过联合征信的方式,取得被征信个人的补充和核实信息,包括个人就职单位、金融机构、工商部门、税务部门、公安部门、电信公司、保险公司,以及公共服务部门(如水、电、气、暖供应商)的有关个人信息积累,通过建立信息甄别与校验机制,最大限度地保证信息的真实可靠和时效性,最终形成完整的个人信用档案库。

3. 金融联合征信。金融联合征信是金融机构向指定的征信机构提供消费者的信贷记录、偿贷记录、信用卡消费记录、与银行往来情况记录等,由征信机构将征信数据处理后,生成调查报告,然后再向所有金融机构提供征信服务。

此外,个人征信数据采集方式还包括以下两方面:(1)主动建档。消费者通过书面或上网的方式填写个人征信(个人信用信息采集)表格,由工作人员经过核实确认后,直接录入个人信用信息数据库。征信机构除对信息进行常年的维护外,还将为消费者提供首次录入信息的定期信息更新服务。(2)社会举报。同业征信理事会向社会公开设立信用维权公益电话,任何单位和个人均可对不守信行为进行举报,同时提供证据。如果所反映的不守信者是征信对象,则记入其信用档案,并调整其信用评分;如果不是征信对象,则记入后备资源信息库,以备后用。

第四节 个人信用评分

一、信用评分的原理

信用评分简单地说,就是运用一定的公式和规则,评估客户的信用价值(可信度)的方法。传统的信用评分模型就是将预先通过统计方法确定的权重分配给申请人的主要信用特征指标,由此产生出一个信用分数。最常用的信用评分用来预测信用申请者准时且足额偿还信贷的可能性,如果评分的分值比分界值高,那么申请人即得到许可。信用评分模型可以从服务商那里购买,也可以根据自己拥有的信用数据开发。

信用评分模型隐含的一个假设是:存在着一种测度,能将良好信用及较差信用的评价对象区分成不同的两种分布。当然在这两个分布之间可能有一些重叠即所谓的"灰色地带"(见图4-2)。

有些信用评分专注于对这个"灰色地带"的信用消费者群体进行细分。这是由于在激烈的市场竞争下,信用评分极低的信用申请者早已被排除,而信用评分极高的也早已被各个授信机构竞相争夺,信用需求已得到满足,各种信用供给者需要从获得中等评分的潜在客户群体中挑选合适的授信目标,因而对中间地带的信用消费者进行细

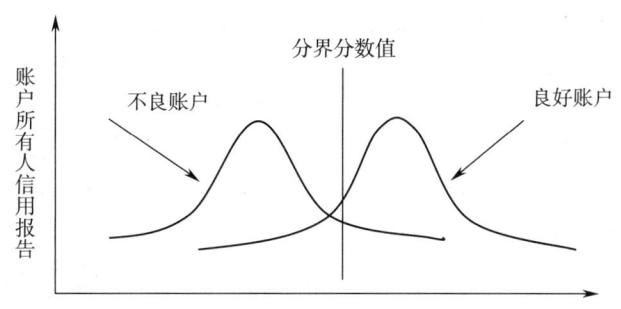

图 4-2 信用计分模型中良好信用及不良账户的信用分数分布

分的评分模型是十分必要的。进行近乎连续的细致的信用评分不能仅仅依靠消费者偿债、公共记录、专业和雇佣记录来简单地排除有明显不良记录者，而更需要在此基础上，进一步详细地分析消费者的消费行为，包括所属的消费者群体、年龄段、消费规律、偏好、习惯等，一个科学的信用评分模型需要建立在对消费者群体的长期或阶段性跟踪、区域调查和大量的数理统计分析的基础上。

二、个人信用评分模型的开发与检验

信用评分模型的开发包括数据采集与挖掘、指标设定、样本筛选、权重设计、模型建立与调整、统计检验等过程。开发一个信用评分模型，如何界定和选择良好信用与不良信用的代表性样本非常重要。不良信用账户是出现坏账要淘汰的账户，良好信用账户表示该账户从未出现严重的拖欠而且是盈利的。另外需要注意的是，只有被授信者接受而且给予了授信的客户，其账户业绩表现的好坏信息才是可知的，但这样就忽略了被拒绝的客户，它们之中也许也包含着许多良好的信用，只是因为以前的信用政策可能存在的缺陷而被拒之门外。为了对这些被拒绝的客户的样本进行调整，有时要建立一个模型来区别被接受的样本及被拒绝的样本。

三、个人信用评分模型的类型

根据信用评分模型的用途，个人信用评分模型可以分为信用额度模型、追账模型、账户取消模型、欺诈鉴别模型等。

信用额度模型是基于这样的事实：信用限额的使用程度与该信用的品质高低呈反向相关关系。为了鼓励品质良好的用户使用他们的信用额度，放贷者愿意增加他们的信用额度，并诱以其他的措施，例如分层定价。信用额度模型的构建是在综合考虑原有额度使用程度及偿付及时性基础上的，因此可以辨识出哪些可以提高信用额度，但又不会带来拖欠概率显著增加的客户。

追账模型针对的是信用阶梯的另外一端，即当某客户有较高的风险，其借款将会演变成坏账的情况下，需采取哪些强化的追账措施。经验表明，早期的干预能够有效地使拖欠最小化，同时也能减少真正变成坏账的账户及其带来的损失。追账模型用于收费及偿付活动的持续监控，以辨别出正在恶化的账户的模式。用于追账模型中的变量包括信用分数、账户来源、信用额度利用模式、月偿付占余额的百分比及拖欠历史等。

账户取消模型可用于限制某个账户的继续提款,甚至完全取消这个账户(如果不采取这样的行动,该客户会借出越来越多的款项,最终成为坏账冲销)。取消模型类似于追账模型,但通常是在一个新的组合被购入之后,发现它包含较少的良好信用,此时它才会发挥作用,如果没有法律上的限制,取消模型可以成为限定并预先支付损失以获得组合回购条款下的减免的有效途径。

欺诈鉴别模型通过与以往欺诈经验中类同模式的比较来辨别欺骗性的账户。例如,假如某账户提款只比信用额度限额略小,这可能是表明该信用卡已被盗窃的一种信号。从直觉上来看,欺诈行为可由某个特定地理位置、某个商店及某个商品类型的在不正当的时间内,不正常地连续大量购入,而且不正常地大额透支而追查出来。用神经网络模型可以辨识出正常的信用使用额度的模式,并在出现与正常模式发生偏离的行为时发出警告,特别是当这种偏离的发生是与一些特定商品的购买相关联时更是如此,这些商品如珠宝或大宗消费品等。消费者的欺骗行为也可能是宣布破产的前兆。在客户宣布破产之前采取取消或转移资产等方法是银行应对欺骗性破产的常用措施。包括贷款申请在内的申请者信用历史的计算机记录可能对预测和分析欺骗性破产是有所帮助的。

第五节 个人征信报告的解读

随着人民银行个人信用信息基础数据库的不断完善,目前个人征信报告已经成为各家商业银行贷前审查和贷后管理的主要风险把控工具,查询信用报告也是整个信贷生命周期管理的必要步骤。个人征信报告包含上百个数据项,内容丰富,在信贷生命周期的不同阶段应该有不同的重点关注内容和分析方式,这样才能运用好征信报告,完全体现出征信数据的应用效果。

征信报告中包含的信息对于贷前审查起到重要作用。如何对这些信息加以判断和解读,是充分利用征信信息的关键。

一、个人基本信息解读

目前,个人征信基础数据库中的个人基本信息,仍是展示最近上报的数据,尚未建立个人基本信息的整合机制。从时间顺序上可以简单地推断,最新上报的个人信息应该是较能反映客户申请贷款时的实际情况的。但鉴于各家商业银行对大部分个人信贷的填写和核实要求均不高,所以该部分数据主要是作参考分析,实际审查判断还是要结合客户具体情况,不能"唯数据论"。

(一)学历解读

学历反映个人的受教育程度,根据对违约客户的数据分析,受教育程度较高的客户,违约概率相对较低。但各家商业银行对个人客户的学历情况往往不进行核实,一般在系统中直接采信客户提供的学历情况。这样,客户学历情况的准确性就不能完全根据征信报告"最高学历"一栏直接判断，而是要结合其他信息一起考量。

1. 一般而言，学历与年龄有一定关联性。从客户的出生日期计算出客户年龄，若征信报告显示的最高学历明显与年龄不符，那就表明学历信息可能有误，需要客户进一步提供相关证据材料。例如，征信报告显示最高学历为研究生，而年龄仅为22岁，那么这两个数据项在普遍意义上就存在一定的矛盾。同样，婚姻状况和年龄也存在相同的关联性。

2. 学历与信用卡开户日期比对。一般而言，学生在校期间不会拥有多张信用卡，尤其是额度超过1万元的信用卡。一般的学生信用卡（目前已被监管部门叫停）额度多在3 000~5 000元。如果从客户年龄和学历推算出的在校学习期间，发生较大额度的信用卡开户，那么对于这一学历就需要进一步的核实。

（二）职业信息解读

客户的职业信息，尤其是工作单位名称一般在申请贷款或信用卡时均是商业银行关注审核的重点，应该说上报的信息准确性还是较高的。从单位可以基本衡量出客户的大概收入水平。当然，部分知名大型企业内部可能存在劳务用工形式，所以审核客户是否该企业的正式在编职工也是信贷审核中必需的。

从客户工作单位列表罗列的单位数量，结合客户的年龄和学历，基本可以了解客户工作是否稳定，职业生涯规划是否有序，是否经常处于换工作的不稳定状态，这对个人资信的审核也起到一定的作用。

年收入一栏的数据，由于各行对收入的认定标准不尽相同，并且客户会根据申请授信的额度填写收入金额，随意性较大。故征信报告上的收入水平，应主要作为一种参考，具体操作时可以大概取一个平均数，而目前尚不宜作为主要衡量客户收入水平的依据。

二、个人信用信息解读

个人信用信息直接描述了客户历史信贷行为，商业银行在审核贷款时对这部分信息的解读是重中之重。

（一）贷款信息的解读

1. 还款能力判断。从月应还款额以及逾期情况，可以判断出客户的偿还能力。在目前我国个人所得税缴交尚不完善的情况下，个人收入的判断与审核存在一定难度，由此也给衡量客户的还款能力带来了困难。但从征信报告上显示的月应还款额和历史的还款情况，可以判断出客户的还款能力。例如，客户每月归还其他商业银行月供5 000元，经过正常还贷两年，现已结清，且还款历史很少有逾期，那么我们可以基本认定该客户具备归还每月5 000元以下的贷款的能力。

从贷款种类方面可以推断出客户申请拥有的房产套数，贷款种类为个人住房贷款的，如果均尚未结清的，可以说明客户名下至少拥有的房产套数。房产目前仍是我国公民的主要资产，从这个方面可以较好地体现客户的资产实力。当然对于利用贷款购房套数过多的客户，由于其可能涉及投机炒房，面临资金链紧绷的风险，在房地产市场发生波动的情况下，这类客户还是面临较大的潜在风险，在信贷审核时需要重点关注。

2. 个人资信情况解读。目前，各行对于客户的资信情况的评价尚未形成较为统一的标准，但一般都不是采取教条的方式，机械地解读个人征信报告信息，也就是客户发生逾期，并不当然地表示客户个人资信情况较差。由于造成贷款逾期的原因多种多样，往往界定客户个人资信的标准是判断是否"恶意逾期"。

同样，我们认为反映个人资信情况的信息较多，在日常信贷审核中应该制定并执行一个客户个人征信分层的政策。这样标准化地解读征信报告，比较符合个人信贷业务批量化、流水化的作业特点。一般我们解读个人资信情况遵循以下三个原则：第一，借款申请人名下有多笔贷款的，以其中还款记录表现最差的一笔确定客户的信用状况等级；第二，在客户申请贷款时，应根据名下已结清贷款的信用记录结清原因的实际情况，认定时适当放松；第三，金额2 000元以下的拖欠记录，认定时可以酌情不列入逾期次数。

同时，根据贷款近24个月还款状态记录、累计逾期次数、最高逾期期数三个主要指标，分别从近期逾期情况，历史逾期情况，以及违约程度等角度对客户进行一个分层。

（二）信用卡信息解读

信用卡透支由于频率高、额度小，可以更为全面地体现客户的消费习惯和日常信用习惯，也是我们日常信贷审核的重点关注之处。以往普遍认为信用卡申请过多的客户，存在自身收入不足，严重依赖透支消费的风险。但目前各家商业银行发卡准入门槛较低，一人多卡的现象普遍存在。例如，大部分银行员工为了相互完成信用卡发放指标任务，均办理了多张信用卡。所以，不能仅凭信用卡的张数简单判断客户资信情况，而是应该结合信用额度和最大负债额一并考虑。比如，客户申请多张信用卡，且平均信用额度都较低，客户经常透支并出现逾期，那么客户的资信水平相对是较低的。

目前，各家商业银行对信用卡的审核，大多遵循这样一个原则：本行给予的信用额度不低于其他银行已授予客户的额度。即如果其他银行已授予该客户2万元的透支信用额度，那么本行结合参考该额度的授予时间，给予授信。2万元在最近授予客户的，本行也直接给予相同的额度。如果2万元授予时间远，且客户透支还款情况良好，那么在2万元的基础上适当给予提升。这样充分利用征信信息进行审贷，不但大大提高了审贷效率，节约了资源，而且也较好地控制了风险。

另一种客户是没有任何信用卡和贷款的申请记录，以往认为该类客户没有信用记录，对其的资信评定有一定负面影响。但考虑到中国地域广阔，南北习惯差异较大，部分地区部分人群虽然有良好的收入，但仍不太习惯透支借贷消费。所以，对于该类客户的评定还是要根据其收入、工作和资产状况综合评定。

【延伸阅读4-1】

什么是大数据征信

一、大数据的概念

大数据顺应时代潮流而发展产生，是指无法在一定时间范围内通过常规方式进行采集、处理、运用的数据集合，是需要新处理模式才可具备更强的发现力、优化力的信息资产。大数据以数据为中心，具有高效性、真实性、海量化、多样性、高价值的特点。大数据作为互联网金融成功发展的理论基础及技术支撑，有力推动了金融机构企业治理的主动化、高效化、合规化，同时使得大数据征信这一产业得到了越来越广泛的关注。

二、大数据征信的特征

（一）范围更加广泛、数据源丰富多样

中国人民银行征信系统覆盖人群范围较窄，仅包含与其发生过信贷关系的群体，相关征信数据极度匮乏。而大数据征信采用全新的评估体系，在包含传统的个人信息及征信数据之外，还对用户留存在互联网中的信息进行深度挖掘、分析，如其税务、医疗、消费、缴费记录等创新数据，全方位了解用户，从而充分有效地补充了征信体系。同时，相对于传统信用数据，创新数据在大数据征信中占据较大比例，且处于发展初级阶段，具备更加广阔、更加光明的研究前景。

（二）处理能力强大、产品类型多样化

传统征信体系因用户覆盖面窄，数据量少，多采用抽样分析等传统方式，效率普遍不高。而大数据征信积极运用 SPSS、Spark、hadoop、网络爬虫等先进技术，分析、处理海量数据，实现了实时计算和处理数据流，有力地勾画了涉及用户个人信息、兴趣爱好、消费倾向、教育求职等信息的多维度形象，有利于预测用户行为，避免风险异常情况，提升信用评估效率。凭借强大的数据处理能力，大数据征信用途已经从仅仅用于信贷发放扩大至购房、教育、消费、求职、交通、社交等日常生活的各个方面，催生了各种类型的服务产品。典型例子就是阿里巴巴公司的"芝麻信用分"，它充分展现用户信用状况，打破数据界限，在各种需履约的生活场景如"哈啰单车"等信用用车中有着良好的应用表现。

（三）数据时效性强、结果真实且量化

实时且高效分析存量数据，是大数据的典型特征。同时，大数据具备准确预测和快速迭代的优点，处理数据能力强，能够充分收集、处理和分析使用海量数据。同时凭借实时风险监控模型，对涉及用户税务、医疗、消费、缴费等与授信者信用相关的各种动态数据进行实时交互分析，确保了征信数据的及时性和真实性，让一切皆可数据化、可量化成为了可能。

【思考练习】

一、判断题

1. 个人信用信息包括_____、_____以及_____的其他信息。
2. 百行征信按照国务院的指示，建立覆盖全社会的个人征信系统，正式形成_____的双轮驱动的征信框架。
3. 个人征信产品包括_____、_____、_____等。
4. 在个人信用调查服务中，调查委托人是各种各样的_____、_____和一些

_____。

5. 被调查对象是自然人性质的_____或者是_____。

6. 从事调查作业的是_____。

7. 个人信用报告的种类很多,主流报告是_____。

8. 根据法律,个人信用报告分为_____和_____两大类。

9. 个人信用评分分为_____和_____两大类。

10. 对于征信机构而言,个人数据征集可以分成三种方式:_____、_____、_____。

11. 信用评分模型隐含的一个假设是:存在着一种测度能将_____及_____的评价对象区分成不同的两种分布。

12. 个人征信报告的解读中个人基本信息解读分为_____和_____。

二、判断题

1. 2015年1月,中国人民银行印发《关于做好个人征信业务准备工作的通知》,要求芝麻信用、腾讯征信、前海征信、考拉征信、鹏元征信、中诚信征信、中智诚征信、华道征信8家市场机构做好个人征信业务准备。（   ）

2. 个人征信业务,是指专业化的征信机构依法对个人的信用信息进行采集、整理、保存、加工并对外提供服务的活动。（   ）

3. 个人信用价值是对雇主而言的。（   ）

4. 个人征信行业的主流调查作业模式是依靠巨型的个人征信数据库,对一城或一国的所有居民进行主动征信,为每个人建立一份信用档案。（   ）

5. 美国的CDIA曾经制定过涉及个人征信报告格式的标准,即所谓的信用观察2000表格。（   ）

6. 常用的个人信用评分产品是FICO评分。（   ）

7. 掌握公共记录的政府部门提供借款者的基本信息。（   ）

8. 传统的信用评分模型就是将预先通过统计方法确定的权重分配给申请人主要信用特征指标,由此产生一个信用分数。（   ）

9. 在信用评分系统的开发中,需要选择一定的指标变量进行分析和设定。（   ）

10. 追账模型是基于这样的事实:信用限额的使用程度与该信用的品质高低呈反向相关关系。（   ）

11. 征信报告中包含的信息对于贷前审查起到重要作用。（   ）

三、不定项选择题

1. 个人征信机构主要依靠所掌握的（   ）。
A. 信用状况分析   B. 就业记录
C. 个人信用信息资源   D. 付费记录

2. 个人征信报告包括（   ）。
A. 向合法用户提供的消费者个人信用行为的记录汇总
B. 当事人的信用状况分析

C. 当事人的定量化评价
D. 个人征信数据库
3. 以下属于个人信用记录型报告的有（　　）。
A. 信用状况分析　　　　　　　B. 就业报告
C. 购房信贷信用报告　　　　　D. 个人信用评分报告
4. （　　）是一种度量消费者个人信用风险的量化方法。
A. 个人信用调查　　　　　　　B. 个人征信报告
C. 个人信用评分　　　　　　　D. 以上都不是
5. （　　）是市场上的主流评分产品。
A. 客户行为评分　　　　　　　B. 逾期评分
C. 通用评分　　　　　　　　　D. 行业选择评分
6. 个人基本信息是指（　　）。
A. 自然人身份识别信息、职业和居住地址等信息
B. 商业银行提供的自然人在个人贷款、贷记卡、准贷记卡、担保等信用活动中形成的交易记录
C. 除信贷交易信息之外的反映个人信用状况的相关信息
D. 商业银行查询个人征信系统形成的查询记录
7. 信用交易信息主要指（　　）。
A. 贷款　　　B. 信用卡　　　C. 支票账户　　　D. 对外担保
8. 查询记录主要包括（　　）。
A. 查询用户　　B. 查询时间　　C. 查询原因　　D. 以上都不是
9. 个人征信信息的采集方式主要有（　　）。
A. 同业征信　　B. 联合征信　　C. 金融联合征信　　D. 主动建档
E. 社会举报
10. 信用评分模型的类型有（　　）。
A. 信用额度　　B. 追账模型　　C. 账户取消模型　　D. 欺诈鉴别模型

四、思考题

1. 对于个人信用评分报告的用户，个人信用评分有哪些用途？
2. 个人信用报告主体包含哪些信息？
3. 个人征信信息的主要来源有哪些？
4. 简述信用评分的原理。
5. 简述个人征信报告中个人基本信息解读方法。

第五章

征信产品的应用场景

【学习目标】
● 了解征信产品在银行信贷、信用交易、参与招投标项目、企业自身形象提升及社会领域方面的重要作用，了解不良征信信息为其经济活动带来的影响

第一节 金融领域的应用

企业篇

应用一：银行信贷

银行是大多数企业获得贷款的主要渠道，而企业征信情况的好坏成为了是否能够顺利从银行获得贷款的关键。征信产品在贷款活动中的使用，在银行的贷款审核及监控过程中起到了非常重要的作用，在贷款审查审批环节，授信审批人员能够充分运用征信系统提供的信息，准确评价、科学计量客户风险，对有风险的客户实行刚性约束，严格授信审批制度，有效控制和防范新增授信风险；同时，可以针对企业财务和信贷业务现状，合理制定授信政策。征信产品在贷款活动中的使用，最大限度地降低了银行呆账坏账的比率，打破了传统贷款领域的信息孤岛，在有效防范风险的同时为商业银行带来更大收益。

案例1：某食品销售有限责任公司在某商业银行申请办理贷款时，客户经理通过企业征信系统对该企业信用状况进行审查，发现该客户在该行其他支行有贷款50万元，已形成不良贷款，在其他商业银行也存在80万元的不良贷款记录。该商业银行当即终止贷款审批，有效防范了贷款风险，提高了审批效率。

案例2：某企业为某商业银行老客户。该企业于2021年1月在该银行申请办理一笔1 000万元的流动资金贷款，用于扩建厂房。该行在查询企业征信系统时发现，该企业在他行有800万元贷款到期没有偿还，也没有办理相应的展期手续，已经形成了不良的信用记录。经过分析，该行审议决定不同意为该公司提供流动资金贷款。

案例3：××有限公司2020年向县信用联社提出贷款申请，联社对该企业各项经营指标进行了测评,认为其经营指标较好,为 AAA 级。但是,联社相关人员通过企业征信系统对企业信用信息进行查询时细心地发现,该公司在企业征信系统中的财务数据与上报联社的财务报表数据不一致,且股东或高管人员变更后未向人民银行征信中心及时反馈并更新相关信息。联社认为,该公司对外担保过多,影响其保证能力,贷款可以放,但是授信条件应由原定的"保证方式"变更为"增加有效房地产抵押"。同时要求该企业及时更新人民银行征信中心相关信息,以此作为准予贷款条件。

案例 4:某企业向淳安县辖内某商业银行申请贷款 300 万元,该行客户经理对该企业的资产、税收、营业收入、经营行业等进行了多方面的了解,认为其基本符合该行的准入条件。客户经理计划上报授信,并在取得客户授权后对该企业的征信报告进行了查询。信用报告显示,该企业已在该县其余三家商业银行有贷款,尽管金额不大,但该企业已不符合该商业银行下发的《授信"限三禁五"原则的审批操作细则》(该细则按照银保监会有关规定制定),即"授信银行数大于等于 3 家的,一律不得新准入"。最终,该银行未对该企业准入。

案例 5:某电缆公司是地区 50 强企业,也是上市公司某股份有限公司内最优质的资产之一。2021 年 5 月,某商业银行成功发展该公司为客户,但该公司要求贷款利率必须是基准利率,并称其在其他银行的所有贷款均为人民银行规定的同期基准利率。该行通过征信系统查询得悉,该公司当时的贷款余额为 1.07 亿元,其中大部分为抵押贷款,其余的保证贷款,均同时配有银行承兑汇票业务,其实际成本也要高于贷款的基准利率水平。了解到这一情况后,该行根据该公司的业务特点,重新制订了授信方案。即只做贷款,不强求开立银行承兑汇票,贷款利率上浮 10% 以上,担保方式为某股份有限公司提供连带责任保证,公司的结算至少 30% 在该行进行。这样,在降低了企业融资成本的同时也提高了该行的贷款收益,该公司最终接受了这一方案。

案例 6:某公司是深圳工业 50 强企业,是国内制造业 500 强,是央企某重工股份公司内最优质的资产之一。2019 年 1 月,某商业银行成功发展该公司为客户,准备为其申请贷款额度。但该行通过查询征信系统发现,该公司在与其他商业银行的合作中,业务几乎全部集中在银行承兑汇票、信用证、贴现、保函等内容上。了解到这一情况后,该行根据该公司的特点,重新制订了授信方案,即暂不申请贷款额度,仅申请开立银行承兑汇票额度,由某股份公司提供连带责任保证;考虑到刚开始与该公司合作,免收敞口费。这样的产品设计,符合客户实际情况,体现了该行真诚周到的服务,该公司最终接受了这一方案。该行更是合理地利用征信系统,完善了授信产品的设计。

案例 7:2020 年 10 月,某商业银行进行贷后检查时,经查询征信系统发现,无锡市某印染公司在他行的 860 万元贷款被划分为特别关注类,该行立即对该客户进行直查。经调查,借款人所在的印染行业 2008 年以来受国内外多重因素影响,利润率下降,面临较大行业风险;同时,他行正在逐步压缩对其的贷款,将使该企业资金周转出现困难,经营风险加大。获知此信息后,该行将该企业列入预警客户名单,将其风险级别从正常类下调为关注类;同时,分行对其加强了监控,要求此后保持每一季度至少进行一次实地察看,重点关注预警信号和风险变化情况,评价授信风险,并督促客户经理加强对该客户的日常监控；在总行未对上述客户解除观察名单前，不得对该客户新增授信敞口，以控制授信风险。

应用二：发行债券与股票上市

发行债券及股票是企业重要的融资渠道，而在企业融资过程中，企业的信用情况直接影响企业所发行证券的信用。投资者往往愿意给信用程度好的证券更高的溢价。企业诚信水平越低，投资者面临的不确定因素越多，为满足收益与风险匹配的原则，投资者往往要求风险溢价，从而使得企业融资成本变高。良好的信用水平不仅有利于证券的发行，更有利于降低企业的融资成本。

案例1：诚信提升估值。广东省某股份有限公司主要从事家具和木地板等木材深加工产品的研发、设计、生产与销售。十年来，通过提高生产力水平，在逐步降低生产成本、不断提高产品附加值的过程中，公司赢得了越来越多消费者的认同。而长期建立起来的市场信誉、品牌效应，为其带来了越来越多的合作伙伴。连续四年上榜"中国最有价值品牌"。

2020年，公司开始发行2020年第一期公司债，发行规模为人民币12亿元，债券期限为5年。公司在市场中拥有良好的品牌效应和诚信形象，其2014年获得中国人民银行认可机构评定的AAA年度信贷评级，同时中诚信证券评估中心评定公司的主体信用级别为AA，评级展望为稳定。该期公司债信用级别被定为AA级，为其偿还本息提供了保障。本期债券票面年利率为5%，该利率在中长期债券发行中属于低水平债券，表明资本市场对公司品牌的充分信任，以及对该公司良好诚信形象的高度认可和对该集团未来发展的良好预期。因此，在资本市场上，发债企业诚信水平越高，投资者在一定程度上往往更愿意追捧，从而有助于间接降低企业融资成本，提升债券未来的估值。

案例2：失信封堵上市途径。湖北省某广告公司因被工商局行政处罚过，无法开具"三年内无违法违规记录证明"，不能在创业板上市。证监会在审批中小型非上市股份公司公开转让股份、融资、并购等相关业务时，会依据工商部门出具的信用情况证明，对存在经营异常和严重违法失信行为的公司予以限制或者禁入。依据《全国中小企业股份转让系统业务规则（试行）》的上市条件中"公司治理机制健全，合法规范经营"的规定，申请新三板上市的公司必须到工商部门开具连续三年无违法违规记录的证明。工商总局、证监会还建立了双向联合惩戒机制。依据《失信企业协同监管和联合惩戒合作备忘录》第四部分第（二）项和第（九）项内容，证监会根据工商部门共享的信息和数据，依法对存在经营异常和严重违法失信行为的当事人，限制其担任证券公司、基金管理公司、期货公司的董事、监事和高级管理人员，限制其证券期货市场的部分经营行为。

案例3：受益守信激励，新三板成功上市。安徽省宣城市绩溪县税务局对安徽省小小科技股份有限公司实施了激励措施：一是根据纳税人的纳税信用级别，做好出口退税的审核工作，在符合规定的前提下，及时为纳税人办理出口退税。二是积极向企业宣传"银税互动"业务和办理流程,并按规定将该公司的信用级别及纳税情况提供给绩溪县政府金融办。三是积极做好纳税人依法纳税证明申请的受理、核查等工作,及时出具其近三年依法纳税情况的证明,支持企业筹备上市。"银税互动"业务,拓展了该企业的融资渠道,在很大程度上缓解了企业的流动资金压力,促进了企业的发展。安徽省小小科技股份有限公司是一家生产型出口企业,主要从事齿轮等传动配件的制造和销售,其出口业务占比达47%,且财务制度健全,按时申报缴纳税款,依法诚信纳税,2014年度纳税信用等级为B级。该公司出口贸易方式为DDP(完税后交货),资金回笼缓慢,流动资金压力大,县国税局对该公司实施了特殊激励措施,使该企业在新三板成功上市,于2016年3月16日正式挂牌交易。

个人篇

应用三:银行信贷与个人征信

针对个人的银行信贷业务通常称为个人贷款,个人贷款业务是指商业银行为满足个人客户的各种资金需求而向其发放的各种信贷资金,个人客户则在约定期限内还本付息的信贷行为。与企业贷款不同,个人贷款通常具有品种多、客户数量多、贷款金额小、银行管理成本大等特点。个人的贷款业务按照贷款用途一般分为个人住房贷款、个人消费贷款和个人经营贷款。银行信贷与个人征信的联系表现为:一是个人征信是否良好是能否取得银行信贷的基本条件;二是个人违约导致的银行失信。

(一)个人住房贷款业务与个人征信

案例1:陈某于2021年10月向某行申请个人住房按揭贷款,金额20万元,期限15年。银行查询个人征信系统发现,该客户已办理个人住房贷款一笔,金额25万元;个人汽车贷款一笔,金额18万元。两笔贷款,客户每月共需还款7 005元,该客户提供的收入证明显示家庭每月总收入为4 200元。

按揭贷款是指购房者以所预购的房屋作为抵押品而从银行获得贷款,购房者按照按揭契约中规定的归还方式和期限分期付给银行,银行按一定的利率收取利息。由于房屋价值较高,一般来讲,购房者一次筹足购房款项是有一定困难的,需要向银行申请贷款,银行则需要对贷款人的还款能力做出评估(见表5-1)。

表5-1　　　　　　　　个人住房贷款借款人资信评估表(部分)

指标类别	指标名称(最高分数)	标准值	分数值
个人素质	小计(34分)		
月收入还贷比	月还款额/家庭月收入额(25分)	<40%	25
		≤50%	20
		≤60%	15
		>60%	0
	小计(25分)		

续表

指标类别	指标名称（最高分数）	标准值	分数值
现住房状况	产权性质（2分）	自有	2
		共有	1
		租赁	−1
	住房面积（2）	50m² 以上	2
		50m²（含）以下	1
	小计（4）		

考察借款人归还贷款本息的能力的计算公式为：

还贷收入比 = 月均还款额/家庭月均收入水平

按照等额还款计算，刘某每月至少要还1 111元的本金（假设不考虑利率），计算出刘某的还贷收入比为26.45%，取得的分数值较高，但是加上原来的月供还款7 005元，刘某每月需要还款8 116元，而他提供的收入证明为每月4 200元，如果不考虑原来的贷款规模刘某是可以贷款的，但结合原来的信用规模，现在刘某就不能继续贷款按揭买房了。

（二）个人消费贷款与个人征信

个人消费贷款是指商业银行向个人发放的用于家庭或个人购买消费品或支付其他与个人消费相关费用的贷款。

案例2：2020年9月30日，甲银行与刘乙签订《汽车（工程机械）贷款合同》，约定刘乙向甲银行借款14.9万元，期限为24个月，年利率4.941%，刘乙应按月等额还本付息，还款日为每月20日至次月20日，若未按时偿还贷款本息，甲银行有权对其欠款金额按每日万分之一计收罚息，罚息按复利公式计算。丙公司与甲银行签订《车辆按揭贷款抵押合同》，约定丙公司为刘乙贷款提供担保，自愿将其所有的车辆抵押给甲银行，并办理了抵押登记手续。丁公司和刘戊与甲银行签订《保证合同》，约定双方为刘乙的上述贷款提供连带责任保证。上述合同签订后，甲银行依约向刘乙发放贷款，但刘乙未按约定偿还贷款本息，其他三方也未履行相应担保责任。

本案属于个人汽车消费贷款，刘乙的汽车消费贷款符合申请汽车消费贷款的条件。申请汽车消费贷款一般需要具备以下条件。

1. 必须在银行所认可的特约经销商处购买限定范围内的汽车。

2. 购车者必须年满18周岁，并且是具有完全民事行为能力的中国公民。

3. 购车者必须有一份较稳定的职业和比较稳定的经济收入或拥有易于变现的资产，这样才能按期偿还贷款本息。

4. 在申请贷款期间，购车者在经办银行储蓄专柜的账户内存入不低于银行规定的购车首期款。

5. 向银行提供银行认可的担保。如果购车者的个人户口不在本地，还应提供连带责任保证，银行不接受购车者以贷款所购车辆设定的抵押。

6. 购车者愿意接受银行提出的认为必要的其他条件。

在本案的合同执行中，刘乙未按约定偿还贷款本息，其他三方也未履行相应担保责任，属于贷款违约方。甲银行向法院提起诉讼，请求法院判令：1. 被告刘乙偿还甲银行借款本金和利息（含罚息、复利）；2. 被告丙公司以其抵押车辆对上述债务承担抵押担保责任；3. 被告丁公司和刘戊对上述债务承担连带责任保证。

（三）个人经营贷款与个人征信

案例3：小刘经营一家小超市，超市位于有2 000多名住户的某一小区门口，超市主要经营日常生活用品，其中蔬菜经营占据超市业务的一半以上。根据业务的需要，小刘想扩展一下门面，把紧邻超市的一间面包房租下，但小刘现有资金不足，于是，小刘就向某A银行申请了个人经营贷款10万元。A银行就小刘的申请材料进行了审查，并做出了限制贷款的批复，原因有三个：一是小刘因为跟别人有经济纠纷发生过打架斗殴事件；二是小刘的一张信用卡有两次逾期还款记录；三是小刘目前有住房按揭贷款，每月需要还款2 000元，小刘提供的超市每月5 000元的纯收入并不能证明是稳定收入。

案例分析：个人经营贷款是指商业银行向从事合法生产经营的个人借款人发放的，用于定向购买或租赁商用房、机械设备，以及满足其个人生产经营资金周转和其他合理资金需求的贷款。

个人经营贷款的借款人需要具备以下条件。

1. 年满18周岁，具有完全民事行为能力的自然人，外国人以及港、澳、台居民为借款人的，应在中国境内居住满一年并有固定居所和职业。

2. 具有合法有效的身份证明及户籍证明。

3. 借款人具有合法的经营资格，能够提供个体工商户营业执照、合伙企业营业执照或企业法人营业执照。

4. 具有良好的信用记录。

5. 具有稳定的收入来源和按时足额偿还贷款的能力。

6. 能够提供合法的经营场所及贷款的具体用途。

7. 银行规定的其他要求。

案例中小刘的申请贷款符合商业银行对个人经营贷款的一般性要求，比如贷款主体、贷款用途等，但商业银行还要对还款人的信用等级以及还款能力等进行量化考核，以最终确定贷款的批复。商业银行对个人生产经营贷款客户信用等级评分实行百分制，按分值高低设立4个信用等级：AAA级、AA级、A级、B级，其中AAA级和AA级客户为优良客户，A级客户为一般客户，B级为限制、淘汰客户。各个信用等级的核心内容为：

1. AAA级：评分在90分（含）以上，各项指标优秀，个人综合素质高，生产经营稳定，经营收入高，资信状况好，还款能力强。

2. AA级：评分在80（含）～90分，各项指标良好，个人综合素质较高，生产经营比较稳定，经营收入较高，资信状况较好，还款能力较强。

3. A 级：评分在 70（含）~80 分，各项指标一般，个人综合素质一般，生产经营稳定，经营收入一般，资信状况一般，还款能力一般。

4. B 级：评分在 70 分以下，生产经营差，还款能力弱，个人与银行合作意愿及个人资信状况较差。

从银行最终的贷款批复看，小刘的信用评级应该是在 B 级，符合 B 级中的还款能力弱，个人资信状况较差事项，小刘的资信状况严重影响了他在银行的信用评级，因此无法获得 A 银行的个人经营贷款。

第二节 经济交易领域的应用

在政府采购工作中，依据《失信企业协同监管和联合惩戒合作备忘录》第四条第（六）项限制参与政府采购活动的规定，财政部门按照《政府采购法》第二十二条第（五）项、《国务院关于印发社会信用体系建设规划纲要（2014—2020 年）的通知》第一条、《企业信息公示暂行条例》第十八条，对存在经营异常和严重违法失信行为的当事人在一定期限内依法限制其参与政府采购活动。

案例：杭州市园林绿化建设市场招投标领域信用监管实践

当前招投标领域失信行为依然频繁发生，"规避招标、虚假招标、围标串标、转包挂靠、伪造业绩、履约失信"等违法违规现象仍然时有发生，各地发生的重大工程质量事故和重大腐败案件，大多与招标投标制度执行不力、内幕交易、虚假招标、信用信息互通不畅有关。它不仅扰乱了市场秩序，也给工程质量埋下隐患，不仅滋生工程建设腐败，而且影响行业的健康发展。如失信者不能受到严厉惩处，最终将有损政府公信力。因此，加快招投标领域诚信体系建设迫在眉睫。同时，还需充分发挥社会监督和诚信守法的自律作用，严格规范招标投标程序，将信用信息最大限度地公开与应用，让招标投标活动更透明、更广泛地接受社会监督，有效地预防和遏制腐败，保证工程建设质量。

杭州市园林绿化市场实行全开放，在公平、公正、公开的市场机制方面已经走在全国前列。杭州市园林绿化工程招标项目全面推行资格后审后，杭州市园林建设市场已经是充分公平竞争的市场。2016 年，原杭州市绿化管理站委托信用服务机构根据《杭州市园林绿化建设市场主体信用管理办法》，开发了杭州市园林绿化市场诚信综合评价系统，实施了平台化信用评价与监管，该系统已经运行 3 年，是杭州市园林绿化行业信用监管的创新尝试。

近年来，随着园林行业资质取消，信用监管方式发生重大转变，各级政府部门不断推进园林绿化行业信用体系建设，不断健全园林绿化建设市场监管机制，但对失信可能导致园林招投标项目风险的园林企业未建立事前预警体系，事中监测手段比较单一，未建立大数据与信息技术相结合的在线风控系统，项目后信用评估等事后监管手段未有效落实等问题并未得到有效解决。随着大数据以及信息技术的不断进步，在杭州市社会信用体系建设深入推进的背景下，通过新技术手段实施园林行业信用监管的时机已经成熟。

一、利用大数据技术手段，开发与运用多样化的信用监管产品

搭建围绕杭州市园林企业主体"市场监管"和"现场执法"，以建设项目生命周期为节点的杭州市园林建设市场信用监管系统，以多样化"信用监管"产品与手段切入园林项目管理全过程。

（一）预警类产品

根据园林企业历史中标次数、历史中标总金额、历史失信等事前诚信行为信息在招投标前对园林企业诚信风险实施测评与预警。

（二）监测类产品

1. 项目履约过程监测

在项目开展过程中，对园林企业在建工程养护问题抄告、整改完成率、整改回复率、养护企业自查记录不达标情况、工程文明施工、合同履约等方面实施监测。

2. 政府职能监管信息监测

对政府履职部门在园林企业实施管理中产生的信用信息实施监测，如市场监管局"红黑名单"、税务部门纳税信用等级、人力与社保审查等级等。

3. 大数据平台监测

利用大数据及分析技术，对其他第三方采集的园林企业开庭公告次数、法律诉讼次数、法院公告次数、其他数据公司评分等实施监测；对园林企业舆情信息实施监测，包括新闻舆情和情绪评分。

（三）评估类产品

1. 事后诚信行为测评

在项目完成后，对园林企业的企业荣誉、工程获奖、企业活力、良好信誉、社会公众满意度等方面实施诚信行为测评。

2. 信用能力测评

对园林企业总体企业素质、项目管理、保障能力、运营能力等方面实施能力测评。

（四）信用评估类产品

针对年度采集的园林企业完整信用信息，按照统一评价标准实施信用计分，并进行排序或按照一定区间分为 A、B、C、D 4 个等级，便于园林行业管理部门实施分类分级监管。必要时，基于园林企业完整信息可以出具企业信用报告，便于相关管理部门掌握园林企业完整信用情况。

（五）咨询类信用产品

1. 杭州市园林行业信用指数

基于以大数据手段采集的杭州市园林行业完整信用信息，可以分析杭州市园林行业企业素质、业绩成长等方面的数据，筛选出具有代表性的行业关键特征指标，基于统计分析手段建立指数来描述园林行业整体信用状况，并分析园林行业发展现状以及趋势，对园林行业总体信用状况实施监测、预警。

2. 杭州市园林行业信用分析报告

根据杭州市园林行业信用监管信息平台的数据，结合一定批量样本信息，从园林行业经营环境、政策因素、行业内部竞争态势、行业发展地区环境、行业企业总体财务特征、行业风险及展望等方面对杭州市园林行业进行综合分析，出具园林行业信用分析报告，供相关管理部门决策参考。

3. 其他定制化产品

一方面为政府部门和相关单位提供实时、专业、精准的多种组合信用数据分析服务，加强信用大数据的汇聚整合和关联分析；另一方面对社会授权公开园林企业信用信息，包括提供基本信息查询、基本信用报告查询、信用报告查询、企业信用诊断等信用产品，为社会参与信用监督提供便利。

二、基于大数据技术建立预警、监测等"互联网+信用"监管机制

不断进步的互联网信息技术，为平台化、信息化的大数据信用监管提供了坚实的技术支撑。建立信用大数据支撑平台、分析系统以及应用系统，在园林项目生命周期的全过程中实时动态监控信用状况，为园林行业管理部门、园林企业和社会公众提供及时动态的信用数据信息，并对信用风险实施预警。运用大数据技术进行职能部门业务关联分析，推送个性化信用数据，并将其嵌入信用监管的各环节，为园林行业管理部门实施事中事后信用监管提供通道。

（一）建立预警与干预机制

建立对园林企业招投标项目的事前诚信行为评价与预警体系，对实际履约能力或者信用比较差的园林企业予以甄别和排序，尤其是对首次备案进入杭州市园林建设市场或者是失信记录出现次数较多的园林企业予以重点关注。若提示预警园林企业中标，应对其后续履约采取全过程防范措施，如督促企业提交履行诚信承诺书，增加现场检查频次等，确保园林项目按时保质完成。

（二）建立监测与应急机制

对中标园林项目实施现场和在线结合的大数据监测机制，对事中风险进行量化评估，将园林项目施工与服务质量控制在安全范围内，对履约过程产生的风险信息提示给现场管理部门，并及时采取现场检查等应急措施，把项目风险消灭在萌芽状态。

（三）建立分类与管理机制

在充分掌握信用信息、综合研判园林企业信用状况的基础上，以年度信用评价结果为依据，对监管对象分级分类，根据信用等级高低采取差异化的监管措施。把"双随机、一公开"监管机制与信用等级相挂钩，对信用较好、风险较低的园林企业，可合理降低抽查比例和频次，减少对其正常生产经营的影响；对违法失信、风险较高的园林企业，适当采取提高抽查比例和频次等现场干预措施，并依法依规实行严管和惩戒，必要时将其信用信息共享至政府公共信用平台。

（四）建立整改与提升机制

建立督促园林企业在规定期限内认真整改的机制，整改不到位的，由园林行业管理部门督促失信园林企业履行相关义务、消除不良影响，整改记录记入园林企业信用

记录,并最终影响信用评价结果。对于积极整改的园林企业在风险预警指标中予以体现,降低被标注或者预警概率,通过积极整改促使企业提升项目服务能力和诚信水平。

对园林招投标项目进行事前的风险预判预警,及早防范项目中标后的履约风险。对在建项目实施在线监测,运用大数据主动发现、识别和处置现场的违法违规行为。对园林企业分类分级监管,提高园林行业管理部门监管效能。整改与提升机制,进一步提升园林行业总体诚信水平。通过推进基于大数据技术的"互联网+信用"的杭州市园林建设市场信用监管机制,进一步落实浙江省"最多跑一次"改革举措,不断优化杭州市园林建设市场营商环境。

第三节 企业管理的应用

应用一:企业信用管理

在商业信用中,买卖双方由于防范风险意识不足,控制风险不当,容易遭受损失,特别是在赊销贸易过程中,由于信息不对称,受损的可能性更大,为了规避风险,企业的信用调查及信用管理制度的建立就显得尤为重要。随着国家信用体系的不断完善,越来越多的企业意识到信用管理的重要性。

案例1:华杰傲天与佳杰科技曾有很多年的合作,以前双方合作比较愉快,虽然华杰傲天有几次超期的情况,但并不严重。后来,华杰傲天突然出现了跳票(开空头支票)行为,于是,佳杰科技毫不犹豫地停掉了华杰傲天的信用额度。可从那以后,华杰傲天似乎又开始了真诚的合作,每单都按时结款,毫不拖欠。于是佳杰科技又慢慢授予其一定额度。没想到,没过几天,华杰傲天故态复萌,又开始了跳票,这次佳杰科技坚决地停止了它的信用额度,并对以前的账款开始催收,并通知华杰傲天如果不回款,马上起诉。其间,华杰傲天曾经更名为汇天英杰,佳杰科技的销售人员认为这是一家新公司而要求出货,但是信控部门已经掌握了华杰傲天的有关动向,于是拒绝出货。没过几天,就发生了华杰傲天潜逃案。佳杰科技也再一次成功地规避了坏账的损失。

佳杰科技按超期的严重程度将应收账款分为4个等级专人专责跟进:

一般超期(15天以下)——信用主管和销售经理负责

严重超期(15天以上)——信用经理介入关注

呆账(超期30天)——信用经理和总经理负责

严重呆账(超期60天)——如还没有回款,则律师起诉

一旦客户产生超期应收,马上停止对该客户的供货,并且自动进入催收流程。

案例2:广州白云山制药股份有限公司在医药行业95%的交易都是以信用销售方式完成的,通过强化内部信用风险管理,采用事前、事中和事后全过程信用管理,该公司有效地控制了拖欠账款的发生,同时保证了销售额的稳步增长。该公司实行信用管理以来,销售额每年增长30%~40%,而逾期应收账款却每年下降4%,真正使销

售与回款"两难"变成了"双赢"。

案例3：中国对外贸易运输集团公司是我国最大的外贸集团公司之一，前些年由于国内外市场竞争和信用环境问题，导致大量账款被拖欠，大大降低了企业经济效益和竞争力。通过在公司内部实行客户资信管理制度、交易决策授信制度以及应收账款监控制度等一系列信用管理方法，公司逾期应收账款总量减少了50%。

应用二：提升企业信用形象

现在的市场竞争除了市场上的产品竞争外，更为重要的是企业软实力的竞争，企业着力打造企业良好形象，提高企业信誉。产品是有形的，而良好的企业形象和企业信誉是企业无形资产，三者关系是相辅相成、互相制约的。优良的产品质量是保证企业生存的根本；良好的企业形象，不仅能为产品增光添彩，而且还可以大大增强消费者对企业的可信度和信赖感，取得市场的主动权。

案例1：东莞市祥鑫科技有限公司是一家专业从事精密冲压模具和金属结构件研发、生产和销售的企业，2015年度纳税信用级别为A级。信用等级为A类的企业被列入"出口退税一类企业"范围，出口退税一类企业完成退免税申报后，两日内退税税款便可到账。企业利用这笔"及时雨"引进了先进的技术设备，成为了一家能为客户提供精密冲压模具和金属结构件一体化解决方案的高新技术企业，此后，各大订单纷纷而至。

案例2：按照国家对天然气供应的整体布局，大连天然气高压管道有限公司2021年才开始有经营收入，因此，前期信用等级评级为M级。根据相关规定，纳税人需要同时具备四个条件才可以办理留抵退税，其中第一项为"纳税信用等级为A级或者B级"。当地税务局对企业2021年度纳税信用等级进行预评估，与企业财务人员一起研判情况，提前进行风险评估。在确定该公司2021年信用等级升级为B级后，税务局第一时间落实了留抵退税新政，企业很快收到了退税款4 561万元，建设资金压力得到了缓解。

第四节　社会领域的应用

应用一：信用在社会治理方面的应用

案例：富阳区东洲街道"信用+社会治理"

东洲街道位于杭州市富阳区东部，地域总面积79.3平方千米，下辖15个行政村，4个社区，本地户籍人口4.7万，外来常住人口超过5万人。东洲绿水、青山相映，沙洲、湿地相依，境内有"两江五岛一公园"，是元代大画家黄公望晚年结庐之地，也是《富春山居图》的原创地和实景地，人文悠久，底蕴深厚。东洲第一、第二、第三产业融合发展，第一产业以蓝郡科技、九重天生态园、盘古农业为代表的新型农业龙头企业引领格局。第二产业以微电机、光通讯、智慧安防为主构建行业链条，培育了富春江集团、大华智联等示范企业。第三产业以运动休闲、农家乐、特色旅游为主打产品，构建物流仓储、网络销售、金融服务、大型商业综合体等现代服务业快速发展格局。2021年东洲的城镇和农村居民人均收入均超过了杭州市平均水平，其中，农村居民收入达53 384元，不仅远超杭州38 700元的平均水平线，而且城镇与农村居民收入比为1.26，与杭州市的1.78相比更为均衡。

东洲街道社会经济发展稳中向好，但在发展中也面临困境。一是如何更好地树立基层组织在群众中的公信力。农村基层党组织是党在农村全部工作和战斗力的基础，组织建得强不强、作用发挥充分不充分，直接关系着乡村治理和乡村振兴的成败与质量，必须充分依靠基层党组织的凝聚力、组织力、战斗力。二是如何更好地提高企业品牌在市场上的影响力。东洲街道虽然是富阳区产业发展的主平台，但具有全国省市影响力的企业品牌屈指可数，必须加快推进企业经济实力与品牌影响力的有机结合，提升企业品牌的综合竞争实力。三是如何更好地提升城镇居民在宜居中的幸福感。近年来，东洲街道凭借着"大坝精神""园区精神""亚运精神"，经济社会各项事业发展迅猛，居民生活普遍富裕，在殷实的物质基础上，必须建设好人文宜居"软配套"，实现居民精神富足、幸福提升。

基于以上现实问题，东洲街道紧跟全国社会信用体系建设要点，与富阳区发改局联合打造"信用+社会治理"乡村版新模式，搭建东洲街道"信用+社会治理"架构与路径，推动东洲更好更快发展。

富阳区东洲街道开展"信用+社会治理"项目，围绕三大主体，以打造一个平台，建设五大体系，推广X场景应用的"3+1+5+X"为总体框架。"3"指基层治理三类主体，即街道政府和基层群众性自治组织（村委会和居委会）、新型农业经营主体（民宿、专业大户、家庭农场、农民合作社、农业企业）、社区居民（村民）；"1"指通过依托一个"公望数智治理平台"来整合区级基层治理四平台、"富春智联"数智平台、公共信用信息平台和街道自治平台数据；"5"指进行五大体系建设，即基层信用组织体系建设、信用制度体系建设、信用信息体系建设、信用评价体系建设、诚信文化品牌体系建设；"X"指围绕三类主体、一个平台、五大体系，推动信用在村社治理、交通出行、信用免押、先享后付、文化旅游、信易租、社区养老、评优评先、融资信贷等"X"场景的应用，并形成信用预警和分析能力。

"信用+社会治理"，让基层政务领域风清气正。早在2020年，富阳区便全面启动信用镇街监测工作，将辖区内24个乡镇街道镇街政府的政务诚信建设纳入监测范围。东洲街道通过对辖区内全部村社实施村务诚信测评，编制"公望美好村务诚信指数"，将政务诚信进一步延伸和下沉至最基层社会单元。"公望美好村务诚信指数"将东洲街道15个村社的集体履约践约状况、村社干部和党员干部的廉政建设、村社推动村务公开、村规民约制定、诚信档案建设和诚信宣传等工作作为重要测评内容，并结合上级政府部门考核和群众满意度测评。测评结果与村社集体荣誉表彰、公共设施建设配套、村社干部提拔晋升等直接挂钩，从而为当地营造了风清气正的村务社务面貌。

"信用+社会治理"，让商务领域蓬勃发展。东洲街道是杭州2022年亚运会富阳分场馆所在地,是元代著名画家陈黄公望晚年隐居地,是有着"画中之兰亭"美誉的《富春山居图》的创作实景地,街道下辖黄公望村是杭州市唯一的海峡两岸交流基地,也是全国文明村。街道辖区内共有近 150 家民宿,其中,仅黄公望村就有 55 家民宿,几乎每家每户都经营民宿。围绕民宿经营主体,通过整合省、市、区级公共信用信息、街道消防、环保、税收、食品安全等监管执法信息以及民宿主体诚信经营和游客消费体验数据,东洲街道为辖区内每家民宿经营主体实施信用评价,编制形成"公望民美好宿信用指数"。"公望美好民宿信用指数"为当地民宿诚信合法经营、公平竞争创造了良好的环境,避免了相互间因经营陷入恶性竞争,促进了邻里之间的和睦关系。

"信用+社会治理",实现了社会领域共富共享。东洲街道开展以村社家庭为单位的诚信综合评价,增加信用评价维度,凸显信用在基层治理中的作用,将基层治理的触角进一步延伸至家庭这个"最小单元"。加强制度顶层设计,建立了《东洲街道"公望美好家庭指数"管理办法》,依托东洲街道"公望美好家庭指数",将综合评价结果与村社居民家庭金融信贷、社区养老、信用免押、先享后付、文化旅游、信易租、村社治理等应用场景有机结合,加强诚信宣传教育,弘扬诚信文化理念,助推社会治理和乡村振兴。

应用二:信用在行业监管方面的应用

案例:余杭仓前街道"信用+行业监管"

仓前街道地处杭州市余杭区中部偏南,总面积 46.29 平方千米。仓前街道原名灵源,起源于南宋绍兴二年(1132 年),官方在街北建临安便民仓,古以南为前,遂称仓前街,距今已有 900 年历史。

良好的营商环境和信用环境使仓前街道成为企业和人才的聚集地,根据产业发展规划已成立朱庙、向往两个"经济体"。朱庙经济体以传统制造业为主,服务 26 个园区,有 6 237 家入驻企业和约 3 万名从业员工;向往经济体以数字产业为主,服务 16 个园区(楼宇),有 12 236 家入驻企业和约 5 万名从业员工。截至 2021 年 11 月,两个经济体营收达 740 亿元,税收达 32 亿元。2021 年朱庙、向往两个经济体共精准申报国家高新技术企业 155 家。如何对如此规模的企业和员工实现精细化治理,是摆在仓前街道面前的现实问题。从企业治理的架构上仓前街道构建了街道—经济体—园区—楼宇—企业的经济共同体模式;在企业治理的方式上探索了"一门多窗""精准集成问诊服务""上市直通车""社区化管理"等模式,经过多年的探索和验证,这些模式为经济体的发展奠定了基础。为了更好地发挥信用在企业治理中的效能、激发信用在市场经济中资源配置的作用,仓前街道探索"五位一体"信用生态治理模式,希望建立以数字化信息系统为基础、信用管理手段为导向、信用应用与服务为支撑的治理体系。

仓前街道根据"街道—经济体—园区—楼宇—企业"经济共同体的治理架构,充分调动各个层级信用治理的动能;依据信用治理要素,充分发挥信用的经济功能,促进经济体通过金融融资、赊销赊购、产业链传导以及品牌价值的外溢,充分发挥信用的治理功能,在信用监管、财税减免及其他扶持政策实施、项目培育等各领域以信用为导向推进基层治理;充分发挥信用的文化功能,通过诚信文化养成,成就经济共同体的文化品牌,从而探索一种信用生态的新模式。

一、夯实数字化的企业信用管理系统

仓前街道实现企业信用信息"一张网"管理,构建了经济共同体的企业信用管理系统。通过对园区和企业的摸排,实现"一园区一档案""一企业一档案",全面织起一张"经济数据网"。截至2023年1月,已对21 000余家企业的11个维度、56字段信息实时更新,建立了企业信用评价体系,构建了园区画像和企业画像,为园区和企业的精准化、科学化治理提供保障。

二、构建较为科学的企业基础信用评价体系

（一）评价要素

根据企业基本信息、财务信息、运营信息、风险信息、金融信息以及舆情信息等构建企业基础信用评价体系。

（二）评级结果

截至2022年7月1日,根据企业基础信用评价,A类企业711家,占比为3.0%;B类企业1 216家,占比为5.1%;C类企业22 056家,占比为91.9%;D类企业18家,占比为0.1%。从评价的结果来看,信用等级的分布偏左态分布,A、B等级的企业数量较少,一方面由于经济体的企业处于成长期,另一方面经济体的企业评价的原则是宁缺毋滥,对于评价细则制定严格,这也有利于企业的成长。

（三）预警监测

企业画像实现了对企业经营状况、营收税收、信访、舆情、社保、用能等13项指标的实时监测预警。园区画像利用企业信息、税收情况以及人才情况对园区进行精准画像,从而实现对产业风险的预警监测。

三、拓展企业信用应用场景

（一）因信而用——让企业更幸运

目前仓前街道经济体内有15家银行都在一定程度上依据经济体的企业基础信用评价结果提供信贷服务。目前大部分银行可以做到对A、B等级的企业在一定额度内直接贷款,无须再做商业银行的信贷调查;C等级的企业需要银行再进一步的调查核实。2021年6月至2022年6月,15家银行银行授信近百亿元,实际放款75.2亿余元。

（二）因信而育——让企业更信誉

企业基础信用评价的结果,与余杭区政府职能部门的企业高质量发展的培育库无缝衔接,减少了遴选、观察、培育等一系列过程,提升了政府政策培育的有效性和针对性。目前企业基础信用评价A等级的企业无缝对接区发改局上市公司培育库;企业基础信用评价A等级和B等级企业与余杭区经信局"企业一起成长"培育库对接。

（三）因信而服——让企业更感幸福

根据企业信用开展的服务并非是信用等级高的企业享受优质服务,信用等级低的企业职能得到劣质服务或没有服务。仓前街道在长期服务中发现,企业基础信用评价

结果不同，企业需求也有差异，A等级企业更需要资本并购及上市等方面的服务，B等级的企业更需要技术、销售、市场等方面的服务，C等级的企业则需要信贷、注册商标、产业链顶端发展趋势信息等服务，因而街道需要对不同类别的企业进行精准服务。2022年以来，根据信用评价结果，仓前街道联合20多家专业第三方服务机构，举办专项服务，帮助企业注册商标300多件，专利200余件。

应用三：信用卡交易与个人征信

在信用卡的交易过程中，信用卡的额度通常分为信用额度和可用额度。信用额度是指信用卡最高可以使用的额度。信用额度是依据客户申请信用卡时所填写的资料和提供的相关证明文件综合评定核给的，主卡和附属卡共享一个额度。可用额度是指客户所持的信用卡还没有被使用的信用额度，可用额度＝信用额度－未还清的已出账金额－已使用未入账的累积金额＋溢缴款金额。

信用卡额度会随着持卡人的信用状况呈增加或减少趋势，甚至有时间会遭到封卡。信用卡额度增加的情形是因为持卡人消费正常，还款及时，信用记录良好；信用卡额度减少的情形多因持卡人消费出现异常，还款不够及时，信用记录一般；信用卡连续3次或累计6次逾期还款，则会在信用报告中留下不良记录，如果是因为逾期或者长时间不还款导致银行封卡，会严重影响个人征信的，但有些情况会例外，比如信用卡遭受了黑客攻击。

案例1：杨先生的账单日为每月5日，到期还款日为每月23日。4月5日银行为杨先生打印的本期账单包括他从3月5日至4月5日的所有交易账务，本月账单周期杨先生仅有一笔消费——3月30日，消费金额为人民币1 000元；杨先生的本期账单列印"本期应还金额"为人民币1 000元，"最低还款额"为100元。杨先生在4月20日还款100元，但在5月5日的对账单中显示有还款利息17.40元。

案例分析：信用卡发卡单位通常对持卡人的非现金交易有一个免息还款期，即从银行记账日起至到期还款日之间的日期。本案例中，若杨先生于4月23日之前，全额还款1 000元，则在5月5日的对账单中循环利息为0元。杨先生于4月20日只偿还了最低还款额100元，则5月5日的对账单的循环利息为17.40元。具体计算如下：

$$1\,000 元 \times 0.05\% \times 24 天（3月30日至4月23日）+$$
$$(1\,000 元 - 100 元) \times 0.05\% \times 12 天（4月23日至5月5日）$$
$$= 17.40 元（循环利息）$$

案例2：小刘有一张信用卡，信用额度为20 000元人民币。小刘刚开始用卡的时候是在商场进行消费，每月按照银行短信提示信息按时还款，所以信用额度一直在提升。到了2007年的时候，小刘的信用额度已提升至40 000多元人民币。2007年正是中国股市牛气冲天的时候，小刘于是用信用卡套现35 000元人民币投入股市，计划每月只用40天，到银行还款日之前将股市的资金转出还信用卡的款。刚开始小刘还比较顺风顺水，但小刘发现自己信用卡能刷的金额越来越少了；再后来股市开始下跌，小刘在股市上的资金难以抽出，信用卡还款也出现逾期甚至催缴的情况。2008年2月10

日，小刘接到了信用卡被冻结的信息。

案例中小刘至少涉及三个征信问题。第一个是信用卡取现问题，第二个就是信用卡透支问题，第三个问题是信用卡逾期还款。一般银行规定，在持卡人的信用账户信用额度内，持卡人可用信用卡透支取现的最高额度一般为账户信用额度的30%，比如小刘的信用卡额度为20 000元人民币，小刘人民币账户的取现额度就是6 000元。取现交易及相关费用不享受免息还款期待遇，发卡银行将按日利率万分之五从银行卡记账日起记收利息。小刘不想支付套现费用，同时也认为6 000元投入股市没什么意思，于是就采取了信用卡透支的办法，大额套取现金，然后投入股市。信用卡透支会降低信用卡的使用额度，如果出现恶意透支则违反了中国人民银行1999年3月1日实施的《银行卡业务管理办法》第六十一条的规定。另外，小刘违反了信用卡领用合约的规定，信用卡被冻结是意料之中的。信用卡领用合约第二十一条规定：乙方未能按时还款，甲方可采取信函、电话、上门等形式进行催收，并有权扣划乙方在本行开立的任何账户内的款项或处置乙方的抵、质押物以清偿其欠款。如乙方连续两个账单周期不能缴足最低还款额或甲方失去联系的，甲方有权停止其使用该卡。

【延伸阅读5-1】

2021年2月24日，中国银保监会办公厅、中央网信办秘书局、教育部办公厅、公安部办公厅和中国人民银行办公厅联合发布《关于进一步规范大学生互联网消费贷款监督管理工作的通知》，从四个方面对进一步规范大学生互联网消费贷款业务作出规定。

一、加强大学生互联网消费贷款业务监督管理

（一）规范大学生互联网消费贷款放贷行为

小额贷款公司要加强贷款客户身份的实质性核验，不得将大学生设定为互联网消费贷款的目标客户群体，不得针对大学生群体精准营销，不得向大学生发放互联网消费贷款。放贷机构外包合作机构要加强获客筛选，不得采用虚假、引人误解或者诱导性宣传等不正当方式诱导大学生超前消费、过度借贷，不得针对大学生群体精准营销，不得向放贷机构推送引流大学生。

银行业金融机构要严守风险底线，审慎开展大学生互联网消费贷款业务，建立完善相适应的风险管理制度和预警机制，加强贷前调查评估，重视贷后管理监督，确保风险可控。

未经银行业监督管理部门或地方金融监督管理部门批准设立的机构不得为大学生提供信贷服务。

（二）严格大学生互联网消费贷款风险管理

为满足大学生合理消费信贷需求，各银行业金融机构在风险可控的前提下，可开发针对性、差异化的互联网消费信贷产品，遵循小额、短期、风险可控的原则，严格限制同一借款人贷款余额和大学生互联网消费贷款总业务规模，加强产品营销管理，

严格大学生资质审核，提高资产质量。

要加强营销管理，银行业金融机构及其合作机构不得针对大学生群体线上精准营销，在校园内开展的线下营销宣传活动需事先向营销地监管部门报备，并就开展营销活动的具体地点、日期、时间和活动内容提前告知相关教育机构并取得该教育机构的同意，营销活动不得使用欺骗性、引人误解或诱导性宣传等不当方式，诱导大学生申请消费贷款。

要严格贷前资质审核，实质性审核识别大学生身份和真实贷款用途，综合评估大学生征信、收入、税务等信息，全面了解信用状况，严格落实大学生第二还款来源，通过电话等合理方式确认第二还款来源身份的真实性，获取具备还款能力的第二还款来源（父母、监护人或其他管理人等）表示同意其贷款行为并愿意代为还款的书面担保材料，严格把控大学生信贷资质。

要加强贷后管理，确保借贷资金流向符合贷款合同规定；妥善处理逾期贷款，规范催收管理，严禁任何干扰大学生正常学习生活的暴力催收行为；及时掌握大学生资金流动状况和信用状况变化情况，健全应对预案，确保大学生互联网消费贷款整体业务风险可控。

要加强大学生个人信息安全保护，建立健全和严格执行保障信息安全的规章制度，采取有效技术措施妥善管理大学生基本信息，不得向第三方机构发送借款学生信息，不得非法泄露、曝光、买卖借款学生信息。

要加强征信信息报送，按照《征信业管理条例》，将大学生互联网消费贷款所有信贷信息及时、完整、准确报送至金融信用信息基础数据库。对于不同意报送信贷信息的大学生，不得向其发放贷款。

（三）强化风险整治及监督检查

各地方金融监督管理部门和各银保监局要在前期网贷机构校园贷整治工作的基础上，将小额贷款公司、消费金融公司等各类放贷机构纳入整治范畴，综合运用网站监测、资金监测、现场检查、数据分析等各类手段，进一步加强大学生互联网消费贷款业务的监督检查和排查力度。同时，加大对非法放贷机构的排查和打击力度。

对于已发放的大学生互联网消费贷款，一是要督促小额贷款公司制订整改计划，已放贷款原则上不进行展期，逐步消化存量业务，严禁违规新增业务。二是要督促银行业金融机构加强排查，限期整改违规业务，严格落实风险管理要求。对于排查发现问题拒不整改或情节较重的机构，要严厉处罚、打击，涉嫌犯罪的，移送司法机关。

二、加大对学生的教育、引导和帮扶力度，营造良好校园环境

各高校要切实担负起学生管理的主体责任，加强学生金融知识教育和救助帮扶，引导学生树立正确的消费观念，切实维护学生权益和校园稳定。一是大力开展金融知识普及教育。要强化金融知识宣传教育，将金融常识教育纳入日常教育内容，持续开展金融知识宣传。定期开展金融知识进校园活动，邀请金融监管机构、银行业金融机构开展知识讲座，阐述不良网贷危害、分析借贷"追星"等校园不良网贷案例，切实提高学生金融安全防范意识。加强诚信意识教育，教育学生在申请贷款时应如实提供

信息,不得故意隐瞒学生身份,不得恶意骗贷、违约,珍惜个人征信记录,警惕网络贷款逾期影响个人征信。二是不断完善帮扶救助工作机制。要确保各项学生资助政策落实到位,提高学生资助工作管理水平,切实保障家庭经济困难学生学费、住宿费和基本生活费等保障性需求。完善特殊困难救助机制,设立专项资助资金,对家庭出现重大变故的学生进行紧急救助,解决学生的临时性、紧急性资金需求。对于已经陷入网贷泥潭的大学生,建立专项机制,指导他们通过理智有效的方式解决所欠网贷问题,加强心理干预辅导,教育引导他们珍视生命,理性处理碰到的困难。鼓励有条件的高校多渠道筹集资金,支持学生开展拓展学习、创新创业等,满足学生发展性需求。三是全面引导树立正确消费观念。要加强学生消费理念教育,将培养学生勤俭节约意识与学生日常思政教育相融合。关注学生消费心理,及时纠正超前消费、过度消费、从众消费等错误观念,引导学生树立科学、理性、健康的消费观。建立日常监测机制,密切关注学生异常消费行为,及时发现学生在生活消费、人际消费、娱乐消费等方面出现的倾向性问题,采取针对性措施予以纠正,努力做到早防范、早教育、早发现、早处置。

三、强化网络舆情监测,合理引导舆情

各地网信部门要积极配合地方政府、高校和金融、教育、公安等管理部门,做好规范大学生互联网消费贷款监督管理政策网上解读和舆论引导工作。对于利用大学生互联网消费贷款恶意炒作、造谣生事的行为,指导相关单位主动发声、澄清真相,共同营造良好舆论环境。

四、加大违法犯罪问题查处力度,营造良好金融环境

各地公安机关要依法加大大学生互联网消费贷款业务中违法犯罪行为查处力度,严厉打击针对大学生群体以套路贷、高利贷等方式实施的犯罪活动,加大对非法拘禁、绑架、暴力催收等违法犯罪活动的打击力度,依法打击侵犯公民个人信息的违法犯罪活动。

应用四:求职与报考公务员

一、个人征信与求职

传统的求职与个人征信并无多大关系,但随着现代职场招聘模式、就业形式的多样化以及"互联网+"的影响,人们有了很多的就业机会与选择,于是,跳槽就成了职场中的惯名词,为减轻用人单位的招聘成本,减轻整个社会的人力流动成本,个人征信便与求职联系在了一起。

案例:入了征信"黑名单",找工作都会受影响!

2016年5月11日在浙江大学紫金港校区举办的一场招聘会上,戴尔、麦当劳、牛电科技等知名企业将芝麻信用分等虚拟信用作为是否录用的一条重要考核因素,招聘用上了第三方征信评价:面试前,应聘者先用手机亮出支付宝里的芝麻信用,高分将给整个面试环节加分,如果分数太低,很可能在第一环节就被淘汰;如果入了征信

"黑名单"，求职者将直接出局，虚拟信用开始影响到个人找工作。

戴尔、麦当劳等世界500强企业以及越来越多的科技公司在招聘时引入第三方信用评价体系，一是因为这些大公司招聘的数量巨大，人力资源部门需要耗费大量的人力财力投入招聘中，对应聘人员的学历是否真实、有没有重大负面记录等进行考量。二是通过引入芝麻信用评分等信用服务，可以更高效地筛选出真实可靠的应聘者。芝麻信用分是芝麻信用对海量信息数据进行综合处理和评估后给出的评分，主要包含用户信用历史、行为偏好、履约能力、身份特质、人脉关系5个维度。芝麻信用基于阿里巴巴的电商交易数据和蚂蚁金服的互联网金融数据，并与公安网等公共机构以及合作伙伴建立数据合作，与传统征信数据不同，芝麻信用数据涵盖信用卡还款、网购、转账、理财、水电煤缴费、租房信息、住址搬迁历史、社交关系等。芝麻信用分值范围为350～950分，根据蚂蚁金服的标准：350～550分表示信用较差、550～600分为中等、500～650分为良好、650～700分为优秀、700～950分就是极好了。持续的数据跟踪表明，芝麻信用分值越高代表信用水平越好，在金融借贷、生活服务等场景中都表现出越低的违约概率，较高的芝麻分可以帮助个人获得更高效、更优质的服务。

二、个人征信与公务员考试

相关资料显示，从2008年开始，国家公务员局开始对各级公务员招考中的违纪违规和不诚信行为信息进行汇总，在此基础上建立了公务员诚信档案。建立公务员诚信档案的主要原因有以下两点。

1. 保证公务员考试的严肃性。目前全国范围内，公务员招考进入常态化，每年都有大批的优秀人才报考公务员考试，只有将不诚信和违纪违法行为记录在案，做出相应的处罚，才能确保公务员招录的公平性。

2. 制约对公务员录取资源及机会的浪费。考生在做出诚信报考的承诺后，无故或随意放弃录用机会，不仅是对他人公务员考试机会的占用，也是对招考机关招录资源的一种浪费。

案例：小明2018年参加了全国公务员招考，当年报考的是新疆某县税务局。考试成绩出来后，小明的成绩进入面试行列，但小明没去参加面试，也并未向招聘方说明理由。2019年小明继续参加公务员考试，这一次他报考了自己家乡的检察院招聘，小明的成绩再次进入初选行列，但由于其他原因小明错过了检察院的面试。2020年小明第3次报考其所在省份公务员考试，但被告知3年内不得报告本省公务员考试。

小明不能参加其所在省份公务员考试是因为小明被记入全省公务员考录诚信档案数据库。公务员考录诚信档案数据库一般包括以下几个方面。

1. 考生在考试过程（包括笔试、面试）中有作弊、替考等不诚信行为。

2. 在履约环节的不诚信情形主要表现为：考生已经确认参加面试却在面试当天无故弃考的行为。

3. 在报到环节表现为：有的考生在已经通过笔试、面试、考察、体检、公示、备案等环节之后又提出放弃录用资格等行为。

国家级公务员考试及各地方公务员考试招录中对不诚信行为的界定存在差异，有些省份具有相关的明确规定，有些省市甚至没有相关的明确规定，但不代表就一定没有处罚，具体执行细节还要由公务员招录主管部门确定。小明两次考上公务员后随意放弃资格，属于占用录取机会，浪费招录资源，结果也将被归于不诚信，受到相应处罚是应该的。

【延伸阅读 5-2】

致广大参加公务员考试的考生：诚信报考 从我做起

（2019 年 10 月 14 日 13：55 国家公务员局网站）

考生朋友们：

中央机关及其直属机构 2020 年度公务员录用考试即将开始，欢迎你们积极参加！

建立和推行公务员考试录用制度是我国改革开放进程中干部人事制度的重大创新，为广大考生提供了一个通过平等竞争进入党政机关的途径。人们将公务员录用考试形象地比喻为"玻璃房子里的竞争"，说明它的公开、公平和公正。公务员考试录用制度之所以得到社会认可、广受赞誉，得益于公开、平等、竞争、择优的机制，得益于社会各界的有效监督，得益于良好的报考氛围和考试环境，也得益于广大考生的积极参与和共同维护。

近年来，在公务员录用考试中，出现了一些干扰考试秩序，影响公平竞争的现象。比如，有的考生提供不实信息以获取报考资格；有的考生不遵守考场纪律，携带违禁违规物品进入考场；有的考生企图通过作弊，甚至借助集团作弊、"高科技手段"作弊进入公务员队伍；有的考生在进入面试、体检、考察等环节以后，随意放弃面试资格或者录用资格。这些人虽然是极少数，但侵害了广大诚信守规考生的合法权益，影响极坏。

公务员是干部队伍的重要组成部分，是社会主义事业的中坚力量，是人民的公仆。我们希望有志于成为公务员的你们，从选择报考的那一刻起，就向公务员的标准和要求看齐，自觉作诚实守信的表率，共同营造公平竞争的考试环境：

一、诚信报名。认真阅读《招考公告》和《诚信承诺书》，结合自己的实际情况和用人单位的职位要求，慎重选择报考职位，如实填写有关信息，不虚报瞒报有关情况、骗取考试资格，不为"试考"虚假报名、干扰报名秩序。

二、诚信准备。公务员录用考试注重测查考生的基本能力素质。这种能力素质主要靠平时工作和学习中的长期积累，以及考前适当的准备。多年实践证明，不注重平时积累而试图走"捷径"，轻信或寄希望于考前参加所谓的"精品""保过"等高价培训班的考生，不可能取得好成绩。希望你们考前认真研读考试大纲，了解测查要素要求，结合职位需求和自身条件有针对性地进行准备，以饱满的精神状态和良好的心态参加考试。

三、诚信考试。严格遵守考试纪律，不带违禁物品，不做违纪之事，不搞作假舞弊，不抱侥幸心理，妥善保护自己的考试试卷和答题信息，坚决抵制任何集团作弊、利用各种手段作弊等行为。考后不散布、不传播考试试题，不参与网上不负责任的议论。

四、诚信守约。认真对待每一个招考环节，认真践行每一项招考要求，不轻易放弃、不轻易爽约考前承诺，珍惜机会，珍惜信誉。特别是进入面试以后，不临时随意放弃面试资格和录用资格，以免错失实现职业理想的机会，影响其他考生权益和招录机关的正常补员需求。

近年来，公务员主管部门和相关部门高度重视公务员录用考试诚信体系建设，坚决防范和打击各类考试作弊行为，对作弊者依法依规严肃处理，并不断健全公务员考试录用诚信档案，与社会诚信体系建设相衔接。请你们务必远离考试作弊这根高压线、切莫践踏诚实守信这个底线，千万不要一次作弊、悔恨终生、一次失信、处处受限。

诚信是社会主义核心价值观的重要内容，是做人之本、立业之基，更是成为一名公务员的必要条件。请你们从自身做起，从现在做起，践行诚信承诺，共同维护公务员录用考试这片明净的天空。

最后，衷心祝愿你们在今年的公务员录用考试中取得好成绩！

国家公务员局
2019 年 10 月

应用五：出国留学与个人征信

我国公民通过各种渠道和方式，到世界各国和地区的高等学校和研究机构等留学，是我国对外开放政策的组成部分，是吸收国外先进的科学技术、适用的经济行政管理经验及其他有益的文化，加强我国高级专门人才培养的重要途径，有益于发展我国人民同各国人民的友谊，加强双方交流。在世界进入大发展、大变革、大调整的时期，人才和创新日益成为综合国力竞争的重要的因素。中国在实现两个"一百年"的奋斗目标和中华民族伟大复兴中国梦的过程当中，需要成千上万通晓国际规则、了解和理解世界的人才。1978—2019 年，我国各类出国留学人员累计达 656.06 万人。

在申请出国留学时，纳入个人征信系统的数据主要有四类：身份识别信息、贷款信息（包括贷款发放银行、贷款金额、贷款期限、还款方式、实际还款记录等）、信用卡信息（包括发卡银行、授信额度、还款记录等）、公共事业信息（包括非银行信用信息、法院民事判决、欠税、固话缴费、手机缴费、缴纳水电燃气费用等）。不同的国家对个人征信的要求是不一样的，比如免签国家俄罗斯、马来西亚等，办理签证相对较为宽松；而美国、英国等，办理签证的时候都会查询个人征信记录。

以美国为例，美国各个高校的要求不尽相同，但很多高校申请表中都有关于申请人家庭财产状况的说明以及关于刑事犯罪情况的说明，如果个人申请表中填写的事项与个人征信记录中的事项不吻合，就有可能遭到拒签；另外，美国高校对考试作弊实行的是零容忍，只要是有考试作弊的不良记录，一定会遭到拒签的，而且一个学校拒签的信息会被传到其他高校，任何一个学校都不会录取一个有考试作弊不良记录的学生。

案例：刘英 2019 年 7 月在中国国内高校本科毕业，打算申请美国的研究生，刘英的考试成绩符合美国某高校的要求，但在申请签证时遭到了拒签。原因是刘英的父亲在中国是被限制高消费人员。

美国大使馆在审查刘英的个人材料时，刘英本人的财力证明是没有问题的。但刘英父亲由于债务纠纷被中国最高人民法院纳入失信人员执行名单，被限制高消费。2015 年 7 月 6 日最高人民法院出台的《关于限制被执行人高消费的若干规定》，明确人民法院可以对被执行人发出限制高消费令。其中第三条规定被执行人为自然人的，被限制高消费后，不得支付子女就读高收费私立学校的费用。

应用六：其他个人征信产品应用

（一）个人征信与欠债不还

案例1：河南公布十大"老赖"典型案例，8 100 人被限制高消费①

王某与郑某房屋买卖合同纠纷一案，经义马市人民法院判决，郑某支付王某购房款 100 000 元、装修费 15 973.8 元、诉讼费 708 元。判决生效后郑某未履行法律义务，义马市法院依据王某申请，于 2013 年 9 月 25 日立案执行。该案进入执行程序后，义马市法院向被执行人郑某送达了执行通知书及报告财产通知书，但郑某未按执行通知约定的期限履行义务。义马市法院根据最高法院有关规定，决定将郑某纳入失信被执行人名单，录入全国法院失信被执行人名单库，在媒体上公布并向执行联动单位通报。2014 年 5 月 8 日，郑某在银行贷款时受到限制，迫于失信压力，主动到法院履行了义务，案件执结。

《最高人民法院关于限制被执行人高消费及有关消费的若干规定》对失信被执行人的消费行为做了明确规定。

在交通出行方面：不能坐飞机，不能坐高铁 G 字头动车组列车所有座位，不能坐其他所有列车的软卧，其他动车组列车一等以上的座位，轮船二等以上的舱位。需要注意的是，这里不是限制被执行人出行，是限制其高消费。举个例子，如果被执行人坐长途客车，哪怕档次高一点，也不能被限制乘坐。

在住宿方面：不得住宿星级以上酒店、宾馆。根据《中华人民共和国星级酒店评定标准》，酒店按等级标准以星级划分，分为一星级到五星级五个标准。最低为一星级，最高为白金五星级。星级越高，表示旅游饭店的档次越高。一般一星的酒店很少在外面标注，三星的、四星、五星的标注较多。星级酒店一般都是有备案登记的。被执行人如果住宿连锁酒店，一般是不被限制的。

在消费方面：一是不得购买不动产（一般包括房屋、土地），也不得新建、扩建高

---

① 资料来源：河南省高级人民法院。

档装修房屋。二是不得在夜总会、高尔夫球场进行高消费。三是不得购买非经营所需的车辆。四是不得旅游、度假。五是不得支付高额保费购买保险理财产品。

在办公方面：不得租赁高档写字楼、宾馆、公寓等场所办公。

在子女就学方面：子女不得就读高收费私立学校。

(二) 个人征信与酒驾

案例2：张先生是一家厨具生产公司的法定代表人、董事长兼总经理，由于经常宴请客户，张先生也就经常饮酒驾车，曾经两次被公安部门处罚。2020年9月，张先生的女儿出国留学，要求担保人进行担保，张先生作为父亲要求为女儿担保，但被告知张先生不具有担保资格，经查实，张先生酒驾已经记入个人征信不良记录了。

饮酒驾车是指每百毫升血液酒精含量大于等于20毫克小于80毫克，酒驾会被处1 000元以上2 000元以下罚款，暂扣驾驶证6个月，记满12分的处罚。醉酒驾车是指每百毫升血液含量大于等于80毫克，驾驶员将被约束至酒醒，吊销驾照，并以危险驾驶罪追究刑事责任，处1至6个月拘役和罚金。

醉驾除了严厉的处罚以及事故之后保险公司不予理赔外，因为醉驾入刑犯罪记录伴随终生，当事人将被单位辞退且无补偿，参军、入党、出国、移民受限制，子女考公务员、上警校、入党等政审将受影响，征信记录上将存有永久的污点。张先生"酒驾入信"体现了《关于加强道路交通安全工作的意见》的相关指导思想，张先生也为此付出了应有的代价。

从1949年开始，美国研究人员就注意到一个人的驾驶行为与其信贷信用历史存在关联关系。一项研究表明，信用历史不良的司机所发生的重复事故率是信用历史良好者的6倍。1968年美国华盛顿州的研究显示，从未发生过驾驶事故的人群中，三分之二是信用历史良好者，而在发生过两次以上驾驶事故的人群中，35%是信用历史不良者，只有3%是信用历史良好者。

(三) 个人征信与逾期欠费

案例3：小范的儿子在2017年中考考试中进入外语中学的分校。外语中学分校在全市中学排名中位居前五，属于高收费学校，每年收取8 000元的择校费。小范去银行为儿子缴费时，被告知自己是被限制人员，因为小范长期拖欠物业公司的水电费及物业管理费，被物业公司诉讼后仍不清缴水电费及物业管理费，被列入老赖名单进入征信系统了。小范再也不敢轻视物业缴费，赶紧清偿了所有欠费。

近年来，由于种种原因经常发生业主拖欠水电费、燃气费以及物业管理费等问题，有些小区智能化水平比较高的，水电燃气实行的是一户一表，收费管理相对较好，而大部分的住宅区经常会发生费用拖欠问题，致使水电燃气部门以及物业管理公司经营困难。为加强收费管理，不少地方出台了相关的管理条例，对逾期不缴纳相关费用纳入个人征信系统。小范长期拖欠物业公司的水电费及物业管理费，并对物业公司的诉讼置若罔闻，因此被记入失信名单并被限制子女不得就读高收费私立学校。

【思考练习】

1. 征信的应用给信用交易带来了怎样的变化?
2. 企业的资信评级对于企业有何意义?
3. 信用卡消费交易对个人征信有什么影响?
4. 纳入个人征信的信息有哪些?应不应该由法律界定?

第六章

信用风险管理

【学习目标】
- 信用与信用风险内涵、信用风险的分类与特点
- 信用风险度量的主要参数及主要的方法
- 信用评级的含义、分类、评级程序、评级体系和评级报告
- 信用风险的监测、预警、控制、分散、转移、对冲和抵补策略

第一节 信用与信用风险

一、信用

所谓信用（Credit），是指依附在人之间、单位之间和商品交易之间形成的一种相互信任的生产关系和社会关系。信用一词，一般而言，包含3层含义。

其一，信用作为一种基本道德准则，是指人们在日常交往中应当诚实无欺、遵守诺言的行为准则。"无信不立"是我国传统道德的核心，一个人失去信用就意味着与之交往的相对人将面临不可预测的道德风险。

其二，信用作为经济活动的基本要求，是指一种建立在授信人对受信人偿付承诺的信任的基础上，使后者无须付现金即可获取商品、服务或货币的能力。由于现代市场经济中的大部分交易都是以信用为中介的交易，因此，信用是现代市场交易的一个必须具备的要素。

其三，信用作为一种法律制度，即依法可以实现的利益期待，当事人违反诚信义务的，应当承担相应的法律责任。在现实生活中，合同债权、担保、保险、票据等均以信用为基础，同时，诚信也是民商事活动的基本原则。从市场经济角度看，信用是市场经济的生命和灵魂，西方人将诚信看作"最好的竞争手段"。从这个意义上讲，市场经济就是信用经济，诚信为本是市场经济基本准则。

二、信用风险

信用风险来源于贷款的借贷方、债券发行人及衍生产品的交易对手的违约可能性。

所谓信用风险（Credit Risk），是指债务人或交易对手未能履行合同规定的义务或信用质量发生变化，影响金融产品价值，从而给债权人或金融产品持有人造成经济损失的风险。

这一定义包含两层含义：一是债务人未能如期偿还债务而给债权人造成的违约风险；二是债务人或交易对手信用质量下降（如信用评级下调）造成与之相关的资产价格发生不利变动的风险。我们可以把第一层含义理解为狭义信用风险，它属于单侧风险，属于传统意义上的信用风险范畴；而第二层含义则为广义的信用风险，它属于双侧风险。

三、信用风险的分类

（一）按来源分

从信用风险的来源看，可以分为表内信用风险和表外信用风险。信用风险既存在于传统的贷款、债券投资等表内业务中，又存在于信用担保、贷款承诺及衍生产品交易等表外业务中。信用风险对基础金融产品和衍生产品影响不同，对基础金融产品（如债券、贷款）而言，信用风险造成的损失最多是债务的全部账面价值；而对于衍生产品而言，对手违约造成的损失虽然小于衍生产品的名义价值，但由于衍生产品的名义价值通常十分巨大，因此潜在的风险损失不容忽视。

（二）按性质分

按性质分，可以分为违约风险、交易对手信用风险、信用评级风险。

1. 违约风险

违约风险是指债务人未能如期偿还债务而给债权人造成的风险，如信贷违约风险，或者有价证券发行人在证券到期时无法还本付息的风险。

2. 交易对手信用风险

巴塞尔委员会将交易对手信用风险定义为，在交易最终结算前，因交易对手违约而造成经济损失的风险。即当交易对手违约时，若交易合同的经济价值为正，则给己方带来经济损失。交易对手信用风险主要来源于衍生品交易和证券融资交易。前者包括利率掉期、外汇远期、外汇掉期、交叉货币利率掉期、信用违约掉期（CDS）等；后者包括回购、逆回购及证券借贷等。交易对手信用风险具有两个方面的特性：一是动态的风险敞口。传统信贷风险在交易初期就已经确定了风险暴露的大小，其风险敞口是静态的；对于交易对手信用风险，由于合约的经济价值取决于未来现金流的净值，可为正，可为负，具有极高不确定性，因此在违约时点上，交易对手的实际风险暴露存在不确定性，其风险敞口是动态变化的。二是风险敞口是双向的。对于传统信贷业务，由资金借出方一方承担风险，而对于衍生产品和证券融资业务，风险是双向的。合约价值为正时，交易对手可能违约，己方存在交易对手风险；当合约价值为负时，己方可能违约，交易对手承担违约风险，因此风险敞口是双向的。

3. 信用评级风险

信用评级风险是指债务人的信用评级面临调降的风险。

（三）按形式分

从信用形式看，可分为商业信用风险、银行信用风险、国家信用风险、消费信用风险、信托信用风险、民间信用风险、保险信用风险以及一些其他形式的信用风险。

（四）按主体分

从信用主体来看，信用可以分为公共（政府）信用风险、企业（包括工商企业和银行）信用风险和消费者个人信用风险。

四、信用风险的特点

（一）具有明显的非系统性风险特点

尽管债务人的还款能力会受到宏观经济因素（如经济周期、行业形势等）影响，但大多数情形信用风险由个体因素所决定，可以通过多样化投资来分散，具有较明显的非系统性特点。

（二）信用数据可获得性差，信用风险测量难度大

信用数据透明度差，获取难度大。由于交易双方信息不对称问题突出，信用数据往往又涉及大量的财务或隐私等关键信息，加之信贷周期长，想要及时获取债务方或者交易对手在整个持有期内信用质量变化的信息是非常困难的。与市场风险相比，信用资产价格发现能力弱，测量难度大。由于贷款等信用产品的流动性差且缺乏公开的二级交易市场，形成信用资产的市场价格要及时捕捉信用变化比较困难，信用风险的计量很大程度上依赖于内部信用评级，而又受限于信用数据的积累。

（三）信用风险概率分布的有偏性

有偏性是和对称的正态分布相比较而言的，信用风险的分布形态具有非对称的左偏特性，即左尾的损失分布长而薄，右尾的收益分布短而厚。一方面，在贷款合约期内，债权人回收贷款并获取约定利息收入的可能性较大；另一方面，贷款一旦违约，面临的损失将远超出其获取的收益。因此小概率的大额损失和大概率的小额收益形成上述的左偏特性。此外，信用风险的概率分布除左偏特性外，还具有厚尾特性，即尾部事件的发生概率要高于正态分布，这表明大额信用损失事件的发生概率比正态分布假定要高。

第二节 信用风险度量

信用评级的核心是对信用风险的度量。信用风险度量的参数和模型众多。

一、信用风险度量的基本参数

（一）信用等级

信用等级是评级机构（内部或外部）对不同信用质量被评级对象（贷款的借贷方、债券发行人、衍生产品的交易对手等）信用风险的评价。被评级对象所获得的信用等级越高，其信用风险越小；获得的信用等级越低，信用风险越大。

（二）信用得分

信用得分是评级机构（内部或外部）采用打分方式对被评级对象（主要指个人消费者或小微企业）的信用风险予以评估，并以分值方式反映被评对象信用状况。被评级对象所获得的信用评分越高，表明其信用状况越好，信用风险越低；被评级对象所获得的信用评分越低，表明信用状况越差，信用风险越高。

（三）违约概率

违约概率（Probability of Default，PD）指债务人或交易对手在未来一段时期内发生违约的可能性。

巴塞尔委员会关于违约事件的认定标准包括：已经判明债务人不准备全部履行其债务义务（本金、利息或手续）；与债务人的任何义务有关的信用损失，比如债务注销、提取了特定准备金、债务重组，包括本金、利息和手续费的减免或延期支付；债务人未能履行某些信用义务，逾期超过 90 天；债务人已经申请破产或向债权人申请保护。

2012 年，银监会发布的《商业银行资本管理办法（试行）》的附件 5《信用风险内部评级体系监管要求》中关于违约事件的认定标准规定，银行信贷关系中债务人出现以下任何一种情况应被视为违约：一是债务人对银行集团的实质性信贷债务逾期 90 天以上。若债务人违反了规定的透支限额或者重新核定的透支限额小于目前的余额，各项透支将被视为逾期。二是商业银行认定，除非采取变现抵质押品等追索措施，债务人可能无法全额偿还对银行集团的债务。出现以下任何一种情况，商业银行应将债务人认定为"可能无法全额偿还商业银行债务"：第一，商业银行对债务人任何一笔贷款停止计息或应计利息纳入表外核算；第二，发生信贷关系后，由于债务人财务状况恶化，商业银行核销了贷款或已计提一定比例的贷款损失准备；第三，商业银行将贷款出售并承担一定比例的账面损失；第四，由于债务人财务状况恶化，商业银行同意进行消极重组，对借款合同条款做出非商业性调整，具体包括但不限于以下情况：一是合同条款变更导致债务规模下降，二是因债务人无力偿还而借新还旧，三是债务人无力偿还而导致的展期；第五，商业银行将债务人列为破产企业或类似状态；第六，债务人申请破产，或者已经破产，或者处于类似保护状态，由此将不履行或延期履行偿付商业银行债务；第七，商业银行认定的其他可能导致债务人不能全额偿还债务的情况。

违约概率常用历史违约数据来估计。

（四）违约损失率

违约损失率（Loss Given Default，LGD）是指违约后损失的金额占违约风险暴露的比例，或者也可以用 1 减回收率得到，即

$$违约损失率(LGD) = \frac{违约损失}{违约风险暴露(EAD)} = 1 - 回收率(RR)$$

其中，违约风险暴露（Exposure at Default，EAD）指可能发生违约风险的债务规模或敞口大小。回收率（Recovery Rate，RR）指债务违约后可回收的金额占违约风险

暴露的比例。

（五）信用等级转移概率

信用等级随着时间的推移而发生变化。信用等级的变化可以用信用等级转移概率来衡量。信用等级转移概率是指在获得某一初始信用等级的债项（或债务人），在一段时期后评级发生变动的概率。确定信用等级转移概率最重要的是确定初始信用等级和期限，一般通过编制不同期限的信用等级转移矩阵来刻画，并用历史违约事件来估算。

（六）信用价差

信用价差是指为了补偿违约风险，债权人向债务人索取的高于无风险利率部分的利差。一般无风险利率以同期的国债到期收益率作为参照对象。举例来说，市场的基准利率（无风险利率）为5%，某企业发行的债券利率为8%，则信用价差为3%。如果市场利率下降到3%，则该企业的信用价差增加到5%。之所以会产生信用价差，这是因为持有该企业债券的违约风险较高，债权人由于承担了高于市场的额外风险，从而向债务人索取的额外回报作为补偿。因此，信用价差越大，实际上也就表明该企业违约风险越高。

（七）预期信用损失

预期信用损失（Expected Credit Losses，ECL）是信用损失的期望值。在已知各债务违约概率、违约损失率和违约风险暴露的基础上，构建基于债务组合的信用损失概率分布，并通过对信用损失的概率加权求总得出 ECL。

（八）信用风险价值

信用风险价值（Credit Value at Risk，CVaR），是指在一定置信水平下，持有某一信用资产或信用资产组合在一定时期内的最大信用损失。CVaR 实际上是一个分位数，在原理上和市场风险价值并无本质差别，是风险价值方法在信用风险度量中的一种应用。

二、适用于单个信用事件的风险度量方法

（一）基本思路

适用于单个信用事件的风险度量方法最大的特点在于其衡量的对象是某一特定的个体（个人、企业、主权国家、交易对手）或事项（某笔贷款、某一债券）的信用风险，而非信用组合的风险。由于这类方法更多应用于信用评级（或信用评分），且评价结果的最终表现形式为信用等级或信用得分，因此，也称为信用评级（或信用评分）方法。

从现有评价模型的使用来看，该信用评级方法种类非常繁多，包括专家定性评价法、打分卡模型、概率统计模型（如判别分析模型、Logit 模型、Probit 模型）、非参数模型（线性规划模型、神经网络模型、决策树模型）等。

这类方法的评价思路为：首先将受评对象划分为若干信用维度，并从各个维度中提炼核心的信用要素；其次选择合适的评级模型并测算相关的信用风险参数；最后转换为信用等级或信用得分。

(二）典型方法

1. 要素评价法

要素评价法的思路是将信用评价集中在少数几个关键的信用要素上，然后采用定性、定量或半定量的方法，对这些关键要素进行逐项评分（或评级），最后再将各项要素的评分（或评级）进行综合，得出最终信用分（或等级）。由于信用要素甄选上的差异，形成了多种要素评价体系，常见的有5C法、5P法、5W法、4F法、CAMPARI法、LAPP法、CAMEL骆驼评估体系等（见表6–1）。要素评价法的特点是将影响主体信用的因素聚焦在少数几个关键要素，而不是全部要素上，且对各要素以及评价结果的评判上，更多依赖于评价人员的主观经验判断，即专家定性评价，因此评价结果受评价人员的影响较大。

表6–1　　　　　　　　　　不同要素评价法对信用要素的甄选

要素评价法	信用要素
5C法	借款人品德（Character）、经营能力（Capacity）、资本（Capital）、资产抵押（Collateral）、经济环境（Condition）
5P法	个人因素（Personal Factor）、资金用途因素（Purpose Factor）、还款财源因素（Payment Factor）、债权保障因素（Protection Factor）、企业前景因素（Perspective Factor）
5W法	借款人（Who）、借款用途（Why）、还款期限（When）、担保物（What）及如何还款（How）
4F法	组织要素（Organization Factor）、经济要素（Economic Factor）、财务要素（Financial Factor）、管理要素（Management Factor）
CAMPARI法	品德，即偿债记录（Character）、借款人偿债能力（Ability）、企业从借款投资中获得的利润（Margin）、借款的目的（Purpose）、借款金额（Amount）、偿还方式（Repayment）、贷款抵押（Insurance）
LAPP法	流动性（Liquidity）、活动性（Activity）、盈利性（Profitability）和潜力（Potentialities）
CAMEL骆驼评估体系	资本充足率（Capital Adequacy）、资产质量（Asset Quality）、管理水平（Management）、收益状况（Earnings）、流动性（Liquidity）

2. 财务要素评价法

财务要素评价法将信用评价结果聚焦在可量化的少量财务要素上，其首先需要筛选出与企业信用息息相关的核心财务比率指标，然后建立与上述财务比率指标相关的多元统计模型，并以此预测违约风险。这里的统计模型包括Probit模型、Logit模型、判别分析模型等。财务比率法最大的特点在于其评价结果完全依赖于财务指标，而且全部采用量化方法，因此评价人员的主观因素对评价结果的影响非常小。这类方法中最有名的当属爱德华·阿特曼（Edward Altman）在1968年提出的Z值模型。

爱德华·阿特曼最先提出以公司的财务指标比率来预测违约率，1968年他开发出著名的Z得分模型（Z–score model），阿特曼采用了统计学中的判别分析法并从企业的5个财务比率入手来预测违约率。

$$Z = 1.2X_1 + 1.4X_2 + 3.3X_3 + 0.6X_4 + 0.999X_5$$

上述公式来源于对66家制造业上市公司进行的采样。式中，X_1 为流动资金/总资产、X_2 为留存收益/总资产、X_3 为息税前利润/总资产、X_4 为股票市值/负债账面总值、X_5 为销售收入/总资产。如果一家公司的 Z 得分大于3.0，这家公司违约的可能性不大；当一家公司的 Z 得分为2.7~3.0，这家公司的信用处于警戒状态；如果一家公司的 Z 得分为1.8~2.7，这家公司有一定的违约的可能；当 Z 得分小于1.8 时，这家公司违约的可能性很大。

三、适用于组合信用风险的度量方法

（一）信用计量模型

1997年4月由 J.P. 摩根银行提出的信用计量（CreditMetrics）模型，是第一个用于度量组合信用风险的模型。它基于 VaR 的计算框架，特别适用于贷款、私募债券等这样的非交易性信用资产的估值与风险计算。其根据信用等级转移、债务人信用质量以及违约事件来确定信用资产的市场价值并基于信用资产价值来计算 VaR，所以该模型也称为基于信用等级转移的盯市模型。

（二）Credit Monitor 模型

KMV 公司1997年创建的 Credit Monitor 模型，其建模思想来源于默顿（Merton）于1970年提出的期权定价理论，是默顿模型在信用风险上的应用。该模型适用于上市公司，通过观测公司股市价值来推测公司资产价值以及资产收益的波动性等，并据此估计公司的违约概率。其计算违约概率分为3个步骤：第一，估计公司资产价值和资产收益率波动性；第二，计算违约距离；第三，利用违约距离推算预期违约率。

（三）信用组合观点模型

信用组合观点（Credit Portfolio View）模型是由麦肯锡（Mckinsey）在1998年开发的一个多因子模型，可以用于模拟既定宏观因素取值下各个信用等级对象之间联合条件违约分布和信用转移概率。该模型将观测到的违约概率和信用潜移概率与宏观经济因素联系起来，可以视作信用计量模型的补充，其最大的不同在于使用条件信用等级转移矩阵来替代无条件信用等级转移矩阵。该模型主要适用于投机级债务人，而不太适合于投资级债务人。因为投资级债务人的违约率相对稳定，而投机级债务人的违约率会受周期性宏观经济因素的影响而剧烈变动，所以要根据宏观经济状况适时调整违约概率及其对应的信用等级转移矩阵。

（四）CreditRisk + 模型

CreditRisk + 受财产保险精算思想和方法的启发，由瑞士信贷集团于1997年10月提出。该方法只考虑违约或不违约两种状态（违约损失率为1），分别构建基于违约事件数和违约风险暴露的损失分布，通过卷积等方式将上述两类分布聚合成总损失的分布，并以此估计预期信用损失或信用风险价值等。因此 CreditRisk + 是一种违约模型而非盯市模型。

（五）死亡率模型

1980年，阿特曼和其他学者运用寿险精算的思想，以贷款和债券组合及其在历史上的违约记录为基础，计算在未来一定持有期内不同信用等级的客户/债项的违约概率（即死亡率），通过估计边际死亡率或累积死亡率，再将其与违约损失率结合，推算预期信用损失。

第三节 信用风险管理

一、信用风险监测

（一）信用风险监测的含义

信用风险监测是指风险管理人员通过各种监控技术，动态捕捉信用风险指标的异常变动，判断其是否已达到引起关注的水平或已经超过阈值。如果已经达到关注水平或超过阈值，就应当及时调整授信政策、优化资产组合结构、利用资产证券化等分散或转移信用风险，将风险损失降到最低。

（二）信用风险监测的分类

根据监测对象的不同，信用风险监测可以分为单一客户风险监测和组合风险监测。

1. 单一客户风险监测

单一客户的风险监测方法包括一整套贷后管理的程序和标准，并借助客户信用评级、贷款分类等方法。商业银行监测信用风险的传统做法是建立单个债务人授信情况的监测体系，监控债务人或交易对手各项合同的执行，界定和识别有问题贷款，决定所提取的准备金和储备是否充分。

客户风险的内生变量包括基本面指标（品质类指标、实力类指标、环境类指标）和财务指标（偿债能力指标、盈利能力指标、营运能力指标、增长能力指标）。从客户风险的内生变量来看，借款人的生产经营活动不是孤立的，而是与其主要股东、上下游客户、市场竞争者等"风险域"企业持续交互影响的。这些相关群体的变化，均可能对借款人的生产经营和信用状况造成影响。因此，对单一客户风险的监测，需要从个体延伸到"风险域"企业。

客户信用风险监测的结果应当在信贷资产风险分类时有所体现。信贷资产风险分类是商业银行信贷分析和管理人员，综合能够获得的全部信息并运用最佳判断，对信贷资产的质量和客户风险程度进行持续监测和客观评价，目的在于掌握信贷资产质量状况，以便对不同类型的资产分门别类地采取措施和相应的处置手段，提高贷后管理与风险控制水平。

2. 组合风险监测

组合层面的风险监测把多种信贷资产作为投资组合进行整体监测。商业银行组合风险监测主要有两种方法。

第一，传统的组合监测方法。传统的组合监测方法主要是对信贷资产组合的授信集中度和结构进行分析监测。授信集中是指相对于商业银行资本金、总资产或总体风险水平而言，存在较大潜在风险的授信。结构分析包括行业、客户、产品、区域等的资产质量、收益（利润贡献度）等维度。商业银行可以依据风险管理专家的判断，给予各项指标一定权重，得出对单个资产组合风险判断的综合指标或指数。

第二，资产组合模型。商业银行在计量每个暴露的信用风险，即估计每个暴露的未来价值概率分布的基础上，就能够计量组合整体的未来价值概率分布。通常有两种方法：一是估计各暴露之间的相关性，从而得到整体价值的概率分布。当然，估计大量个体暴露之间的相关性非常困难，一般把暴露归成若干类别，假设每一类别内的个体暴露完全相关。在得到各个类别未来价值的概率分布后，再估计风险类别之间的相关性，从而得到整体的未来价值概率分布。二是不处理各暴露之间的相关性，而把投资组合看成一个整体，直接估计该组合资产的未来价值概率分布。组合监测能够体现多样化投资产生的风险分散效果，防止国别、行业、区域、产品等维度的风险集中度过高，实现资源的最优化配置。

（三）风险监测主要指标

风险监测指标体系通常包括潜在指标和显现指标两大类，前者主要用于对潜在因素或征兆信息的定量分析，后者则用于显现因素或现状信息的量化。在信用风险管理领域，重要的风险监测指标有不良贷款率、关注类贷款占比、逾期贷款率、贷款风险迁徙率、不良贷款拨备覆盖率、贷款拨备率、贷款损失准备充足率、单一（集团）客户授信集中度、关联授信比例等。

二、信用风险预警

（一）信用风险预警的含义

风险预警是指根据各种渠道获得的信息，通过一定的技术手段，对信用风险状况进行动态监测和早期预警，实现对风险"防患于未然"的一种"防错纠错机制"。

（二）信用风险预警的分类

1. 根据预警的内容划分

根据预警的内容划分，大致可以划分为以下三种。

（1）适应监管底线的风险预警管理。通常会根据不同的监管底线要求，制定和实施不同的预警管理机制。例如，资本充足率预警管理、存贷比监管预警管理、信贷不良资产及不良资产占比预警管理、产品风险监测预警、拨备覆盖比预警管理、集中度风险预警管理、重大风险事件预警管理等。

（2）适应内部信用风险执行效果的预警管理。例如，除了监管底线的风险预警指标外，本行管理需要的风险预警管理，如主要风险暴露预警管理、重点客户预警管理、行业风险预警管理、产品组合风险预警管理、机构风险预警管理等。

（3）适应有关客户信用风险监测的预警管理。这指的是为了对信贷客户进行日常信用风险监测而进行的预警管理。例如，存量客户管理层的重大变动、现金流监控、重大财务变动、产品技术风险、行业和市场风险等。

2. 根据预警的范围划分

根据预警的范围划分,大致可以分为中观层面上的行业风险预警和区域风险预警,以及微观层面上的客户风险预警。

(1) 行业风险预警包括对行业环境风险因素(如经济周期、财政政策和货币政策、国家产业政策、法律法规)、行业经营因素(如市场供求、产业成熟度、行业垄断程度、产业依赖度、产品替代性、行业竞争主体的经营状况、行业整体财务状况)、行业财务风险因素(如行业盈利能力、行业资本增值能力和资金营运能力)、行业重大突发事件等的风险预警。

(2) 区域风险预警包括区域政策法规发生重大变化(如国家政策法规、地方政府政策措施变化给当地带来不利或有利影响)、区域经营环境恶化(如区域经济整体下滑)、区域商业银行分支机构出现问题(区域资产质量明显下降)。

(3) 企业风险预警包括客户的财务风险预警(如现金流状况恶化、应收账款比率急剧增加、流动负债或长期负债异常增加等)和非财务风险预警(公司高管异常、关键人员人事变动等)。

三、信用风险控制

(一) 流程控制

信贷业务流程包括授信权限管理、贷款定价、信贷审批、贷后管理等。

1. 授信权限管理

授信权限管理包括:给予每一交易对方的信用必须得到一定权力层次的批准;集团内所有机构在进行信用决策时应遵循一致的标准;债项的每一个重要改变(如主要条款、抵押结构及主要合同)应得到一定权力层次的批准;交易对方信用限额的确定和对单一信用风险暴露的管理应符合组合的统一指导及信用政策,每一决策都应建立在风险—收益分析基础之上;根据审批人的资历、经验和岗位培训,将信用授权分配给审批人并定期进行考核。

2. 贷款定价

贷款定价是商业银行制定的关于向客户发放贷款的价格条件。其内容包括:(1) 贷款利率。由银行的贷出资金成本(即可用资金成本)、发放或提供贷款的费用、补偿贷款信用风险而收取可能发生的亏损成本和银行目标利润等四项构成。(2) 承诺费。指银行对已经答应提供但实际并没有使用的那部分贷款而收取的补偿费用及创始费用。(3) 补偿余额,又称贷款回收。银行要求借款人按贷款金额的一定比例以活期存款或低利率定期存款回存银行,形成变相提高的贷款利率。(4) 隐含价格。指由银行通过变更借款条件使借款人增加实际成本、降低银行贷款风险形成的贷款定价中的非货币性内容。此外,商业银行还应考虑到借款人的信用状况、借款人与银行的业务关系、借款人的盈利能力等因素,因人制宜地确定不同的贷款价格。

3. 信贷审批

信贷审批是在贷前调查和分析基础上,由获得授权的审批人在规定的限额内,结合交易对方或贷款申请人的风险评级，对其信用风险暴露进行详细的评估之后作出信贷决策的过程。

4. 贷后管理

贷后管理是指从贷款发放或其他信贷业务发生之日起到贷款本息收回或信用结束之时信贷管理行为的总称，是信贷全过程管理的重要阶段。贷后管理的主要内容包括：贷后审核、信贷资金监控、贷后检查、担保管理、风险分类、到期管理、考核与激励及信贷档案管理等。

（二）限额管理

限额管理对控制商业银行业务活动的风险非常重要，目的是确保所发生的风险总能被事先设定的风险资本加以覆盖。在商业银行的风险管理实践中，限额管理包含两个层面的主要内容。

1. 银行管理的层面

从银行管理的层面，限额的制定过程体现了商业银行董事会对损失的容忍程度，反映了商业银行在信用风险管理上的政策要求和风险资本抵御以及消化损失的能力。商业银行消化信用风险损失的方法是提取损失准备金或冲减利润，在准备金不足以消化损失的情况下，商业银行只有使用资本来弥补损失。如果商业银行的资本不足以弥补损失，则将导致银行破产倒闭。因此，商业银行必须就资本所能抵御和消化损失的能力加以判断和量化，利用经济资本限额来制约信贷业务的规模，将信用风险控制在合理水平。

2. 信贷业务的层面

从信贷业务的层面，商业银行分散信用风险、降低信贷集中度的通常做法就是对客户、行业、区域和资产组合实行授信限额管理。具体到每一个客户，授信限额是商业银行在客户的债务承受能力和银行自身的损失承受能力范围内所愿意并允许提供的最高授信额。只有当客户给商业银行带来的预期收益于预期的损失时，商业银行才有可能接受客户的申请，向客户提供授信。

（三）信用风险抵补

银行通过抵押担保或质押担保的方式进行信用风险抵补。

1. 抵押担保

抵押是指债务人或第三人在不转移其财产占有的情况下，将该财产作为债权担保的物权制度。债务人不履行债务时，债权人有权以该财产折价或以拍卖、变卖该财产的价款得到优先受偿。

2. 质押担保

质押是债务人或第三人向债权人转移某项财产的占有权，并由后者掌握该项财产，以作为前者履行某种支付金钱或履约责任的担保。

质押和抵押的根本区别在于是否转移担保财产的占有。抵押不转移对抵押物的占管形态，仍由抵押人负责抵押物的保管；质押改变了质押物的占管形态，由质押权人负责对质押物进行保管。债权人对抵押物不具有直接处置权，需要与抵押人协商或通过起诉由法院判决后完成抵押物的处置；对质押物的处置不需要经过协商或法院判决，超过合同规定的时间债权人就可以处置。

商业银行合格抵（质）押品包括金融质押品、实物抵押品（应收账款、商用房地产和居住用房地产）以及其他抵（质）押品。

（四）不良资产处置

1. 清收处置

不良贷款清收，是指不良贷款本息以货币资金净收回。不良贷款清收管理包括不良贷款的清收、盘活、保全和以资抵债。

按照是否采用法律手段，清收可以分为常规催收、依法收贷等。按照对于债务人资产等处置的方式，处置可以为处置抵押质押物、以物抵债及抵债资产处置、破产清算等。

2. 贷款重组或债务重组

贷款重组是当债务人因种种原因无法按原有合同履约时，商业银行为了降低客户违约风险引致的损失，而对原有贷款结构（期限、金额、利率、费用、担保等）进行调整、重新安排、重新组织的过程。

3. 贷款核销

核销是指对无法回收的、认定为损失的贷款进行减值准备核销。核销是银行内部账务处理过程，银行继续保留对贷款的追索权。

四、信用风险的分散与转移

（一）信用风险分散

1. 集中度风险

风险分散是银行经营和管理的最基本策略。但在实践中，由于一些业务的集中可带来诱人的短期效益，银行容易忽略这种集中可能带来的风险。集中度风险是指银行对源于同一风险或相关风险的风险敞口过大，如同一业务领域（市场环境、行业、区域、国家等）、同一客户（借款人、存款人、交易对手、担保人、债券等融资产品发行体等）、同一产品（融资来源、币种、期限、避险或缓险工具等）的风险敞口过大，可能造成巨大损失，甚至直接威胁到银行的信贷、持续经营的能力乃至生存。集中度风险的情形有：交易对手或借款人集中风险、地区集中风险、行业集中风险、信用风险缓释工具集中风险、资产集中风险、表外项目集中风险和其他集中风险。

集中度风险从总体上讲与银行的风险偏好密切相关，属于战略层面的风险，它既是一种潜在的、一旦爆发损失巨大的风险，又是一种派生性风险，通常依附于其他风险之中。当前我国银行类机构经营战略、信贷重点投放的行业或领域、信贷产品、表外业务等同质化问题十分突出，风险集中度也很相同，一旦集中度风险暴露，那么整个银行业就会遭受较大的损失，甚至引发金融风波。

2. 集中度风险管理

实践中，集中度风险管理的最佳方式是限额管理。在限额设定上，商业银行不仅要考虑表内的风险集中度，还要考虑表外业务的风险集中度；不仅要考虑客户本身的信贷风险集中度，还应把与其关联密切的上下游客户的风险包括进来，形成一个完整的最高综合授信限额。同时要严格按限额执行，银行所有并表的附属机构都要按设定的限额执行，再好的客户也必须严格按既定的、统一的限额执行。

（二）信用风险转移

1. 保证担保

担保方式分为保证、抵押、质押、留置和定金五种。其中，保证担保是指保证人和债权人约定，当债务人不履行债务时，由保证人按照约定履行主合同的义务或者承担责任的行为。涉及保证合同的法律主体是债权人、债务人和保证人。

由于保证担保指债务人以外的第三人为债务人履行债务而向债权人所做的一种担保，因此保证被称为人的担保。而抵押担保和质押担保是指担保人以一定财产提供的担保，因此是属于物的担保。保证担保属于信用风险转移手段，而质押担保和抵押担保则属于信用风险的抵补手段。

2. 信用保证保险

信用保证保险是以信用风险为保险标的保险，它实际上是由保险人（保证人）为信用关系中的义务人（被保证人）提供信用担保的一类保险业务。在业务习惯上，因投保人在信用关系中的身份不同，信用保证保险分为信用保险和保证保险两类。尽管两者都以信用关系中的信用风险为标的，但由于信用保险与保证保险的具体投保人在信用关系中的身份以及两者所涉业务领域的不同，信用保险与保证保险在产品定义、产品类型、风险程度等方面都有着不小的区别。例如，信用保险是指权利人作为投保人向保险人投保，保证保险则是指义务人作为投保人向保险人投保。此外，在信用保险中，被保险人缴纳保险费是为了把因义务人不履行义务而使自己受到损失的风险转嫁给保险人，保险人承担着实实在在的风险；在保证保险中，义务人缴纳的保险费是为了获得向权利人履行义务的凭证，保险人出立保证书，履行的义务还是由义务人自己承担，风险并没有转移，在义务人没有能力承担的情况下，才由保险人代为履行义务。所以，信用保险相对保证保险来说承担的风险较大。

3. 信贷资产证券化

商业银行通过资产证券化的真实出售和破产隔离保护功能，可以将风险转移出表，并缓解商业银行的流动性压力，提高银行的资本充足率，改善银行的收入结构，增强盈利能力。目前我国的资产证券化业务有三种实现形式，中国人民银行和银保监会主管的信贷资产支持证券、证监会主管的企业资产支持证券以及中国银行间市场交易商协会主管的资产支持票据。

4. 不良贷款转让

不良贷款转让指银行将不良贷款进行重组，通过协议转让、招标、拍卖等形式，将不良贷款及全部相关权利义务转让给资产管理公司的行为。

5. 不良资产证券化

不良贷款证券化能够拓宽商业银行处置不良贷款的渠道，加快不良贷款处置速度，有利于提高商业银行资产质量；同时，能够更好地发行不良贷款，有利于提高商业银行对于不良贷款的回收率水平。2005年我国进行资产证券化首次试点以来，国内四大资产管理公司（中国东方资产管理公司、中国长城资产管理公司、中国华融资产管理公司、中国信达资产管理公司）曾尝试试行不良资产的证券化，但并不成功。2016年4月19日，中国银行间市场交易商协会发布《不良资产支持证券信息披露指引（试行）》，拉开了不良资产证券化的序幕。2015年5月26日中国银行"中誉2016年第一期不良资产支持证券"、招商银行"和萃2016第一期不良资产支持证券"在银行间市场成功簿记发行，发行规模分别为3.01亿元和2.33亿元，这是国内信贷资产支持证券化业务重启试点以来首次发行公司不良贷款资产支持证券。

五、信用风险对冲管理

（一）信用衍生工具的价值

信用衍生产品最早出现于1992年的美国纽约互换市场。信用衍生工具是一种金融合约，提供与信用有关的损失保险。对于债券发行者、投资者和银行来说，信用衍生工具是贷款出售及资产证券化之后的新的管理信用风险的工具，可以用来分离和转移信用风险，具有分散信用风险、增强资产流动性、提高资本回报率、扩大金融市场规模与提高金融市场效率等五个方面的功效。

（二）信用衍生工具的类型

比较有代表性的信用衍生产品主要有信用违约互换、总收益互换、信用联系票据和信用利差期权等四种。

1. 信用违约互换

信用违约互换（Credit default swap），也称信用违约掉期，是将参照资产的信用风险从信用保障买方转移给信用卖方的交易。信用保障的买方向愿意承担风险保护的保障卖方在合同期限内支付一笔固定的费用；信用保障卖方在接受费用的同时，则承诺在合同期限内，当对应信用违约时，向信用保障的买方赔付违约的损失。对应参照资产的信用可是某一信用，也可是一篮子信用。如果一篮子信用中出现任何一笔违约，信用保障的卖方都必须向对方赔偿损失。

2. 总收益互换

总收益互换（Total return swap）是指信用保障的买方在协议期间将参照资产的总收益转移给信用保障的卖方，总收益可以包括本金、利息、预付费用以及因资产价格的有利变化带来的资本利得；作为交换，保障买方则承诺向对方交付协议资产增值的特定比例，通常是LIBOR加一个差额，以及因资产价格不利变化带来的资本亏损。

3. 信用联系票据

信用联系票据（Credit-linked note）是普通的固定收益证券与信用违约互换相结合的信用衍生产品。在信用联系票据的标准合约下，保障买方或由保障买方设立的特定目的机构根据参照资产发行票据。保障卖方先行以现金支付取得票据，交换来自有关票据的固定复利率或浮动利率的利息收入流程。假如发生信用违约事件，即根据双方协议的信用事故赔偿额赎回票据；如不发生信用事故，票据在合约期满时才赎回。

4. 信用利差期权

信用利差期权（Credit spread option）假定市场利率变动时，信用敏感性债券与无信用风险债券（如国库券等）的收益率是同向变动的，信用敏感性债券与无信用风险债券之间的任何利差变动必定是对信用敏感债券信用风险预期变化的结果。信用保障的买方，即信用利差期权购买者，可以通过购买利差期权来防范信用敏感性债券由于信用等级下降而造成的损失。

六、信用风险自留管理

（一）拨备管理

拨备是对银行贷款损失减值准备的俗称。贷款损失准备是银行用于抵御贷款风险的准备金，包括一般准备、专项准备和特种准备。我国商业银行按照贷款损失余额计提的贷款呆账准备金就相当于一般准备；银行在贷款分类的基础上，按照有关规定及时足额计提专项准备；银行还应针对贷款组合中的特定风险计提特别准备。在贷款损失准备监管方面，银行建立了贷款拨备率和拨备覆盖率监管制度以及动态贷款损失准备制度。

（二）信用资本

银行是经营风险的特殊机构。通过拨备管理，银行在一定程度上实现了对预期损失风险的覆盖。但有时仍然会发生一些超出预期的巨额损失事件，仅仅依靠计提风险准备金，还不足以保证银行的稳健运行，这就必须通过银行自有资本来弥补。

《巴塞尔协议》对商业银行信用风险提出了建立资本充足率监管的具体要求。我国《商业银行资本管理办法（试行）》参照《巴塞尔协议》的相关标准，采用两种信用风险资本计量方法（权重法和内部评级法）来计提信用风险监管资本，并以此约束商业银行的行为，提高经营的稳健性。

【思考练习】

一、单项选择题

1. 按性质分，信用可以分为（　　）。
A. 表内风险和表外风险
B. 违约风险、交易对手信用风险、信用评级风险
C. 商业信用风险、银行信用风险、国家信用风险、消费信用风险等
D. 公共（政府）信用、企业（包括工商企业和银行）信用和消费者个人信用

2. 下面哪一项不是信用风险的特点（　　）。
A. 具有明显的系统性风险特点　　B. 信用数据可获得性差
C. 信用风险概率分布的有偏性　　D. 信用风险测量难度大

3. "违约后损失的金额占违约风险暴露的比例",这一定义指（   ）。
  A. 违约概率   B. 违约损失率   C. 违约风险暴露   D. 回收率

4. 适用于组合信用风险度量的 Credit Monitor 模型（   ）。
  A. 由 J. P. 摩根银行提出   B. 由 KMV 公司创建
  C. 由麦肯锡（Mckinsey）开发   D. 由瑞士信贷集团提出

5. 下面哪种组合信用风险度量模型是基于 VaR 计算框架,适用于贷款、私募债券等非交易性信用资产的估值与风险计算（   ）。
  A. CreditMetrics 模型   B. Credit Monitor 模型
  C. Credit Portfolio View 模型   D. CreditRisk + 模型

6. "风险管理人员通过各种监控技术,动态捕捉信用风险指标的异常变动,判断其是否已达到引起关注的水平或已经超过阈值",这一表述是（   ）。
  A. 信用风险预警   B. 信用风险监测
  C. 信用风险控制   D. 信用评级

7. 根据信用风险预警的内容划分,大致可以划分为以下三类,哪一项除外（   ）。
  A. 适应监管底线的风险预警管理
  B. 适应本行内部信用风险执行效果的预警管理
  C. 适应有关客户信用风险监测的预警管理
  D. 适应行业风险的预警管理

8. 以下哪一项不属于信用风险控制手段（   ）。
  A. 流程控制   B. 集中度管理   C. 信用风险抵补   D. 限额管理

9. 以下哪一项属于信用风险转移手段（   ）。
  A. 抵（质）押担保   B. 不良资产清收处置
  C. 保证担保   D. 拨备管理

10. 以下哪一项不属于信用风险转移手段（   ）。
  A. 抵（质）押担保   B. 不良贷款转让
  C. 保证担保   D. 信用保证保险

11. 以下属于信用风险抵补手段的是（   ）。
  A. 抵（质）押担保   B. 限额管理
  C. 保证担保   D. 不良资产证券化

12. 以下属于常用于信用风险对冲管理的手段是（   ）。
  A. 信用保证保险   B. 信用违约互换
  C. 限额管理   D. 不良资产证券化

13. 以下属于信用风险自留管理手段的是（   ）。
  A. 限额管理   B. 贷款集中度管理
  C. 拨备管理   D. 信贷资产证券化

14. 以下关于保证担保、质押担保和抵押担保,描述错误的是（   ）。

A. 质押担保指债务人以外的第三人为债务人履行债务而向债权人所做的一种担保，因此保证被称为人的担保

B. 抵押担保是指担保人以一定财产提供的担保，因此属于物的担保

C. 保证担保属于信用风险转移手段

D. 质押担保和抵押担保则属于信用风险的抵补手段

二、简答题

1. 信用风险的分类及主要特点。
2. 信用风险度量的主要方法。
3. 信用风险监测和预警的分类。
4. 信用风险管理的主要手段及举例。

第七章

征信业的发展与监管

【学习目标】
- 了解美国、日本、欧盟、中国征信业发展模式及其基本特征
- 了解美国、欧盟、日本征信相关的法律法规与监管模式
- 明确我国征信的法律法规和行业标准
- 了解我国征信监管机构的设置与职责、监管的内容及机制

第一节 征信业的发展模式

目前,发达市场经济国家在征信的基本内涵方面没有根本的区别,但各国国情和立法等方面的差异决定了各国征信模式的不同,目前主要有以美国为代表的市场化征信模式、以欧洲大陆为代表的公共征信系统模式和以日本为代表的会员制模式。

一、美国模式——市场主导型

美国的征信业始于1841年,其第一家征信所是由纽约纺织品批发商Lewis Tappan建立的。从简单征信服务到比较完善的现代征信体系的建立,美国经历了160多年的时间。美国模式,又称市场主导型征信模式,是由征信企业进行商业化运作而形成的征信体系,它是完全依靠市场经济的运行机制和行业自我管理形成的征信体系发展模式。其特征是征信机构以营利为目的,收集、加工个人和企业的信用信息,为信用产品的使用者提供独立的服务。美国征信既有完全市场化运作的征信建设企业主体,又有对征信产品有强烈需求的征信产品使用者。

(一)美国征信业务市场化运作主体类别

目前美国征信业务市场化运作的主体主要有三大类(见表7-1)。

1. 资本市场上的信用评估机构,即对政府部门、银行、证券公司、基金、债券及上市大公司的信用进行评级的公司。

2. 商业市场上的信用评估机构,即对各类大中小企业进行信用调查评级的公司。

3. 对消费者信用进行评估的机构,在美国叫信用局或消费信用报告机构。

表7-1　　美国征信业务与征信数据来源情况

类别	征信对象	服务	信息来源
资本市场	金融机构、债券、上市公司	金融机构资信评级、股票评级、债券评级、公用事业评级	商业银行、非银行金融机构、证监会、保监会、上市公司
商业市场	中小型企业	企业资信调查、行业指数	工商、法庭、海关、技术监督、商业银行、供应商、被调查企业或税务
个人消费市场	美国公民、在美国境内活动的外国人	个人信用调查、查询	户籍、法庭、公用事业、劳资、雇主、房管、信用卡、个人贷款

（二）美国征信产品类别

美国的征信产品主要有三类。

1. 信用记录。美国的信用记录公司专门从事市场参加者的信用记录业务，并进行信用评级。在美国由这些专门机构对企业和个人进行信用评级，包括证券评级、企业信誉评级和个人信用评级等。通常根据信用水平的高低将企业的信用分为从"3A"到"3C"的9个不同等级。

2. 企业资信报告。企业资信报告旨在帮助企业销售部门或信贷部门对客户进行风险管理。大型征信机构都能够提供数种乃至数十种企业资信调查类报告。

3. 个人征信调查。个人征信调查包括消费者信用调查报告、信用评分、数据分析等。此外，个人信用报告还包括购房贷款信用报告、就业报告、商业报告、人事报告等。

（三）美国征信模式特点

美国市场主导型征信模式的鲜明特点具体如下。

1. 运营机制比较灵活。市场主导型征信制度模式的突出特点是运营机制比较灵活，征信机构在公平市场环境下进行自由竞争，征信机构之间可以开展业务合作、技术合作以及股权收购、联盟等多种形式的合作，征信业态丰富，产业链体系完善。例如，在实践中，一国在征信领域可能有不同类型的征信机构，大型征信机构与小型征信机构之间既有竞争，也有合作，突出表现在许多小型征信机构往往作为数据中间商，为大型征信机构提供其收集到的各类信息，并收取一定的费用。

2. 收集信息比较丰富。征信的本质特征是全面反映信息主体的信用状况，社会化征信机构有充分的动力去做全面的征信工作，扩大信息维度，提升信息覆盖范围，我们在实施市场主导型征信制度的国家看到，现在，征信机构虽然各自的主业存在一定的差异，但是，在信息覆盖上，都是尽其所能地采用多种形式，收集信息主体的信息，信息的覆盖范围包括贸易信用领域的信息、金融领域的信息、公共信息等。

3. 征信服务比较多元。社会化征信机构面临股东要求其盈利的压力，在征信服务上均是走多元化发展路线，充分挖掘数据价值，细分客户需求，推出不同系列的、具有自身特色和竞争力的征信服务。例如，一些征信机构既提供基础信息服务，也提供中间变量服务；既提供风险评估服务，也提供风险解决方案；既提供帮助客户的决策支持，也提供面向客户的外包服务；有些征信机构则专注于一些特殊的行业、特定的服务场景，如专注于医疗行业、提供背景调查和反欺诈服务。

4. 响应市场需求较快。这是市场主导型征信制度的一个重要特征，也是市场经济发展的必然要求。由于市场上存在不同的征信机构，如果一个征信机构不能迅速满足市场需求，将很快被其他征信机构所取代。这种优胜劣汰的市场竞争的一般规律作为一只无形的手发挥着作用，确保了征信机构能够以客户需求为导向，建立快速的反应机制。

5. 可能存在信息分割现象。在市场主导型征信制度模式下，收集的信息比较丰富，但是也存在一个悖论，即在实行市场主导型征信制度的国家，征信市场往往是分割的，原因在于这些国家的征信是依靠自愿和契约来实现的，在这种情况下，很难有一个机构有能力在全国范围内的金融信用领域实现全面征信，更不用谈在贸易信用领域了。例如，在美国，目前实现的主要是消费者的金融征信，但即使在这一领域，3家个人征信机构中也没有一家可以宣称在全国范围内实现了对金融信用领域的全面征信，而是各有特色和侧重，这正是3家个人征信机构推出三合一信用报告的原因。

6. 对金融监管部门服务不足。这里的金融监管部门包括宏观审慎管理部门，如一些国家的中央银行等。整体来看，由于市场主导型征信制度国家的征信机构是市场化机构，往往以利润为导向，在整个系统设计、信息采集方面往往不是从金融监管部门的需求出发来考虑的，而是面向授信机构的征信需求提供服务的，这导致金融监管部门在需要一些数据支持和服务时，有些信息依靠征信机构可能无法产生，只能是根据征信机构现有的数据基础来提出要求。因此，客观地说，社会化征信机构在对金融监管部门的服务方面存在一定的不足。

二、欧盟模式——央行主导型

央行主导型模式，又称公共模式或中央信贷登记模式。这种模式是以中央银行建立的中央信贷登记系统为主体，兼有私营征信机构的社会信用体系。中央信贷登记系统是由政府出资建立的全国数据库网络系统，直接隶属于中央银行。该系统是非营利性的，系统信息主要供银行内部使用，服务于商业银行防范贷款风险和央行进行金融监管及执行货币政策。欧盟成员国德国、法国、意大利、西班牙、奥地利、葡萄牙和比利时等国家采用这种社会信用管理模式。

（一）央行主导型征信模式的特点

央行主导型征信模式具有以下特点。

1. 企业信用征信机构的建立具有强烈的行政色彩。它是由国家完成，并由央行负责进行监督管理的。

2. 企业信用信息的来源具有强制性。公共征信机构的设立者是国家，国家通过法律或决议的形式强制要求其所监管的包括银行、财务公司、保险公司等在内的所有金融机构必须参加企业公共信用登记体系，从而获得信息数据。

3. 企业信用征信机构的服务对象带有局限性，主要限于金融机构。该征信机构是国家出于金融监管的考虑，为防范国家整体的金融风险而建立的，只向金融机构提供信用信息服务，而不向社会其他需求方提供；实行对等原则，即只有为该机构提供信用信息数据的机构才能从该机构获取信息。因此，公共征信机构的服务对象是特定的，不面向社会大众和各类机构。

（二）央行主导型征信模式与美国模式的差别

欧洲的政府主导型征信模式与美国的市场化征信模式的差别体现在三个方面。

1. 信用信息服务机构是被作为中央银行的一个部门建立的，而不是由私人发起设立。

2. 银行需要依法向信用信息局提供相关信用信息。

3. 中央银行承担主要的监管职能。

三、日本模式——行业协会主导型

以行业协会为主导模式的个人征信体系是以行业协会为基础建立的不以营利为目的的信用信息体系。个人信用信息在行业协会平台范围内，可供行业协会所有成员内部共享。日本行业协会十分规范、普遍，每个行业都有自己的行业协会，其对于日本的经济有着巨大的影响。基于这种行业发展特点，日本的个人征信体系以行业协会为主导模式。

（一）日本征信业发展历程

日本的征信业最早起源于1892年日本第一家民间信用调查机构商业兴信所的建立。商业兴信所主要为银行提供企业的信用资料，其制定的《商业兴信所事业指南》是日本征信行业的规章制度模型。从20世纪初期，到20世纪30年代，随着征信市场需求的增长，加上市场门槛较低，以及缺乏相应的管理，大量企业涌入征信行业，呈现出鱼龙混杂的局面。二战时期，日本的征信行业进入了停滞阶段，直到20世纪50年代受到国家经济发展的影响才逐渐回暖。1950—2000年是日本征信行业高速发展的时期，在这个时期，全国银行个人信用信息中心（KSC）、株式会社日本信用信息中心（JICC）和信用信息中心（CIC）逐渐发展成为日本个人征信市场的三大信用信息中心。

（二）日本信用信息机构

目前，日本的信用信息机构大体上可划分为银行体系、消费信贷体系和销售体系三大类，分别对应银行业协会、信贷业协会和信用产业协会。这些协会的会员包括银行、信用卡公司、保证公司、其他金融机构、商业公司及零售店等。三大行业协会的信用信息服务基本能够满足会员对个人信用信息征集和考察的需求。例如，日本银行协会建立了全国银行个人信息中心，信息中心的信息来源于会员银行，会员银行在与个人签订消费贷款合同时，均要求个人义务提供真实的个人信用信息，这些个人信息中心负责对消费者个人或者企业进行征信。

日本的企业征信被国内最大的两家商业征信机构——帝国数据银行和东京商工所垄断，帝国数据银行成立于1899年，拥有85家营业网点，收录了4 000户上市公司和

230 万户非上市企业资料，积累保存了近一百年的信息，可以轻松地查到 10 年以前倒闭的企业信息；东京商工所成立于 1892 年，拥有 80 家营业网点，收录了 2 亿份以上的企业信用信息。此外，还有一些以关西、九州等特定区域为业务中心的中小征信公司，但企业实力与市场份额均较小。

四、中国征信业发展模式

中国的征信行业起步较晚，经过 20 年的发展，形成了以人民银行征信中心为主导，民营征信机构为补充的混合经营格局。目前，人民银行已经建立起覆盖全国的公共征信网络，民营征信机构业务逐步向市场化迈进，整个行业进入快速发展期。中国征信行业发展可分为初步探索、区域性平台搭建、央行集中统一平台主导、市场化改革四个阶段（见表 7 – 2）。

表 7 – 2　　　　　　　　　　　中国征信行业发展历程

探索阶段 （1980 年后期至1995 年）	20 世纪 80 年代后期，人民银行批准成立了上海远东资信评级有限公司，帮助企业进行债券发行和管理；1986 年，对外经贸部计算机中心与世界著名企业信息机构邓白氏公司合作，分享中外企业的信用报告；1993 年，新华信国际信息咨询有限公司成立并提供企业征信服务
区域性平台搭建 （1996—2002 年）	1996 年人民银行在全国推行企业贷款证制度；1997 年上海开展企业信贷资信评级；1999 年上海资信有限公司成立，从事企业和个人征信；2002 年银行贷款登记咨询系统建成地、省、总行三级数据库，实现全国联网查询
央行集中统一平台主导 （2003—2013 年）	2003 年人民银行设立征信管理局；上海、北京、广东等地启动区域性社会征信发展试点；2004 年人民银行建成全国集中统一的个人信用信息基础数据库；2005 年人民银行建立全国集中统一的企业信用信息基础数据库；2013 年 3 月，《征信管理条例》正式实施，人民银行为征信监管部门
市场化改革阶段 （2014 年至今）	2014 年 6 月，第一批 26 家第三方企业征信机构获得人民银行颁发的企业征信牌照；2015 年 1 月，人民银行印发《关于做好个人征信业务准备工作通知》

（一）中国征信行业主体类别

目前，中国征信行业的主体主要有三类。

1. 中国人民银行征信中心。中国人民银行征信中心由中国人民银行设立，根据法律授权，负责建设、运行和维护全国统一的企业和个人征信系统。目前，该系统已成为中国重要的基础设施。截至 2015 年 3 月底，个人征信系统已收录 8.62 亿自然人，2015 年前 3 个月的日均查询量为 153.2 万次；企业征信系统已收录 2 060 万户企业和其他组织，2015 年前 3 个月的日均查询量为 23.6 万次。

2. 各级政府设立的信息中心。其业务属于公共信息公开范畴，也是征信机构重要的信息源，目前，这类机构有 20 多家。

3. 社会化征信机构。自 2014 年以来，在征信监管部门备案的企业征信机构和经批准的个人征信机构已经有 70 多家。企业征信业务主要是开展资信调查，或者是与政府部门的相关信息实现联网并对外提供信息服务,也有一些征信机构正在积极进军大数据征信领域。

(二) 中国征信模式特点

从中国征信市场发展的历程和现状看,中国的征信模式是典型的政府与市场共同推动型。这种征信模式是指在征信业发展过程中,政府部门发挥管理作用、引领作用和基础征信服务作用,公共征信机构是市场基础,社会化征信机构是市场的重要组成部分,公共征信机构与社会化征信机构有机融合、差异化发展,征信业的运行实行强制与自愿相结合,公共征信机构与社会化征信机构的服务目标相互交叉、各自侧重,既兼顾微观征信服务,又致力于系统性风险防范,有效发挥政府与市场各自优势的一种制度性安排。这种征信模式兼具政府主导型与市场主导型征信模式的优点,特点突出,主要表现在以下几个方面。

1. 强制与自愿相结合。公共征信机构采用强制进行信息共享的方式,而私营征信机构基本上采用自愿进行信息共享的方式。强制进行信息共享可以确保信息在全国范围内实现大集中;自愿进行信息共享可以使信息共享更加灵活,所涉及的征信领域更丰富、征信深度更大。因此,这两种方式相结合,可以充分发挥各自优势,促进信息共享。

2. 信息共享与市场效率相结合。由政府部门出面,可以确保信息在更大范围内实现共享;通过市场化方式组建私营征信机构,可以有效提升征信服务的市场效率。

3. 监管服务与市场服务相结合。政府部门组建的公共征信机构可以有效地满足监管部门的需求,包括宏观审慎监管与微观监管需求;私营征信机构则以利润最大化为目标,重点满足市场对征信服务的需求。

4. 公共征信机构与社会化征信机构存在互动的空间。在有些国家,在确保信息安全的基础上,公共征信机构与社会化征信机构的信息可以互动。

第二节 征信业发展监管模式

一、美国征信相关法律法规与监管

作为全球征信行业发展最成熟的国家之一,从19世纪60年代美国第一家个人征信局成立到现在的一百多年间,美国形成了一套完整的征信运作法律体系和监管机制。健全的法律法规是社会信用体系建设的重要保障,更是实施征信监管的必要依据。

从20世纪60年代起,美国开始制定各种与信用有关的法规,并在之后的几十年当中不断地完善和修改,在立法、司法、执法上形成一个完整的信用管理框架体系。这些法律法规在保障国家信用管理体系正常运转的同时也成为美国征信多部门共同监管模式有效运作的法律基础。

(一) 美国与征信相关的法律

关于美国个人征信行业的立法及监管,最早可追溯到20世纪60年代《诚实信贷法》(Truth in Lending Act)的出台。但美国第一部真正意义上的信用法规是 1970 年制定的《公平信用报告法》，全称为《公平信用报告法—消费者信用保护法》，该法于 1971 年 4 月开始实施。此后，《信用控制法》《信用卡发行法》《住房抵押披露法》等 15 部与信用相关法律相继出台。其中《公平信用报告法》是美国信用法律体系中最具代表性的一部，也是影响力最大的一部。

《公平信用报告法》是在市场上出现大量消费者信用调查报告机构，并且绝大部分机构以消费者信用评分为授信依据的情况下颁布的。这部法律首次明确了征信机构的业务职责范围，并且要求征信机构向关联企业之外的全国市场提供公开的服务。最重要的是，《公平信用报告法》在美国个人信用信息权益保护方面具有里程碑意义，它详细规定了征信机构和用户的责任与义务、信用报告的使用目的以及消费者的相关法律权利和责任。

1996 年，政府对《公平信用报告法》进行了修改，出台了《情报授权法》(Intelligence Authorization Act)和《债务催收改进法》(Debt Collection lmprovement Act)两个法案，对联邦调查局和联邦政府机构使用消费者个人信用报告的行为作出补充。

具体而言，美国征信相关的法律按管理目标和内容大致可以分为以下几类。

1. 信息基本法。如美国的《信息自由法》，1896 年修订后的主要内容包括：(1)信息公开的方式，包括应在《联邦公报》上公布的信息、主动公开供公众查阅和复制的信息以及依申请公开的信息。(2)行政机关对申请的处理，包括收费标准、处理期限、不服处理的申诉、期限的延长等。(3)免除公开的信息，即 9 项免除公开条款，包括有关国防和外交政策的文件，机关内部人员的规则和实务，其他法律特别规定保密的文件，贸易秘密和商业或金融信息，机关内部和机关之间的备忘录，人事的、医疗的和类似的档案，执法记录和信息，关于金融机构的信息以及关于油井的地质和地球物理的信息。(4)除外信息，包括妨碍执法程序的文件，泄露刑事程序中秘密信息来源的文件，联邦调查局关于间谍、反间谍和国际恐怖主义的文件。(5)信息自由法诉讼，包括法院的管辖、举证责任（被告负举证责任）、审查标准（重新审查）、审理方式（秘密审查）、救济方式（裁决给予律师费）、对违法工作人员的制裁。(6)美国国会的监督，主要是行政机关和美国司法部长的年度报告制度。信息基本法用来规范全社会各种信息主体采集、传播和使用信息的基本行为规范，以创造良好的信息环境。

2. 针对政府信息、商业秘密、个人隐私等特殊信用信息的法律法规。例如，美国政府通过制定和实施《阳光下的联邦政府法》《美国国家安全法》《企业法》《隐私权法》《统一商业秘密法》等一系列法律法规，要求政府机构、企业、个人和其他组织披露和公开其掌握或反映自身状况的各种信息，并对涉及国家安全、商业秘密和个人隐私的信息给予严格的保护。这种信息公开的制度为征信服务提供了良好的信息环境和丰富的信息来源，为征信服务提供了必要的信息基础。

3. 针对信用中介服务机构收集个人信用信息数据的法定许可。美国制定了《诚实信贷法》《信用卡发行法》等有关法律，严格规定了个人信用信息数据有关问题的处置方式，保证了信用制度的公正实施。作为信用中介服务机构，在收集个人信用信息数据时，可以不经过被收集者个人的同意，即使是涉及个人隐私的信息数据，如被收集人的犯罪经历，也可在未得到被收集人同意的情况下进行收集和提供。但有关个人种族、宗教信仰、医疗记录、背景资料、生活习惯、政治立场等信息不得录入。

4. 针对信用信息内容的法律规范。主要是《公平信用报告法》，此外在《平等信用机会法》《公平债务催收法》《信用修复机构法》《格雷姆—里奇—比利雷法》等法律法规中也涉及一些信用信息的规定。美国《公平信用报告法》中非常强调信用信息的完整性，除对拖欠、欠税、破产等负面信息和涉及个人隐私等信息的使用作出了明确的限制性规定外，对正面信用信息的共享和使用则没有过多限制。

5. 针对信用信息的使用和共享范围方面的规定。《公平信用报告法》对征信公司信用报告规定了明确的使用目的，即只能用于消费者获得信用、贷款、就业、保险等法律允许的用途。而在信用信息的共享范围，特别是消费者信用信息的共享方面，美国相关法律法规严格界定消费者的个人隐私并采取相关的保护措施，对于非隐私的个人信息允许银行、工商企业与第三方之间进行共享，但必须告知消费者拟共享的信息内容和对象。

6. 防止信用信息滥用的相关措施。在美国，相关的法律规范对滥用信用信息的行为有着比较严格的监管和惩处措施。如《公平信用报告法》对违反信用信息使用目的的行为及其所造成的损害规定了非常严格的惩罚措施，包括违法者必须承担的赔偿责任和民事法律责任。同时，该法还要求征信公司必须建立信用报告查询记录系统，对所有购买和查询信用报告的企业及其使用目的进行记录，对滥用信用信息的行为规定了严格的惩罚措施，滥用信用信息的企业和个人将承担相应的民事责任和惩罚。

7. 关于信用评级等产品使用的相关措施。美国政府利用多种手段引导更多的交易者参加信用评级或利用评级结果。通过法律明文规定、监管机构与信用等级有关的管理制度、储蓄协会管理规定等，激发市场对信用产品的需求，使之愈加旺盛。

（二）美国与征信相关的监管

经过100多年的探索和调整，美国形成了较为成熟的征信业监管机制。美国对征信市场的监管以行业自律为主，行政监管为辅。在市场化为主的引导下，以"保护消费者权益"为中心，各行业自律组织、联邦和州立监管机构按照自己的管辖范围，依照法律对征信行业的相关从业机构和人员进行逐条监管。联邦贸易委员会（Federal Trade Commission）和消费者金融保护局（Consumer Financial Protection Bureau）是美国征信体系的主要监管部门。从监管措施来看，美国征信业监管主要包括征信机构违法行为的界定及征信监管的处罚、惩戒措施。

1. 征信业执法机构

美国征信业执法机构可大致分为两类：一类是银行系统的执法机构，另一类是非银行系统执法机构。银行系统的执法机构主要有财政部货币监理署、联邦储备理事会、联邦存款保险公司等。这些机构对商业银行的征信活动进行监督和管理，规范其提供信用信息、使用信用报告等行为。非银行系统的执法机构主要有联邦贸易委员会、消费者金融保护局、司法部、国家信用联盟管理局办公室等。这些机构致力于推动征信立法建设，监督相关法规的执行，监管征信机构和处罚违反征信法规的行为。

美国联邦贸易委员会（FTC）是负责执行《公平信用报告法》的主要机构，主要通过以下几种方式对征信行业进行监管。一是通过召开听证会、举行会议等形式制定监管政策、开发监管工具和指导执法。二是建立投诉数据库，在线接受和处理个人消费者投诉。FTC 从 1997 年开始收集关于数据安全和身份盗窃的投诉信息，2004 年建立起"消费者哨兵网络"，在线接受消费者的投诉。三是开展征信执法，阻止和处罚违法行为。FTC 虽然没有直接行政罚款权，却有权对涉及违法案件的公司进行调查，进而通过警告、提出行政指控、达成行政和解和向法院提起民事诉讼等方式对涉案公司做出处理。四是对消费者和企业进行宣传和教育。2013 年，FTC 出版了关于儿童身份盗窃的新书——《保护您孩子的未来》，并向企业和消费者分发了超过 25 万本。五是开展学术研究，密切关注征信行业的发展动态。《公平和准确信用交易法》（FACT）规定 FTC 每年应对消费者信用报告的准确性和完整性进行全国性研究。

2. 行业自律组织

美国高度成熟的市场化征信业离不开征信机构的自我约束和行业协会的自律性监管。美国形成了关于数据采集、信用报告制作和信息使用等的行业自律组织，它们通过制定行业规章和标准、促进会员间交流、开展专业教育和培训、举办从业资格考试等方式对征信行业进行规范和监管，成为政府监管和法律监管的有力补充。

3. 信用管理法律体系

美国在 20 世纪 60—80 年代逐步形成了完善的信用管理法律体系：《公平信用报告法》规定了消费者个人对资信报告的权利，并规范了资信调查机构对信用报告的传播；《平等信用机会法》规定不得因种族、宗教信仰、年龄、性别等因素做出歧视性授信的决定；《公平债务催收作业法》规定追账机构对非工商企业的自然债务人的追账实践；《诚实租借法》规定一切信用交易条款都必须向消费者公开，使其充分了解内容和效果，并可与其他信用条款比较；《公平信用结账法》保护消费者，反对信用卡公司和其他任何开放终端信用交易的授信方在事前共消费者以不精确的解释和不公平的信用条款；《信用卡发行法》禁止信用卡机构不经本人许可即发卡，以及规定了信用卡盗失所产生损失的最多负担额等；《电子资金转账法》规定了对通过电子转账的收据通知、定期对账、公开信息等的要求，给受款人以安全保障，并规定了惩罚条例。

【延伸阅读 7-1】

美国征信业监管机构

鉴于政治体制和市场发展等原因，美国的信用管理体系呈"双级多头"的管理状态。"双级"是指除了联邦监管，各州都设有各自的信用监管机构。但是美国并没有设立一个统一的监管部门，而是由多个部门从行政和司法方面对金融和非金融机构进行监管,再加上民间行业协会组织的管理自律,最终形成多头监管的格局。

1. 行政监管

(1) 美国联邦贸易委员会

美国联邦贸易委员会(Federal Trade Commission,FTC)是美国主要的征信政府管理机构,负责对征信法律的执行和权威解释,推动相关的立法等,具有制定、调查和执行征信有关程序的权力。同时对征信机构的数据采集整理以及报告的出具等行为进行监督。

FTC的主要管辖范围包括银行、提供消费者信贷的金融机构、信用报告或调查机构、信用卡公司、全国的零售企业等。

(2) 消费者金融保护局

2010年7月21日,时任美国总统奥巴马正式签署《多德—弗兰克华尔街改革与消费者保护法案》。根据该法案,美国成立了消费者金融保护局(Consumer Financial Protection Bureau,CFPB)。

《多德—弗兰克华尔街改革与消费者保护法案》将美联储(Fed)、联邦贸易委员会(FTC)、联邦存款保险公司(FDIC)、全国信用社管理局(NCUA)以及住房和城市发展部(DHUD)等7个联邦监管机构的金融消费者保护职能统一到新成立的消费者金融保护局。

成立至今,CFPB在消费者信贷保护方面起到了非常重要的作用。

一是为消费者投诉提供帮助。基于消费者对银行、信用卡公司、征信机构、收债公司、发放学生贷款的私人机构和按揭贷款企业等公司的投诉,消费者金融保护局对其进行了筛选分类,建立了超过40万条数据的公共数据库。

2014年,消费者金融保护局决定将该数据库所涉及的所有细节对外公布。这一举措将帮助消费者、金融业监管者、研究人员以及金融机构辨别不良信贷行为的特征。

二是保护信用卡用户。据统计,美国每年有大约12亿张信用卡流通。据美国人口普查局统计,美国有超过60%的人口使用信用卡,平均每人持卡数量为7张。为了充分保护信用卡用户,CFPB对全美110多家信用卡发行银行进行信用卡交易的监控。

2014年,消费者金融保护局曾要求美国第一资本投资国际集团(Capital One)、美国发现金融服务公司(Discover)、美国运通公司(American Express)、美国银行(Bank of American)和摩根大通(JP Morgan Chase & Co)5大信用卡公司返还消费者通过欺诈性的推销、无价值的附加产品所获取的15亿美元的费用。

同年6月,CFPB还要求金融服务公司GE Capital将其在信用卡业务领域通过非法和歧视性的做法所获得的2.25亿美元退还给消费者。

三是约束收债公司滥用权力的行为。在美国,主要的债务催收方式包括自己催收、第三方催收机构以债权人名义催收或者以自己名义催收。其中,第三方债务催收在美国经济发展中扮演着非常重要的角色,其客户群体涵盖联邦政府、州政府、医院、银行、信用卡发行者和零售商店等各个领域。美国国际信用收债协会的数据显示,2013年底,美国第三方债务催收机构共有4 615家,总计收回约552亿美元账款。

根据消费者金融保护局在2014年的数据统计,债务催收是其处理投诉最多的领域,约88 300笔,占处理投诉总量的35%。

1977年以前,美国联邦政府几乎没有对第三方债务催收行业的管理,从而间接导致市场上出现了大量的对债务人的过度侵权行为。

消费者金融保护局是受理债务人投诉的主要机构之一。投诉渠道包括网络、电话、邮件、传真等。当投诉被受理后,会将其转给CFPB的内设部门或被投诉公司进行处理。处理方式包括解释、货币救助、非货币救助、执法检查和法律诉讼。CFPB官网还于2012年10月在"ask cfpb"栏目中开通了债务催收投诉专栏。对于严重侵权及影响恶劣的催收侵权案件,CFPB和美国贸易委员会将开启行政执法检查,甚至向法院提起诉讼。

2014年12月,美国最大的发薪日贷款公司ACE Cash Express(简称ACE)曾因骚扰、恐吓等非法催收行为被CFPB勒令向消费者退还500万美元,并对其进行500万美元的罚款。

除了以上方面,CFPB还在督促征信机构提高工作质量方面进行了大量的工作,包括就征信行业存在的问题制作报告,提出改进建议等。这些举措都获得了征信机构的正面回应。

(3) 国家信用联盟管理办公室

国家信用联盟管理办公室(National CreditUnion Administration,NCA)设立于1970年,主要职能是监督信用联盟组织和信用社的信用活动情况。在接到消费者的投诉后,国家信用联盟管理办公室的监督委员会对被投诉的信用社进行调查。调查结果由监督委员会直接告知消费者,或委派工作人员进行回复。

此外,国家信用联盟管理办公室还负责对全国信用社股份保险基金进行管理。根据美国《联邦信用社法》规定,所有在联邦注册的信用社必须参加该基金,在州注册的信用社可自愿参加,现在全美已有98%的信用社参加了存款保险。

(4) 储蓄监督办公室

储蓄监督办公室(Office of Thrift Supervision,OTS)主要负责监管联邦和一些州立的储蓄机构,包括储蓄银行和储贷协会。对于消费者的投诉,储蓄监督办公室一般会委派消费者事务人员将投诉信寄往被投诉机构。被投诉机构在经过调查处理后,需要对储蓄监督办公室进行书面回复。

(5) 货币监理署

货币监理署(Office of Comptroller of the Currency,OCC)是依据1863年通过的《国家货币法案》建立的,是美国国民银行的主要监管者,所监管的资产占美国商业银行资产总额的一半以上。

货币监理署负责监管所有国家银行和联邦储蓄协会成员的商业借贷活动,对金融机构借贷法律进行评估和信用风险管理控制。货币监理署有权在商业银行作业违反《公平信用报告法》时,责令银行停业。

货币监理署还设有专门的消费者支持小组(Customer Assistance Group,CAG),为消费者答疑解惑。在消费者对国民银行或其分支机构、外国银行的联邦分行或代理进行投诉时，货币监理署会为其提供相关的指导、建议和咨询。

(6) 美国联邦储备系统

美国联邦储备系统（Federal Reserve System）主要负责制定、评估和实施金融机构相关的借贷法律，并且依据法律对联邦储备的会员银行的商业信贷活动进行监管，包括对银行机构的行为进行检查，对其违法行为进行惩罚、督促改正，以保护消费者的合法信贷权利。

1977年，美联储和货币监理署、联邦储蓄保险公司合作设立了共享国家信贷计划，专门对大型的银行和财团贷款分类进行审查。

除了本土银行，美国联邦储备系统还负责对其成员银行在海外的信贷活动，以及外国银行在美国的信贷活动进行监管。

(7) 联邦储蓄保险公司

美国是世界上第一个建立存款保险制度的国家。1829年，纽约推行了全美第一个州立存款保险制度。1933年，为了应对大萧条对银行业产生的冲击，美国政府通过了《格拉斯—斯蒂格尔法案》，并于1934年成立了美国联邦存款保险公司和联邦储蓄信贷保险公司（Federal Savings and Loan Insurance Corporation.，FSLIC）。

20世纪80年代，联邦储蓄信贷保险公司（FSLIC）被金融储贷危机耗尽了资本，并于1995年被联邦储蓄保险公司（Federal Deposit Insurance Corporation，FDIC）接管。至此，FDIC成为美国最主要的存款保险机构。

联邦储蓄保险公司主要有三大职能。

一是存款保险。为全美6 000多家独立注册的银行和储蓄信贷机构的8种账户，超过4万亿美元提供限额保险，存款人保险限额为25万美元。

二是银行监管。对5 000多家非美联储成员的州注册银行和储蓄信贷机构进行直接监管。FDIC有权要求被监管银行定期报告其财务状况以及开展现场检查。对从事违法信贷行为的银行及管理人员进行罚款、发布停业整顿命令、撤销高管人员职务等处罚。

三是处置破产金融机构。根据美国法律，FDIC是所有倒闭联邦银行和联邦储贷协会的清算管理人，目前大部分州也任命FDIC为倒闭州银行的清算管理人。对于那些资不抵债、不能支付到期债务或资本充足率低于2%的存款机构，其注册管理机关需要做出正式关闭决定并通知FDIC。

2. 行业自律

除了完善的法律制度和健全的监管机构，行业组织和协会的自律管理在征信业的监管中也发挥了极其重要的作用。经过上百年的发展，一个良好的行业自律环境在大量信用交易发展的基础上，根据企业和消费者的要求逐步发展和建立起来。

在美国，主要的征信协会包括全国信用管理协会（National Association of Credit Management，NACM）、消费者数据行业协会（Consumer Data Industry Association，CDIA）和美国国际信用收账协会（ACA International）。

(1) 全国信用管理协会

全国信用管理协会成立于1896年，总部设在马里兰州哥伦比亚市，是美国历史最久的民间信用管理组织，现有近15 000家的企业和个人会员，包括商业信用专业人员、征信机构、信用自律组织、信用信息细分行业自律组织和金融管理机构等。

NACM主要从事商业信用拓展相关的业务，承担了行业自律、信用管理服务、信息共享、信用宣传以及教育培训和交流等众多职能。NACM还开发了信用管理者指数(Credit Manager's Index，CMI)，用于衡量美国经济的整体信用状况。

NACM在每个季度都会召开一次大型的会议，为征信市场企业提供学术和经验的交流机会。多年来，NACM为美国征信行业的健康发展做出了巨大贡献，除了国内市场，NACM还专门开展了海外会员服务，为其提供若干种信用管理服务。

(2) 消费者数据行业协会

CDIA成立于1906年，是美国唯一的消费者信用报告行业的行业协会，曾颁布了消费者信用报告的标准，并且参与起草了美国信用管理专业法律。目前，CDIA的会员已超过140个，包括益佰利(Experian)、艾可飞(Equifax)、环联(TransUnion)三大信用局，以及其他的地方信用局、房屋贷款风险管理公司和商账追收公司等。CDIA以消费者为中心为旗下会员提供信用报告、抵押贷款报告、租户和就业筛选，以及欺诈验证等服务。

CDIA是美国征信数据产生最为集中的行业组织，每年销售的信用报告在10亿份以上。

在美国三大征信局的支持下，CDIA曾与美国联邦贸易委员会一同制定了《数据报送资源指南》(Data Reporting Resource Guild)。

《数据报送资源指南》对信用交易数据的报送做出了若干原则性的规定。按照要求，数据提供机构必须确保数据的准确、完整和及时性。数据报送的内容必须满足《公平信用报告法》和《平等信用机会法》等法律的要求。

《数据报送资源指南》还设计了征信数据的采集格式Metro2，为美国的数据处理和提供机构制订了一个标准的数据处理格式。

按照Metro2的要求，数据提供机构必须以消费者账户为单位报送消费者的信用交易数据，包括基本数据和账户交易数据。基础数据分为3类信息：一是身份标识类数据，即姓名、出生日期以及社会安全号。二是联系类数据，主要为电话号码和地址。三是就业数据，主要为职业、雇主名称和雇主地址。账户交易数据则要求包括从账户开立、还款到结清的整个生命周期的账户还款数据。

《数据报送资源指南》使得美国信用交易数据的处理能够及时地适应信贷业务不断发展的需求，确保了征信原始数据的真实性与一致性，避免了信息资源的浪费。

(3) 美国国际信用收账协会。

美国国际信用收账协会创立于1939年，位于明尼苏达州的明尼阿波利斯，前身是美国收账者协会(American Collectors Association)。ACA International是全球最大的信用及商账专业人士协会，有近5 000家会员，包括商账管理者、信用担保者、资信提供商、信用局、专业律师等业内权威机构。ACA International 的业务遍布全球，包括美国、加拿大等 50 多个国家。

ACA International 是商业债务催收行业的自律组织，通过制定严格的职业道德准则来维护征信行业的稳定、公允和健康发展，并为相关从业人员提供专业教育，举办从业人员执照的培训和考试等，同时还受理消费者对其会员的投诉。

二、欧盟征信相关法律法规与监管

欧盟国家普遍成立了专业监管机构，负责数据保护和征信机构的监管工作。如德国、法国、意大利由中央银行主导管理征信业。英国则由独立的公共行政部门——信息专员署负责征信业管理。在德国，政府作为主要出资方，建立全国数据库，形成了中央信贷登记系统为主体的社会信用管理模式。联邦政府及各州政府均设立了个人数据保护监管局，对掌握个人数据的政府机构和信用服务机构进行监督和指导。

欧盟对征信机构形成了综合性监管架构，分为欧盟指令、成员国法律和征信行业准则三维度，多数欧盟国家在上述法律制度框架内设立了专门的数据保护部门来监督其征信法律法规的执行情况，维护个人作为数据主体的合法权益，以实现恰当地平衡信用信息分享和个人隐私权保护的征信立法宗旨。

（一）欧盟征信相关法律法规

1. 欧盟指令

首先，欧盟 1995 年颁布的《涉及个人数据处理的个人权利保护以及此类数据自由流动的指令》（以下简称《数据保护指令》），规定了征信信息的收集、保存、处理、获取和删除规则，违反该指令的法律责任以及在欧盟内部及外部各国之间跨国界征信信息的流动规则。该指令成为欧盟征信机构存在和运行必需的前提和基础，赋予了借款人在其个人征信信息数据被使用时享有的一系列权利，对公共征信机构和私人征信机构使用个人征信数据做出了严格限制。此外，在监管层面上，该指令倡导在欧盟各成员国层面成立相应的征信机构监管部门，在欧盟层面成立个人数据保护工作组，确保该指令的实施。

其次，欧盟《消费者信用指令》第 8 条和第 9 条分别对信用获取义务和征信机构信息数据库获取的问题做出了规定。该指令强调了征信机构获取充分征信信息以进行信用评估的重要性，同时对个人获取征信数据库信用信息的适当性进行了说明。征信机构必须遵从数据保护法案，确保数据主体可以无歧视地获取征信机构数据库的个人信用信息。

最后，欧盟《资本要求指令 IV》和《资本要求规则》中对于征信机构的规定，对征信报告系统和征信机构的活动有重要影响。两部法令对用于信用风险模型评估的征信数据规则做出了明确规定，并且要求个人信用评价必须出于谨慎目的。

2. 欧盟成员国法律

总的来说，在成员国层面，征信机构应当遵守成员国个人数据保护法律、消费者保护法律、银行法以及其他部门法（如商法典等）。欧盟成员国对于征信机构的监管框架主要内容为监管机构权力、征信机构义务、消费者权利、征信机构法律责任以及跨境数据流动规则等（见表7-3）。

表7-3　　　　　　　　欧盟主要成员国征信监管机构和法律法规

国家	监管机构	适用法律
奥地利	奥地利数据保护委员会	奥地利数据保护法
比利时	财政部、经济事务部	中央个人征信登记法
捷克	数据保护办公室	数据保护法、商法典
德国	联邦数据保护局	德国联邦数据保护法
丹麦	丹麦数据保护局	个人数据保护法
芬兰	数据保护监察员、司法部	信用数据法、个人数据法
希腊	数据保护局、国会	个人数据保护法等
克罗地亚	无	克罗地亚登记法
匈牙利	国会	征信机构和金融企业法
爱尔兰	数据保护局	数据保护规章
意大利	数据保护局	数据保护法、行为准则
荷兰	荷兰数据保护局	个人数据保护法
挪威	数据保护局	个人数据法
波兰	经济部、个人数据保护总观察员	银行法、个人数据保护法
罗马尼亚	数据保护局	677/2001号数据保护法
瑞典	司法部、数据保护委员会	征信机构法
斯洛文尼亚	数据保护办公室	银行法
斯洛伐克	数据保护局	个人数据保护法、银行法、商法典
西班牙	西班牙数据保护局	个人数据保护法等
土耳其	无	无
英国	数据保护专员	数据保护（1998）、消费者信用法、SCOR原则等
法国	国家信息与自由委员会	法国数据处理、数据文件及个人自由法

3. 欧盟征信行业准则

在行业行为准则层面，各国立法实践区别较大，仅有10个国家制定了公共行为准则或行业指南，对数据报送机构，报送数据的种类，数据的收集、保存、用途，提供给信息主体的信息，信息主体的权利等都做出了详细规定。例如，意大利《私营机构处理消费者信用信息的行为准则》和《信用信息系统与利益平衡的规定》要求处理个人正面信息必须得到书面同意，处理个人负面信息只需通知个人，无须得到个人认可；处理法人的正面和负面信息都不用得到信用信息主体的同意。

（二）欧盟征信机构征信行为相关法律规定

征信是征信机构采集、传输、存储、加工、披露与使用个人和企业信用信息的活动。征信机构收集、处理征信信息后供出借人使用的征信行为，可以帮助出借人节省作出贷款决定的成本和时间，提高贷款授信的效率。然而，征信机构的征信行为对个人隐私权构成了威胁。事实上，自20世纪70年代以来，随着计算机技术的普遍推广和使用，欧盟征信机构采用复杂且高度专业化的数据自动化处理程序，可以轻易获取和快速加工处理来自多种数据来源的个人数据，迅速更新借款人征信信息，并在借款人尚未被告知的情况下将个人征信信息提供给任何第三方（客户），用于多种目的，私人征信机构尤是如此，这对个人隐私权保护构成了严重威胁。另外，以法国为代表的欧盟国家传统上十分注重保护个人隐私权，《欧洲人权公约》（*European Convention on Human Rights*）第8条也明确规定了个人享有个人、家庭生活与通信受到尊重的权利。鉴于此，欧盟逐步制定了一系列个人数据保护规则，建立了较为完善的规制征信机构的法律框架，合理平衡了征信信息共享与个人隐私保护的关系。

欧盟征信机构征信行为的法律规制主要集中于以下方面。

1. 征信数据信息收集

（1）征信信息收集来源

从欧盟征信机构征信信息收集来源来看，由于征信机构的类型不同而有差异。正如前文所述，欧盟公共征信机构通常根据各国法律的强制规定，从决定是否授信的金融机构处收集、获取正面信息和负面信息（大多数情况下），以及个人和法人破产记录等。

根据欧洲消费者征信信息提供商协会（Association of Consumer Credit Information Suppliers）2012年调查报告，私人征信机构的信用信息源主要是银行、租赁公司和信用卡公司，此外还涉及政府部门，法院，按揭贷款提供商，保险公司，自来水、电力、天然气等公共事业公司，通信公司，消费金融公司，P2P出借人以及其他中介机构等。在丹麦和希腊，税务机关也是重要的数据提供者。在缺乏统一身份认证系统的国家如英国，选民手册和电话通讯录也会被征信机构收集。从贷款类型看，大多数私人征信机构获取的征信信息范围包括借款人家庭购物贷款、按揭贷款、无担保贷款和信用卡/储值卡信用记录，此外还有公共事业公司和通信公司中的个人还款记录以及零售、邮购、家庭还款贷款、发薪日贷款等小额债务的信用记录。总之，私人征信机构收集来源广泛，信用数据收集门槛很低。

（2）征信信息的范围

欧盟征信机构在个人信用状况信息的收集范围方面包括正面信息和负面信息。正面信息主要涉及借款人收入状况，债务状况，贷款数量和类型，币种，贷款利率，到期日，担保状况，历史还款记录，分期付款状况，通信公司、自来水、电力、天然气等公共公司个人信用记录等信息。负面信息主要涵盖贷款债务违约数据、迟延付款数据、拖欠记录以及破产记录、欺诈记录、司法判决状况等信息。尽管在欧盟大多数成员国，征信机构可以收集和处理各种信息，但是由于法律框架、国别基础设施以及文化偏好等因素的差异，丹麦、芬兰、法国和马耳他等欧盟成员国征信机构并不会提供和储存正面信息。究其原因，公共征信机构受到了隐私权和其他消费者权益保护法律的限制，如法国只允许法兰西银行依法收集个人负面信息。

此外，征信信息除了用于贷款人评估借款人信用之外，也可以起到反欺诈和收债等作用，不仅贷款人可以使用，非贷款人也可以使用。这样，征信机构的征信信息，不仅对银行业意义很大，对于其他使用征信信息的行业也有很大影响。

欧盟《数据保护指令》第7条确立了征信机构收集个人征信信息的法律标准：

①数据主体明确同意；

②为履行数据主体为一方当事人的合同，或为实现订立合同前应数据主体的请求而采取的措施；

③控制人为遵循承担的法律责任；

④为保护数据主体的重大利益；

⑤为执行符合公共利益的任务，或者控制人或接受信息披露的第三方为行使官方职权；

⑥为实现控制人或接受信息披露的第三方追求的合法利益，除非该利益不符合第1条1款规定的数据主体享有的基本权利与自由的保护。

在理论上，欧盟征信机构收集个人的征信信息原则上应当通知借款人，告知其征信信息内容、目的和用途，并取得个人的明确同意，但是欧盟成员国内主要征信机构在收集个人征信信息类型方面进行了区分处理。对于借款人正面信息，欧盟征信机构在收集上述个人信用信息时，应当事先通知个人，并取得借款人个人的明确同意。而对于负面信息，大多数欧盟征信机构基于该指令第7条第6款所规定的"合法利益"，只需通知借款人，在不影响个人基本权利（尤其是隐私权）和自由的前提下并不需要获得借款人的同意。从理论上说，第7条第6款的目的是平衡数据控制人的商业利益和数据主体的隐私权利，"合法利益"成为欧盟征信机构进行个人征信数据收集、处理、信用评估和使用的重要法律基础。事实上，欧盟征信机构收集、处理个人负面信息在许多情况下并不需要借款人的任何同意。

2. 征信数据信息的处理

欧盟数据保护法律框架直接适用于征信机构征信数据处理的整个流程。在欧盟境内，所有征信机构都必须遵守各国为贯彻《数据保护指令》第7条关于数据处理流程的法定标准而制定的各国国内法，保证个人数据记录、组成、改编或变更、修复、查询，通过传输、分发或任何其他方式的披露，排列或组合、隔离、删除或销毁等方面处理程序的透明度与公开性，确保个人（数据主体）的知情权。在个人信用数据处理的方面，征信机构要确保采用计算机数据处理技术等自动化手段以及其他方式进行个人数据处理的保密和安全，避免征信信息的非法泄露、破坏、遗失和拦截。

此外，欧盟对于私人征信机构信用评分机制作出了明确规定。一般来说，借款人的信用分数通常被贷款人用来作为判断是否授信的额外标准，并远远超过了信用历史数据的价值，只是信用分数的评估对于不同类型的借款人需要适用不同的信用评分表和权重。欧盟《数据保护指令》保护个人有权利不受此类自动数据处理的影响，并且还规定对于数据主体的自动信用评级必须在特定保障下才能进行。

3. 征信数据信息的储存

欧盟《数据保护指令》对征信机构征信数据信息的储存时限只是作了原则性规定，要求数据保留期限不得长于实现数据收集或处理的目的所必需的期限。由于各国数据保护立法的差异，欧盟征信机构在征信信息储存保留期方面差异很大（见表7-4）。

表7-4　　　　　　　　　欧盟主要成员国征信数据保留期限

国家	征信数据保留期
奥地利	违约记录在偿还债务后保留5~7年，正面信息是付款后3个月
比利时	违约记录保留10年，其他一直保存
塞浦路斯	违约记录保留5年，正面信息保留期限不定
捷克	征信数据保留至贷款债务消灭后4年
德国	根据《德国联邦数据保护法》的规定数据保留期不同，违约数据在还债后保留3年，负面信息一般保留3年，其他类型的数据最高保留期限是6年
丹麦	违约数据最长保留5年，或者债务清偿完毕为止
希腊	违约数据保留10年，正面信息保留5年，欺诈保留5年
西班牙	违约记录保留6年，公共数据保留3年
克罗地亚	个人信用记录账户关闭后第4年消除个人信用记录
匈牙利	违约记录在还债后保留1~5年，其他记录在债务未清偿前均存在，债务消灭后最长保留5年
意大利	违约记录保留3年，其他记录在贷款债务清偿后保留1~3年
荷兰	信用记录在账户关闭后保留5年
瑞典	违约记录保留3年
斯洛文尼亚	信用记录在债务清偿后保留4年
斯洛伐克	信用记录保留至债务清偿完毕后4年
英国	征信记录保留6年
法国	个人信用记录在征信系统中保留5年

欧盟征信机构在征信信息储存方面，同样要求保证征信数据的质量与准确性，监测与防范欺诈数据信息也成为其重要职责。欺诈性的数据信息经常被储存于征信机构和出借人的数据库中，出借人应当检查贷款申请是否涉及欺诈，并且应当雇用专家和采取专门手段监测和阻止信用欺诈和相关账户的欺诈活动。

4. 征信数据信息的使用

根据欧盟《数据保护指令》的规定，征信机构作为数据控制人使用征信数据，必须向作为数据主体的借款人披露相关数据，包括出借人等数据处理人的身份和数据采集的目的。《数据保护指令》严格限定个人数据的使用，征信机构只能根据特定的、明晰的、合法的目的来使用有关个人信用信息，除了历史的、统计的或科学的目的等法定情形外不得以与这些目的不相容的方式使用个人数据，也就是个人数据的再次处理、使用的目的不得超过获得数据主体同意的征信机构原始收集数据的目的范围。但是，对于征信机构征信数据的分享与使用规则,欧盟该指令并没有作出具体规定。实际上,欧盟征信机构通常是在出借人提出请求的情况下使用个人征信信息,提供个人信用报告或者信用分数,从而帮助出借人评估借款人的个人信用。然而,出借人请求获取借款人的信用报告的情形是不同的,有些情况下,出借人仅仅为了核实一下借款人信用信息的准确性;而有些情况下出于频繁借贷需要,出借人需要获取借款人的征信记录;加之,征信机构利用个人征信数据通过自动化数据处理程序获得个人信用分数,出借人以此来评估个人消费信贷中未来的偿还意愿和还款能力,决定是否授信。这也是个人征信数据的重要的利用方式之一,可以提高贷款效率,有助于实现公平授信。

在跨境数据流动方面,欧盟《数据保护指令》倡导征信信息在成员国之间的自由流动与跨界使用,建立统一的信贷市场。但是基于各国数据保护水平、市场结构、法律机制与文化传统的差异,征信机构跨界数据流动与使用的规模与需求并不高。研究表明,尽管私人征信机构中有43%的机构从事跨界数据分享和利用业务,但是体量和规模很小。

5. 征信信息共享与隐私权保护

总体上看,欧盟现行的《数据保护指令》监管框架平衡了个人权利保护和数据共享,使得借款人个人隐私权受到充分的法律保障。该指令要求在通常情况下征信机构数据的收集、处理应当通知借款人,并且要取得借款人个人的明确同意,还要求征信数据的收集必须是充分、相关和适量的,并且与数据收集、处理目的密切相关,不得收集和处理与目的不相关的信息,保证数据处理程序的透明度和数据的真实性、准确性,征信数据的存储期和使用要符合正当商业的目的,确保数据的保密性和安全性。数据主体个人有权从征信机构获得个人信用信息,原则上有权选择同意或者拒绝征信机构征信数据收集行为(通常为正面信息),更正不准确信息,删除错误信息,删除超过数据保留期限不需要的信息等。

此外,《欧盟消费者信用指令》(*Consumer Credit Directive*)第8条和第9条规定,出借人具有评估信用义务;而消费者具有征信数据库信息获取权。欧盟成员国应当确保,出借人在决定授信的结论做出之前,应当合法从消费者或者征信机构获得充分的征信信息后评估消费者信用。消费者具有无歧视地平等获取征信机构数据库中个人征信信息的权利,这与欧盟数据保护法律的要求是一致的。

综上所述,欧盟现行的征信机构监管法律框架平衡了个人权利保护和数据共享,不仅使消费者(借款人)根本性的隐私权得到了世界最高水平的法律保护,而且实现了社会效益的最大化。

6. 欧盟征信机构的法律责任

欧盟层面的征信立法没有对征信机构的法律责任进行明确规定。《数据保护指令》第23条规定,因非法的处理操作或任何与依照本指令制定的国内法不符的行为而受到损害的任何人,有权要求控制人赔偿其遭受的损失。控制人如果能证明其对导致损害发生的事件没有责任,可以免除全部或部分的责任。第24条规定,成员国应采取合适的措施,来确保本指令内容的贯彻执行,特别应对违反依照本指令所制定的法律的行为加以处罚。可以看出,欧盟《数据保护指令》关于征信机构的法律责任和处罚部分规定并不明确,需要各成员国以立法形式贯彻该指令,制定明确、具体的法律。

总体而言,欧盟及成员国在征信机构监管方面拥有较为完善的法律框架,着重突出了对个人隐私权的保护,妥善地平衡了征信信息的获取、交换与个人隐私权的平衡。欧盟征信业市场较为成熟,公共征信机构和私人征信机构并存并立,形成了相对完整的社会信用体系。欧盟征信机构通过法律和市场机制实现征信信息数据的流动和分享,不仅提高了借贷质量和效率,而且有利于防范和化解金融风险,推动实体经济的发展。

三、日本征信相关法律法规与监管

(一) 与征信相关的法律法规

日本有对企业商业秘密进行保护的法律条款,因此,征信立法主要以个人数据保护为目的,涉及企业征信的内容较少。从20世纪80年代开始,日本政府相继颁布了《贷款业规制法》《个人信息保护法》《政府信息公开法》等多部法律用于保护消费者信息,规范征信市场的发展。

1. 个人信息保护方面

20世纪80年代,随着日本征信市场的回暖,以及日本开始进入金融制度改革阶段,政府建立了信息公开的体制。信息公开体制的建立,必然会涉及对个人信息的收集、存储、加工和交换,个人信息被侵害的风险随之而来。因此,日本政府和民众开始重视对个人信息的保护。

1983年,政府相继颁布了《贷款业规制法》和《分期付款销售法》,规定三大信用信息中心为官方的个人征信机构,并对个人信用信息的收集和使用等行为做了初步的规定。按照法律规定,个人信用信息只能用于调查消费者的偿债能力或支付能力,不得用于其他非法商业用途。

此外,《贷款业规制法》对信贷业的从业者以及高利贷和商账追讨行为等方面也做出了相关规定,主要包括:严格控制和强化信贷业务公司的注册和登记条件;规范商账的追讨行为,禁止在不适当的时机和地点,用不适当的方法对债务人进行追讨;禁止对债务人和保证人以外的第三者提出赔偿要求等;要求贷款业务公司每3年接受一次与业务相关的辅导;强化对高利贷等违法信贷业务的惩罚。

2000年,日本战略本部设置了"个人信息保护法制化专门委员会",并提出了《关于个人信息保护基本法大纲草案》,对尊重个人人格的基本理念、国家以及地方公共团体对个人信息的处理职责、个人信息保护措施的基本事项等予以明确,对个人信息处理者(包括征信机构)应履行的义务等做出了详细规定。经过5年的准备和修改,《个人信息保护法》于2005年4月全面实施。

《个人信息保护法》共分为六章。该法以个人信息的保护和合法利用为宗旨,确立了个人信息保护的基本原则及方针,明确了国家、地方政府以及行业机构的责任和义务。按照《个人信息保护法》的规定,个人数据是指"有关活着的个人的信息,根据该信息所含有的包括姓名、出生年月以及其他一些描述,可以把该个人从他人中识别出来的与该个人相关的信息"。

《个人信息保护法》对企业使用个人信息做出了严格的要求，设定了以下八大原则：（1）目的明确化原则。（2）利用限制原则。以上两项原则就企业对个人数据的使用目的做出了严格规定，即企业不得使用个人数据进行任何违法活动；不经数据主体同意，不得向任何第三人提供数据主体的信息。（3）收集限制原则。该原则规定，任何个人和企业都不得以不正当的手段获取个人数据信息。（4）资料内容完整正确原则。该原则规定，企业必须努力保持个人信息内容的正确性和完整性。（5）安全保护原则。根据该原则，企业必须设立安全管理的必要措施，对从业者和委托者采取必要的监督。（6）公开原则。该原则规定，任何使用个人数据的相关目的都必须让数据主体知晓。（7）个人参加原则。该原则明确了消费者的知情权，即数据主体对其个人信息有确认、修订和停止使用的权利。（8）责任原则。该原则规定，企业应该根据上述原则并结合各自企业的特点设立"自律规范"，企业管理者对其所取得的个人信用信息负有管理责任。

《个人信息保护法》的建立，标志着日本建构完成了一个相对完整的，以个人信息保护法为基本法、各部门单行法为补充法的法律体系。

2. 政府信息公开方面

1993年，日本政府颁布了《行政改革委员会行政信息公开法纲要》，对收集政府部门持有的信用信息提供了相关法律依据。日本还颁布了保护行政机关、独立行政法人等持有的个人信息的法律规定，并通过《信息公开与个人信息保护审查会设置法》以及《对〈关于保护行政机关所持有之个人信息的法律〉等的实施所涉及的相关法律进行完善等的法律》保证实施。

2001年，《政府信息公开法》出台。该法律对政府信息公开的种类和范围做出了明确规定。政府将其掌握的大量信息免费向社会公开，包括企业登记、土地房屋状况、纳税信息、破产申请等资料。总体来看，日本非常重视法律在征信监管中的作用，有关信用管理的法律其覆盖面也比较广泛。

（二）与征信相关的监督

日本并没有专门的征信监管机构，主要是通过行业协会进行自律管理，各信用中心的业务内容和范围，以及相关的运营规则都由各管理协会制定。在企业征信方面，政府只在市场发展初期进行适当的监管，当市场进入成熟发展阶段，政府的管理功能会逐渐弱化。因次，法律法规的完善成为政府的重点目标。

除此以外，行业协会对商业信用活动的从业机构也发挥了很大的监管作用。首先，各行业协会都制定了各自的会员章程，依据会员章程对会员的准入、退出等行为进行管理。所有会员享有平等的权利，承担同等的义务。其次，会员间信用信息的共享一般采取"查询+数据报送"并行的方式，这样可以有效地避免会员查询的随意性，加强提供共享信息的及时性。此外，各信用信息中心会根据行业信贷业务的特点和风险控制技术的要求，对信息数据进行针对性的采集和处理，并按照统一的数据规范为行业会员提供共享和查询等服务。对于任何违反法律或者协会规章的会员，协会将对其进行处罚，包括通报批评以及取消会员资格等。

【延伸阅读 7-2】

国外征信监管经验启示

第一，健全的法律法规是监管的必要条件和基础。完善的征信法律法规不仅是社会整体信用体系的一部分，更是政府监管实施的必要保障。法律法规构成了信用法律环境的基本内容，确立了征信数据合理合法使用的原则和要求，使广大投资者都能平等地使用、处理、传播信用信息，有利于信用交易的公平有效进行，保护市场参与主体的商业秘密和个人秘密。

以美国为例，美国国内社会信用管理体系内有关的相关法律达16部之多，实现了对征信行业多部门的有效监管。其他国家比较著名的法律法规有：英国的《数据保护法》和《消费信用法》、德国的《信息主体经营法》和《联邦数据保护法》、韩国的《信用信息使用与保护法》和《个人信息保护法》、日本的《分期付款销售法》等。

第二，强大的行政力量是监管的基本保障。无论是欧洲大陆代表的中央银行监管模式还是美国代表的多部门共同监管模式，相同点都是政府监管机构拥有法律赋予的强大行政力量，来保障征信管理的有效实施。主要包括三方面的权力：准立法权、准司法权、监管权。准立法权是指国家层面的法律赋予征信监管机构有权在征信监管行业内部制定规范性文件的权力。准司法权是指征信监管机构为达到监管目的而具有的类似司法机关接受和处理投诉的权利。例如，美国的联邦贸易委员会就拥有《公平信用报告法》赋予的接受和处理投诉的权利，消费者可以就信用报告使用过程中出现的错误或者纠纷向其投诉，而不用去法院起诉。德国《联邦数据保护法》通过在内务部设立联邦数据保护专员、数据保护官等第三方来对征信监管机构行政行为进行约束。英国则要求征信监管机构定期向政府和大众提供监管情况报告。监管权包括对征信机构的市场准入权和退出决定权、审批行业标注的权力、对征信机构定期考核权和处罚权。例如，英国的征信机构、贷款中介机构都需要通过贸易和工业部获得牌照。

第三，有效的行业自律是监管的重要辅助。在国外一般都有专门的行业管理组织或者民间机构，如信用报告协会、信用管理协会等，协助政府管理本行业，并发挥促进和改进行业发展的作用，始终在国外的征信监管中发挥着重要辅助作用。这些协会组织一方面可以帮助企业联系行业或者分支的从业人员，提供就业机会和交流场所，为从业者争取利益；另一方面积极协助司法机关立法，帮助提供信用行业的教育培训，颁发从业执照，出版相关的书籍和报刊，为征信课题筹集资金和扶持研究项目，对国家制定标准和规则提出意见，广泛宣传行业职业道德。例如，类似的行业自律组织有欧洲消费者信用信息提供商协会、美国消费者数据产业协会、亚太—中东商业信息业协会等。经过三种模式比较，公共和私营模式各有优劣，更多时候是一种互补关系。公共模式更多地体现了监管者的意志和需要，主要为金融监管部门服务，用来为防范风险和互通信息使用；私营模式则广泛为社会上信用各需求方提供服务，产品日益趋向商业化、个性化，覆盖范围更宽、更广、更全面。在多数国家，私营和公共模式一般是共存的，各国也都在不断改进并完善单一的模式，借鉴其他模式的优点。因此，借鉴三种模式有效的市场组织形式、管理体制和经营制度，对建设好我国的征信市场监管体系有重要意义。

四、中国征信相关法律法规与监管

（一）中国征信业监管

我国的征信业是从信贷征信起步，逐步发展到经济领域征信，金融机构是征信机构的主要信息来源和产品使用者。考虑到征信业与金融业的紧密关系，2008年，中国人民银行的职责由"管理信贷征信业"调整为"管理征信业，推动社会信用体系建设"，成立征信管理局，成为征信业监管机构，按照《征信业管理条例》《征信机构管理办法》等相关法律法规履行监管职责。全国统一的个人信用信息基础数据库和企业信用信息基础数据库上线运行，为征信业提供了基础数据支持。

目前我国的征信监管模式与欧盟类似，采用较为严格的监管模式，已形成中国人民银行及其派出机构主抓征信业的管理、其他部门积极配合的管理架构，以尽可能避免出现管理真空，从而推动征信业的健康有序发展。从21世纪初至今，征信业监管机构成立，法律法规出台，全国金融信息基础数据库建成，征信业进入提速发展阶段。

1.《征信业管理条例》的正式发布实施

中国人民银行一直积极推动《征信业管理条例》的制定，深入研究征信立法相关的重大问题，会同相关部门通过实地调研、召开座谈会等方式，听取了地方政府有关部门、征信机构、金融机构、专家和消费者协会等对征信立法的意见和建议，研究借鉴国外征信立法经验，并在此基础上完成了《征信业管理条例》的草拟工作。2012年12月26日国务院第228次常务会议审议通过《征信业管理条例》，并自2013年3月15日起正式实施。

《征信业管理条例》对征信机构的设立条件和程序、征信业务的基本规则、征信信息主体的权益，金融信用信息基础数据库的法律地位及运营规则、征信业的监管体制和法律责任等内容进行了规定，解决了征信业发展中无法可依的问题。有利于加强对征信市场的管理，规范征信机构、信息提供者和信息使用者的行为，保护信息主体权益；有利于发挥市场机制的作用，推进社会信用体系建设。

2. 建立金融信用信息基础数据库管理制度

一是建立了个人信用信息基础数据库管理制度。2005年，人民银行发布了《个人信用信息基础数据库管理暂行办法》，并相继出台配套制度，保障了个人信用信息基础数据库的建设和运行，规范了商业银行报送、查询和使用个人信用信息的行为。二是明确了企业信用信息基础数据库管理制度。在《银行信贷登记咨询管理办法（试行）》管理框架上，对企业信用信息基础数据库的功能与管理、借款人信用信息报送、查询、使用以及异议处理等作出明确规定。三是对新型授信机构接入金融信用信息基础数据库进行了规范。规范了小额贷款公司、融资性担保公司等接入金融信用信息基础数据库的方式、条件、程序以及业务流程。

3. 完善信用评级管理制度

为规范评级机构在银行间债券市场和信贷市场信用评级执业行为，2006年人民银行出台了《中国人民银行信用评级管理指导意见》，明确了信用评级机构的工作制度和内部管理制度、评级原则、评级内容和评级程序等内容，对评级机构从事金融产品信用评级、借款企业信用评级和担保机构信用评级业务进行管理和指导；2008年人民银行发布了《中国人民银行关于加强银行间债券市场信用评级作业管理的通知》，对评级机构在银行间债券市场评级的现场访谈、作业时间进行了规范。信用评级管理制度的实施，规范了评级机构的执业行为，保护了投资人合法权益，促进了信用评级业的健康发展。

4. 推动征信标准建设

自2005年起，人民银行把征信标准化建设作为征信管理的重要手段之一，启动了征信标准化建设。一是发布征信信息系统开发建设的基本标准规范，制定和发布了《征信数据元 数据元设计与管理》等五项金融行业标准，促进了信息跨部门、跨行业共享和应用。二是制定信用等级评价相关标准规范，制定和发布了《征信数据元信用评级数据元》和《征信数据交换格式信用评级违约率数据采集格式》等五项金融行业标准，促进了评级机构的规范执业。

（二）中国征信业法律法规

征信法律制度是调整关于征信机构对信息的收集、加工整理、提供、维护和管理活动所产生的社会关系的法律规范的总称。征信法律内容制度规范的内容涉及信息公开、征信业务规范、授信业务规范、征信监督等。近年来，我国的征信法规制度建设不断推进，逐步建立了以国家法规、部门规章、规范性文件和标准的多层次制度体系，保护了信息主体权益，有力地促进了征信业的发展。我国有关部门相继出台了《征信业管理条例》《征信机构管理办法》《个人信用信息基础数据库管理暂行办法》《银行信贷登记咨询管理办法》《中国人民银行信用评级管理指导意见》《征信数据元 数据元设计与管理》等征信业重要的法律法规（见表7-5）。

表7-5　　　　　　　　我国征信业重要法律法规

名称	内容
《征信业管理条例》	对征信机构的设立条件和程序、征信业务的基本规则、征信信息主体的权益、金融信用信息基础数据库的法律地位及运营规则、征信业的监管体制和法律责任等内容进行了规定
《征信机构管理办法》	规范了征信机构的设立、变更和终止程序
《个人信用信息基础数据库管理暂行办法》	规范了商业银行报送、查询和使用个人信用信息的行为
《银行信贷登记咨询管理办法》	明确了企业信用信息基础数据库的管理制度
《中国人民银行信用评级管理指导意见》	明确了信用评级机构的工作制度和内部管理制度、评级原则、评级内容和评级程序等内容
《征信数据元 数据元设计与管理》	发布了征信信息系统开发建设的基本标准规范，促进了信息跨部门、跨行业的共享和应用

资料来源：中国人民银行征信中心。

1. 《征信业管理条例》。为了进一步增强征信管理条例立法工作的透明度，提高立法质量，国务院法制办公室于 2009 年 10 月 13 日全文公布《征信业管理条例》，该条例于 2012 年 12 月 26 日国务院第 228 次常务会议审议通过，自 2013 年 3 月 15 日起正式施行。《征信业管理条例》的出台，为我国征信业持续健康发展提供了法律基础。它对征信机构的设立条件和程序、征信业务的基本规则、征信信息主体的权益、金融信用信息基础数据库的法律地位及运营规则、征信业的监管体制和法律责任等内容进行了规定，解决了征信业发展中无法可依的问题。同时，该条例的出台，有利于加强对征信市场的管理，规范征信机构、信息提供者和信息使用者的行为，保护信息主体权益；有利于发挥市场机制的作用，推进社会信用体系建设。

《征信业管理条例》适用于在我国境内从事个人或企业信用信息的采集、整理、保存、加工，并向信息使用者提供的征信业务及相关活动；规范的对象主要是征信机构的业务活动及对征信机构的监督管理。

国家机关以及法律法规授权的具有管理公共事务职能的组织，依照法律、行政法规和国务院的规定，为履行职责而进行的企业和个人信息的采集、整理、保存、加工和公布，如税务机关依照《中华人民共和国税收征收管理法》公布纳税人的欠税信息；有关政府部门依法公布对违法行为人给予行政处罚的信息；人民法院依照《中华人民共和国民事诉讼法》公布被执行人不执行生效法律文书的信息等，不适用《征信业管理条例》。

2. 《征信机构管理办法》。《征信机构管理办法》由中国人民银行发布，自 2013 年 12 月 20 日起施行。它是《征信业管理条例》的重要配套制度，遵循了个人征信机构从严、企业征信机构从宽、征信机构市场化运作与监督管理并重、征信机构的行政监管和社会监督兼顾的监管思路，为征信机构管理提供了详尽的依据。本着便于操作执行的原则，中国人民银行以规范征信机构设立、变更和终止为主线，以征信机构公司治理、风险防控和信息安全为管理重点，对征信机构管理进行了具体的制度设计。《征信机构管理办法》和《征信业管理条例》等法律法规共同构成了征信机构管理的制度框架，在促进征信机构规范运行、保护信息主体合法权益等方面发挥了重要作用。

3. 其他征信法律法规。除了上述《征信业管理条例》与《征信机构管理办法》外，我国与征信业相关的法律法规中，信息主体权益保护的法律规范主要体现在《中华人民共和国宪法》和《中华人民共和国民法典》等有关法律规定中，信用信息征集与使用等法律规范还散见于地方性规章和部门规章中。

（1）信息保护和个人隐私保护方面的主要规定。《中华人民共和国宪法》明确了对公民的人格尊严、住宅、通信自由和通信秘密的保护，这是我国法律对隐私权（个人信息）进行保护的最根本依据。《中华人民共和国刑法》明确了出售、非法提供公民个人信息罪；非法获取公民个人信息罪。刑法对非法泄露或获取公民个人信息情节严重的行为追究刑事责任，体现了法律关注民生和反映社会实际需要的导向，也对个人信息保护起到了保障作用。此外，诸如《中华人民共和国商业银行法》《中华人民共和国民法典》《中华人民共和国未成年人保护法》《中华人民共和国妇女权益保障法》《中华人民共和国消费者权益保护法》《中华人民共和国民事诉讼法》《中华人民共和国刑事诉讼法》《全国人民代表大会常务委员会关于维护互联网安全的决定》《全国人民代表大会常务委员会关于加强网络信息保护的决定》《中华人民共和国计算机信息系统安全保护条例》《保安服务管理条例》《中华人民共和国电信条例》《最高人民法院关于确定民事侵权精神损害赔偿责任若干问题的解释》《电信和互联网用户个人信息保护规定》《电话用户真实身份信息登记规定》等法律法规中也有部分涉及相关信息的披露、保密和安全的问题。

(2) 信息公开的主要规定。2019年5月15日施行的《中华人民共和国政府信息公开条例》，是我国历史上第一部有关政府信息公开的全国性法规。该条例遵循了"公开是原则、保密是例外"的现代行政要求，为保障公民、法人和其他组织依法获取政府信息，推进政务信息公开提供了法律依据。该条例规定，行政机关要对涉及公民、法人或者其他组织切身利益的，需要社会公众广泛知晓或者参与的，反映本行政机关机构设置、职能、办事程序等情况的及其他依照法律、法规和国家有关规定应当公开的信息进行主动公开。

(3) 征信活动的主要规定。2005年8月18日中国人民银行颁布的《个人信用信息基础数据库管理暂行办法》，是规范个人征信活动的部门规章。《个人信用信息基础数据库管理暂行办法》共七章四十五条，主要内容包括五个方面：①界定了个人信用信息范围，即"本办法所称个人信用信息包括个人基本信息、个人信贷交易信息以及反映个人信用状况的其他信息。前款所称个人基本信息是指自然人身份识别信息、职业和居住地址等信息；个人信贷交易信息是指商业银行提供的自然人在个人贷款、贷记卡、准贷记卡、担保等信用活动中形成的交易记录；反映个人信用状况的其他信息是指除信贷交易信息之外的反映个人信用状况的相关信息"。②规定了个人信用信息的征集、整理和保存。"商业银行应当遵守中国人民银行发布的个人信用数据库标准及其有关要求，准确、完整、及时地向个人信用数据库报送个人信用信息""征信服务中心根据生成信用报告的需要，对商业银行报送的个人信用信息进行客观整理、保存，不得擅自更改原始数据"。③规定了个人信用信息的应用。④确立了个人信息异议权及提出异议的途径。⑤设定了罚则。除了中国人民银行的部门规章外，各地方政府也纷纷出台了有关企业或个人征信业务的地方规章，促进了当地企业和个人的信息归集工作。

4. 中国征信政策轨迹

(1) 中国征信行业政策历程

市场经济是信用经济，诚信的市场环境和社会环境是市场经济规范高效运行的必要条件。建立社会信用体系可以有效地规范社会信用活动，保障社会和经济持续、稳定、协调发展。

2013年，国家出台《征信业管理条例》，我国征信业步入有法可依的轨道，条例对征信机构、征信业务、金融信用信息基础数据库等进行了明文规范。

2014年，国务院发布《社会信用体系建设规划纲要 (2014—2020年)》，纲要明确指出"社会信用体系是社会主义市场经济体制和社会治理体制的重要组成部分"，并将"提高全社会的诚信意识和信用水平"确立为社会信用体系建设的目标。提出实施农村信用体系建设工程,为农户、农场、农民合作社、休闲农业和农产品生产、加工企业等农村社会成员建立信用档案,夯实农村信用体系建设的基础。

2016年,《关于加强征信合规管理工作的通知》出台,针对征信合规性风险,提出全面开展征信合规自查自纠工作;加强征信合规管理,保障征信信息安全;加强征信合规教育。

2021年,《"十四五"规划和2035年远景目标纲要》提出建立健全信用法律法规和标准体系。

（2）中国国家层面征信行业政策汇总

自2010年以来,国务院、国家发改委、中国人民银行等多部门都陆续印发了支持、规范征信行业的发展政策,内容涉及信用体系建设、征信机构的设立及运作规范、保障信用信息、推进中小企业以及农村信用等内容（见表7-6）。

表7-6　　　　　　　　　　　　国家层面的征信行业政策

发布时间	发布部门	政策名称	重点内容解读	政策性质
2021年4月	农业农村部	《关于全面推进农业农村法治建设的意见》	提出深化"放管服"改革。建立健全以"双随机、一公开"监管为基本手段、以重点监管为补充、以信用监管为基础的新型监管机制,对取消下放的审批事项要及时跟进监管,防止出现管理真空。依法规范审批程序,推进行政许可标准化审查。	指导建议型
2021年3月	国务院	《"十四五"规划和2035年远景目标纲要》	建立健全信用法律法规和标准体系,制定完善失信主体信用修复机制。推广信用承诺制度。加强信用信息归集、共享、公开和应用,推广惠民便企信用产品与服务。建立公共信用信息和金融信息的共享整合机制。培育具有国际竞争力的企业征信机构和信用评级机构,加强征信监管,推动信用服务市场健康发展。加强信用信息安全管理,保障信用主体合法权益。建立健全政府失信责任追究制度。	发展规划型
2021年1月	中国人民银行	《征信业务管理办法（征求意见稿）》	征信机构采集信用信息,应当遵循"最少、必要"的原则,不得过度采集。征信机构应当与信息提供者明确各自在数据更正、异议处理、信息安全等方面的权利义务;征信机构提供画像、评分、评级等评价类产品服务的,应当建立评价标准,不得将与信息主体信用无关的要素作为评价标准。征信机构在中国境内开展征信业务及相关活动,生产数据库、备份数据库应设在中国境内。	规范型

续表

发布时间	发布部门	政策名称	重点内容解读	政策性质
2020年12月	中共中央	《法治社会建设实施纲要（2020—2025年）》	加快推进社会信用体系建设，提高全社会诚信意识和信用水平。	发展规划型
2020年12月	国务院办公厅	《国务院办公厅关于进一步完善失信约束制度构建诚信建设长效机制的指导意见》	提出明确界定公共信用信息范围；严格规范失信行为认定依据。规范公共信用信息共享范围和程序；依法依规确定公共信用信息公开范围；严格限定严重失信主体名单设列领域范围；严格履行严重失信主体名单认定程序等。	指导建议型
2020年7月	工信部、国家发改委、科技部、财政部等	《关于健全支持中小企业发展制度的若干意见》	提出健全中小企业信用制度。坚持"政府+市场"的模式，建立健全中小企业信用信息归集、共享、查询机制，依托全国信用信息共享平台，及时整合共享各类涉企公共服务数据。	指导建议型
2020年5月	中共中央、国务院	《中共中央 国务院关于新时代加快完善社会主义市场经济体制的意见》	修订反垄断法，推动社会信用法律建设，维护公平竞争市场环境。	指导建议型
2020年4月	财政部、农业农村部、中国银行保险监督管理委员会、中国人民银行	《关于进一步做好全国农业信贷担保工作的通知》	提出建立健全全国农担体系、始终确保全国农担体系的独立性、不断健全农担风险防控机制，充分利用数据信息。省级农担公司要接入人民银行征信系统，鼓励省级农担公司与征信机构和评级机构开展合作，进一步提高银担业务合作效率和风险防控水平。	支持类
2020年3月	国家发改委	《国家发展改革委2019年度推进法治政府建设进展情况》	加快立法工作步伐，加快起草《社会信用法》。	支持类
2019年10月	国务院	《优化营商环境条例》	第三十条明确提出，国家加强社会信用体系建设，持续推进政务诚信、商务诚信、社会诚信和司法公信建设，提高全社会诚信意识和信用水平，维护信用信息安全，严格保护商业秘密和个人隐私。	规范型
2019年9月	国家发改委、银保监会	《关于深入开展"信易贷"支持中小微企业融资的通知》	就深入开展"信易贷"工作，从建立健全信用信息归集共享查询机制、建立健全中小微企业信用评价体系、支持金融机构创新"信易贷"产品和服务、创新"信易贷"违约风险处置机制、鼓励地方政府出台"信易贷"支持政策以及加强"信易贷"管理考核激励等六个方面做出部署。	支持类

续表

发布时间	发布部门	政策名称	重点内容解读	政策性质
2019年7月	国家发改委	《关于进一步降低中国人民银行征信中心服务收费标准的通知》	《通知》规定，商业银行等机构查询企业信用报告基准服务费标准由每份40元降低至20元，查询个人信用报告基准服务费标准由每份4元降低至2元。应收账款质押登记收费标准由每件每年60元降低至30元，变更登记、异议登记收费标准由每件每次20元降低至10元。	规范型
2019年7月	国务院办公厅	《关于加快推进社会信用体系建设构建以信用为基础的新型监管机制的指导意见》	按照依法依规、改革创新、协同共治的基本原则，以加强信用监管为着力点，创新监管理念、监管制度和监管方式，建立健全贯穿市场主体全生命周期，衔接事前、事中、事后全监管环节的新型监管机制，不断提升监管能力和水平，进一步规范市场秩序，优化营商环境，推动高质量发展。	指导建议型
2014年2月	中国人民银行	《关于加快小微企业和农村信用体系建设的意见》	完善信用信息征集体系、建立信用评价机制、健全信息通报与应用制度、推进试验区建设、健全政策支持体系、发挥宣传引导作用等六项工作任务，进一步健全了小微企业信用体系建设的基本框架和工作内容。	指导建议型

资料来源：前瞻产业研究院整理。

（三）我国征信业行业标准

1. 征信标准化的定义及功能

《中华人民共和国标准化法》第三条规定："标准化工作的任务是制定标准、组织实施标准和对标准的实施进行监督。"征信标准化是为了保证征信行业有一个有效、规范的运作秩序，解决资源共享的实际问题而制定的共同的和重复使用的指导性文件或规则的活动，包括标准的制定、实施和对标准的实施情况进行监督等。征信业标准化是保证行业高效率、高起点建设与发展的一项十分重要的基础工作。

按照国务院授权，在国家质量监督检验检疫总局管理下，国家标准化管理委员会统一管理全国标准化工作。国务院有关行政主管部门和国务院授权的有关行业协会分工管理本部门、本行业的标准化工作。征信业是一个新兴的行业，在国际标准化组织中并没有与之相对应的技术委员会或分技术委员会。从西方市场经济国家的经验看，征信数据的主要来源是银行，使用者也主要是银行，例如，美国征信数据的80%~90%来自商业银行，征信服务的用户80%以上也是商业银行。所以来自商业银行的征信数据采集和面向商业银行的征信数据服务，构成征信体系的最主要内容。国务院领导也多次提出从"信贷征信起步"，推动社会信用体系建设。2003年国务院赋予人民银行"推动社会信用制度及体系建设，规范和促进信贷征信业的健康发展"的职责，批准人民银行成立征信管理局，具体承担相关职责。因此，征信业标准的管理由金融行业标准化归口单位（全国金融标准化技术委员会）统一规划与管理，征信标准的制定、组织和管理活动是在全国金融标准化技术委员会的统一指导下开展的。

【延伸阅读 7-3】

全国金融标准化技术委员会的职能及组成

全国金融标准化技术委员会（SAC/TC180）（以下简称金标委）是经国家标准化管理委员会授权，在金融领域内从事全国性标准化工作的非法人技术组织。金标委负责金融业标准化技术归口管理工作，负责国际标准化组织下设的金融服务标准化技术委员会（ISO/TC 68）、个人理财标准化技术委员会（ISO/TC 222）及可持续金融技术委员会（ISO/TC 322）的归口管理工作。国家标准化管理委员会委托中国人民银行对金标委进行领导和管理。金标委下设证券、保险、印制3个分技术委员会，分别负责开展证券、保险、印制的专业标准化工作。

第一届金标委于1991年成立，委员33人。第二届金标委于2002年成立，委员56人。第三届金标委于2012年5月成立，委员48人。第四届金标委于2017年6月成立，委员59人，来自中国人民银行有关司局及直属单位、银监会、证监会、保监会，银行、证券、保险等金融机构，以及标准化研究机构等多家单位。截至2019年8月，现行的金融国家标准有65项，金融行业标准251项。金融标准的颁布实施，促进了金融业技术与管理的进步，为金融业高质量发展奠定了坚实基础，取得了显著的社会效益和经济效益。金标委秘书处是金标委的常设机构，负责处理金标委的日常事务，包括组织制定标准体系、组建标准工作组、组织标准制（修）订、标准复审、宣传培训等，秘书处设在中国人民银行科技司。

2. 征信标准体系

征信标准体系是由征信体系建设范围内具有内在联系的标准组成的科学的有机整体。征信标准体系分为基础标准分体系、监管标准分体系、信息技术标准分体系、业务标准分体系、服务标准分体系、安全标准分体系。

当前，我国征信体系建设已经取得阶段性成果，全国统一的企业和个人信用信息基础数据库已经顺利建成。基础数据库的信息网络覆盖全国所有的金融机构，在全国范围内为每一个借款企业和有经济活动能力的个人，建立了信用档案。为全面、客观地反映企业和个人的信用状况，充分发挥信用信息基础数据库的作用，人民银行根据商业银行、企业和政府部门的需求，将推动基础数据库在采集金融信息为金融机构和金融市场服务的基础上，逐步扩大信息采集的范围和信息服务的范围。人民银行积极推动非银行信息的采集工作，并和多个政府部门达成了信息共享协议。为实现各级、各类数据交换平台与征信系统的互联互通、信息共享，保障企业和个人信用信息基础数据库采集范围和提供服务领域的不断扩大，加快推动标准化工作势在必行。

企业和个人征信涉及企业商业秘密和个人隐私，数据全国范围集中后还关系到国家信息安全，因此，从业机构及人员的行为应当严格规范。完备的法律法规和行业标准，是征信行业健康发展的保障。目前在征信法规不能很快出台的情况下，需要更多地发挥标准规范和管理市场的作用。通过对信息提供者、征信机构和信用信息使用者及其从业人员在运作程序和职业操守等方面进行规范，可维护征信市场秩序，有效保护被征信人的合法权益和信息安全，提高征信产品质量，促进征信体系健康发展。

征信标准化工作对于我国征信行业的发展关系重大，对我国社会信用体系建设将产生深远影响。征信标准的制定直接影响征信机构的运行成本，影响我国征信市场化规范化经营的征信机构的布局，以及征信机构做大做强的政策和资金门槛。征信标准化工作，可以促进信用信息在不同部门、不同行业的管理信息系统和有资质的征信机构间顺畅交换，实现信用信息共享，保障企业和个人信用信息基础数据库采集范围和服务领域的不断扩大，提高征信行业运行的效率，规范征信业务操作流程，保证征信数据和征信产品的质量，有效保护被征信人的合法权益和信息安全，促进征信业规范、安全、有序、健康发展。

【延伸阅读 7-4】

国外征信标准化

由于征信业是一个新兴的行业，在国际标准化组织中并没有与之相对应的技术委员会或分技术委员会。但是由于征信的发展与金融、网络通信技术和信息技术的发展有着密切关系，从国外的经验看，征信行业标准的制定绝大多数采用了世界上通用的信息技术标准、网络、安全标准以及金融领域的标准。在一些行业特色较强的方面一些大的征信公司提出了自己的标准。美国征信局协会（CDIA）制定了专用于美国征信局的标准数据报告格式和数据搜集格式 Metro1 和 Metro2。由美国信用报告协会设计的表格 2000 也成为征信局出具的个人信用报告的标准格式。

邓白氏编码是全球企业征信巨头邓白氏公司编制的企业身份识别系统。目前，邓白氏编码已经成为国际标准（1993 年被国际标准化组织接受），先后被世界上多个工业和贸易组织接受。

印度征信行业的发展虽然起步较晚，但是发展却非常迅速，主要原因是得益于国家对征信行业发展的统一规划。为促进征信市场的发展，印度提出了完整的征信标准体系。

第三节 征信业监管体系

一、征信业监管机构

征信监督机构的主要职责是对征信机构及其业务的日常经营活动进行监督管理，

发挥规范征信业务，保护信用交易双方权益，维护征信市场秩序，促进征信业健康有序发展的作用。通过制定一系列关于征信机构资质、业务流程、服务等管理活动中设计的标准，可为科学监管征信业提供技术依据，引导征信机构规范运作。

（一）征信监管机构的主要类型

1. 成立专门的征信业监管机构

一般是设立独立的信息保护监管当局作为征信业监管机构。如英国设立的信息委员会、泰国设立的信用信息保护委员会等。除设立专门的征信监管当署，有些国家还会借助其他部门对征信机构进行监管。如英国的公平贸易办公室负责对从事信用信息业务的征信机构颁发许可证；泰国财政部负责征信机构的成立许可，泰国银行也有协助信用信息保护委员会的职责。

2. 政府部门或中央银行履行监管职权

不设立专门的监管机构，由政府部门或者中央银行履行监管职权。如美国的征信监管机构涉及联邦贸易委员会、联邦储备委员会、财政部货币监理署、证券交易委员会等多个部门，并未新设征信监管的专门机构；韩国管理信息保护和征信机构的职责则由韩国金融监督委员会承担。

（二）我国征信监管机构的设置与职责

2003年，国务院赋予中国人民银行"管理信贷征信业，推动建立社会信用体系"职责，批准设立征信管理局，履行国务院赋予的职责。同年，上海、北京、广东等地率先启动区域社会征信业发展试点，一批地方性征信机构设立并得到迅速发展，部分信用评级机构开始开拓银行间债券市场信用评级等新的信用服务领域，国际知名信用评级机构先后进入中国市场。自此，我国征信业走入了快速发展的轨道。2004年，中国人民银行建成全国集中统一的个人信用信息基础数据库。2005年，银行信贷登记咨询系统升级为全国集中统一的企业信用信息基础数据库。同年，中国人民银行发布了《个人信用信息基础数据库管理暂行办法》，并相继出台配套制度，保障了个人信用信息基础数据库的建设和运行，规范了商业银行报送、查询和使用个人信用信息的行为。

2008年，国务院将中国人民银行征信管理职责调整为"管理征信业"并牵头社会信用体系建设部际联席会议。同年发布了《中国人民银行关于加强银行间债券市场信用评级作业管理的通知》，对评级机构在银行间债券市场评级的现场访谈、作业时间进行了规范。2011年牵头单位中增加了国家发展和改革委员会。

2013年3月15日《征信业管理条例》正式实施，以法律形式明确了中国人民银行及其派出机构依法对征信业进行监督管理，为中国人民银行依法履职提供了完善的法制基础。

《征信业管理条例》明确中国人民银行及其派出机构是征信业监督管理部门，依法履行对征信业和金融信用信息基础数据库运行机构的监督管理职责：一是制定征信业管理的规章制度；二是管理征信机构的市场准入与退出，审批从事个人征信业务的机构，接受从事企业征信业务的征信机构的备案，定期向社会公告征信机构名单；三是对征信业务活动进行常规管理；四是对征信机构、金融信用信息基础数据库运行机构以及向金融信用信息基础数据库报送或者查询信息的机构遵守《征信业管理条例》及有关规章制度的情况进行检查，对违法行为进行处罚；五是处理信息主体提出的投诉。

二、征信业的监管内容

我国征信业监管主要包括征信机构管理、征信业务管理与从业人员管理。

（一）征信机构管理

根据《征信业管理条例》的精神，我国对从事个人征信业务的机构和从事企业征信业务的机构实行分类监管：对经营个人征信业务的征信机构，实行严格的机构准入管理，即通过对征信机构的许可制管理和严格的日常监管，保护个人信息主体的合法权益；对经营企业征信业务的征信机构，实行较为宽松的监管，即采取备案制管理，通过相对低的行业准入门槛，吸引更多的投资和人员进入征信行业，并通过征信机构之间的竞争，提高服务质量和水平，实现企业征信业务的快速、健康发展。

1. 从事个人征信业务的机构准入管理

由于个人征信机构从事的主要业务涉及个人信用信息的采集、加工、整理和分析，为保障个人信息安全，相较于企业征信机构，对个人征信机构的要求宜高起点、严要求，对个人征信机构的资本金、设施和高管人员的要求都必不可少。

《征信业管理条例》与《征信机构管理办法》规定，设立从事个人征信业务的征信机构不仅应当符合《中华人民共和国公司法》规定的公司设立条件，还应具备以下条件：（1）主要股东信誉良好，最近3年无重大违法违规记录；（2）注册资本不少于人民币5 000万元；（3）有符合国务院征信业监督管理部门规定的保障信息安全的设施、设备和制度、措施；（4）拟任董事、监事和高级管理人员具备任职条件；（5）国务院征信业监督管理部门规定的其他审慎性条件。

设立从事个人征信业务的征信机构应遵循以下程序：（1）申请设立从事个人征信业务的征信机构，应当向国务院征信业监督管理部门提交申请书和证明其符合设立条件的材料。（2）国务院征信业监督管理部门应当依法进行审查，自受理申请之日起60日内作出批准或者不予批准的决定。决定批准的，颁发个人征信业务经营许可证；不予批准的，应当书面说明理由。（3）经批准设立的经营个人征信业务的征信机构，凭个人征信业务经营许可证向公司登记机关办理登记。未经国务院征信业监督管理部门批准，任何单位和个人不得从事个人经营个人征信业务。

经营个人征信业务的征信机构设立分支机构、合并或者分立、变更注册资本、变更出资额占公司资本总额5%以上或者持股占公司股份5%以上的股东的，应当经国务院征信业监督管理部门批准。经营个人征信业务的征信机构变更名称的，应当向国务院征信业监督管理部门办理备案。

2. 从事企业征信业务的机构备案管理

对于企业征信业务，普遍认为，应重在促进企业信用信息的开放透明，而不应作过多限制性规定，主要市场经济国家对企业征信机构也基本不作专门的规定，为此，我国对从事企业征信业务的征信机构的设立适用一般企业设立的规定，不另行设置前置审批。

《征信业管理条例》与《征信机构管理办法》规定，设立企业征信机构，应当符合《中华人民共和国公司法》规定的公司设立条件，自公司登记机关准予登记之日起30日内向所在地的中国人民银行省会（首府）城市中心支行以上分支机构办理备案。从事企业征信业务的征信机构办理备案，应当提供的材料包括：企业征信机构备案表；营业执照复印件；股权结构说明，包括资本、股东名单及其出资额或者所持股份；组织机构设置以及人员基本构成说明；业务范围和业务规则基本情况报告；业务系统的基本情况，包括企业信用信息系统建设情况报告和具有国家信息安全等级保护测评资质的机构出具的企业信用信息系统安全测评报告；信息安全和风险防范措施，包括已经建立的内控制度和安全管理制度。

从事企业征信业务的征信机构上述备案事项发生变更的，应当自公司登记机构准予变更之日起30日内向原备案部门办理变更备案。

需要强调的是，无论是从事个人征信业务的征信机构，还是从事企业征信业务的征信机构，在发生解散或者被依法宣告破产等情形，需要退出征信市场的，均应向监管部门报告，并妥善处理信息数据库，保证信用信息安全。信息数据库的处理方式包括：与其他征信机构约定并经监管部门同意，转让给其他征信机构；不能按前项规定转让的，移交给监管部门指定的征信机构；不能按前两项规定转让、移交的，在监管部门的监督下销毁。经营个人征信业务的征信机构解散或者被依法宣告破产的，还应当在国务院征信业监督管理部门指定的媒体上公告，并将个人征信业务经营许可证交国务院征信业监督管理部门注销。

（二）征信业务管理

1. 征信业务一般监管

信息收集和使用是征信活动的主要内容，因此对于征信业务一般规则的设置主要侧重于信用信息的合规采集和使用。

（1）信用信息征集业务规则。国外征信业发展实践表明，规范的个人信用信息征集行为，是保护消费者利益和规范征信机构运营的基础。我国《征信业管理条例》也主要是对收集个人信用信息进行规定，对收集企业信用信息未设置过多要求。

在信用信息征集的范围和内容方面，监管部门主要是对信息征集的范围和内容进行规定和限制，重点是明确征集信息的法律禁止事项，包括禁止征集和限制征集的内容。我国《征信业管理条例》规定：禁止征信机构采集个人的宗教信仰、基因、指纹、血型、疾病和病史信息以及法律、行政法规规定禁止采集的其他个人信息。征信机构不得采集个人的收入、存款、有价证券、商业保险、不动产的信息和纳税数额信息。但是，征信机构明确告知信息主体提供该信息可能产生的不利后果，并取得其书面同意的除外。同时，征信机构不得采集法律、行政法规禁止采集的企业信息。

在信用信息征集程序方面，监管部门会考虑信用信息的征集是否需要经过信息主体同意。我国《征信业管理条例》规定：对于征信机构，除法律、行政法规公开的信息外，采集个人信息应当经信息主体本人同意，未经本人同意不得采集。征信机构可以通过信息主体、企业交易对方、行业协会提供的信息，政府有关部门依法已公开的信息，人民法院依法公布的判决、裁定等渠道，采集企业信息。征信机构不得采集法律、行政法规禁止采集的企业信息。

在征信机构负面信息的保留期限方面，监管部门往往会作出相应规定和要求。目前，《征信业管理条例》中规定：征信机构对个人不良信息的保存期限，自不良行为或者事件终止之日起为5年；超过5年的，应当予以删除。在不良信息保存期限内，信息主体可以对不良信息作出说明，征信机构应当予以记载。不良信息，是指对信息主体信用状况构成负面影响的下列信息：信息主体在借贷、赊购、担保、租赁、保险、使用信用卡等活动中未按照合同履行义务的信息，对信息主体的行政处罚信息，人民法院判决或者裁定信息主体履行义务以及强制执行的信息，以及国务院征信业监督管理部门规定的其他不良信息。

（2）信用信息使用业务规则。在信息使用环节，监管部门对征信业务的管理主要集中在征信机构信息使用的目的、范围以及信息使用的安全性方面。

对信用信息的使用目的和范围的管理。国外在信用信息使用方面基本都要求使用信用信息必须用于指定的明确目的，应与其征集和处理的目的相关且不得超出该范围。对于我国征信机构而言，个人信用信息的使用也主要集中在授权管理方面，同时辅之以约定用途管理。我国《征信业管理条例》规定，信息主体可以向征信机构查询自身信息。个人信息主体有权每年两次免费获取本人的信用报告。向征信机构查询个人信息的，应当取得信息主体本人的书面同意并约定用途。但是，法律规定可以不经同意查询的除外。征信机构不得违反前款规定提供个人信息。信息使用者应当按照与个人信息主体约定的用途使用个人信息，不得用作约定以外的用途，不得未经个人信息主体同意向第三方提供个人信息。

对信用信息使用安全性的管理。信息使用的安全性主要是指征信机构开展征信业务时，应符合国家信息安全和保密要求。具体而言，一是征信机构应当按照国务院征信业监督管理部门的规定，建立健全的保障信息安全的规章制度并严格执行，采取有效技术措施保障信息安全。二是征信机构在中国境内采集的信息的整理、保存和加工，应当在中国境内进行。征信机构向境外组织或者个人提供信息，应当遵守法律、行政法规和国务院征信业监督管理部门的有关规定。三是征信机构应当对其工作人员查询个人信息的权限和程序作出明确规定，对工作人员查询个人信息的情况进行登记，如实记载查询工作人员的姓名，查询的时间、内容及用途。工作人员不得违反规定的权限和程序查询信息，不得泄露工作中获取的信息。

2. 征信业务其他监管

（1）对信息报送机构业务的管理。目前，从我国实际情况看，从事信息报送业务的机构主要是金融机构。对于信息报送业务的管理要求主要包括：一是从事信贷业务的机构向金融信用信息基础数据库或者其他主体提供信贷信息，应当事先取得信息主体的书面同意。二是征信机构应当按照国家信息安全保护等级测评标准，对信用信息系统的安全情况进行测评。三是在发生异议信息时，及时进行异议处理，保证数据质量。四是金融机构要对业务操作系统中数据的查询、上报征信机构数据文件等敏感操作建立登记制度，同时明确信息报送人员的职责及操作规程，保证信用信息的安全。五是制定有关信用信息报送、查询、使用、异议处理、安全管理等方面的内部管理制度和操作规程，并报送监管部门备案。其他信息提供者在信息报送业务中，也要遵循信息征集范围、征集程序、安全管理、信息准确等监管要求。

（2）对信贷登记机构业务的管理。目前我国从事信贷登记业务的机构主要是征信中心，主要工作是接收金融机构按规定报送的信贷信息，并负责金融信用信息基础数据库的建设、运行和维护。信贷登记机构除应遵循一般征信业务规则外，还应该注重信用信息的安全和保密。具体业务要求为：信贷登记机构应建立信用信息保密管理制度，主要包括对信用信息的使用、信息的保密、信息载体的保管、工作人员使用信用信息的要求以及对泄露信用信息行为的罚则措施等；应建立"防火墙"制度，避免业务部门的人员、业务、档案等与其他部门的交叉；建立数据库安全和管理制度，明确不同类别数据的保存期限和保存方式、保管（数据维护）人的责任等内容，确保数据库安全运行；建立信息档案管理制度；建立金融信用信息基础数据库内部运行和外部访问的监控制度，监督金融信用信息基础数据库用户操作，防范对金融信用信息基础数据库的非法入侵；建立灾难备份系统，采取必要的安全保障措施，防止系统数据丢失。

3. 对信息查询机构业务的管理

目前，我国从事信息查询业务的机构主要是金融机构，对于信息查询业务的管理，重点是金融机构合规查询和使用个人信用信息。一是金融机构查询和使用个人信用信息的用途管理。根据《个人信用信息基础数据库管理暂行办法》第十二条规定，商业银行办理下列业务，可以向个人信用数据库查询个人信用报告：审核个人贷款申请的；审核个人贷记卡、准贷记卡申请的；审核个人作为担保人的；对已发放的个人信贷进行贷后风险管理的；受理法人或其他组织的贷款申请或其作为担保人，需要查询其法定代表人及出资人信用状况的。二是金融机构查询和使用个人信用信息的授权管理。《个人信用信息基础数据库管理暂行办法》除对已发放的个人信贷进行贷后风险管理的，商业银行查询个人信用报告时应当取得被查询人的书面授权。书面授权可以通过在贷款、贷记卡、准贷记卡以及担保申请书中增加相应条款取得。商业银行应当制定贷后风险管理查询个人信用报告的内部授权制度和查询管理程序。三是金融机构查询用户的管理。商业银行应当建立用户管理制度，明确管理员用户、数据上报用户和信息查询用户的职责及操作规程。商业银行管理员用户、数据上报用户和查询用户不得互相兼职。商业银行管理员用户、数据上报用户和查询用户须报中国人民银行征信管理部门和征信服务中心备案。当用户工作人员发生变动，商业银行应当在2个工作日内向中国人民银行征信管理部门和征信服务中心变更备案。

4. 对资信调查机构业务的管理

监管部门对于资信调查业务的管理重点集中在规范资信调查的用途、调查方式、调查程序以及调查报告的内容方面。

资信调查业务的用途主要包括：信用交易的交易方评估已有或潜在客户的信用状况；用于授信决策参考或处理逾期账款和经济纠纷；由调查对象发起的其他合法交易活动，如保险公司向消费者提供保险服务等。

资信调查机构应明确告知调查对象调查的内容、方式及用途。调查方式主要包括通知调查、实地调查及访谈调查。通知调查是资信调查机构要求被调查人提供相关资料，然后对该资料和记录进行抽样验证、分析的调查方式；实地调查主要是调查人员到被调查人所在地进行调查；访谈调查是指调查人员为求证事实和疑点，向相关人员进行访谈。

资信调查业务的具体流程要求：第一步，签订委托合同，明确调查项目、调查目的、调查方式；在签订合同前，应审核调查项目目的的合法性与可行性。第二步，制订调查计划，经资信调查机构负责人或其授权的工作人员批准后实施计划。第三步，实施调查，收集调查对象的背景资料及有关信息，并进行核实与整理信息，采取直接或间接方式开展调查。第四步，撰写资信调查报告，经调查对象确认后，再向委托人提供资信调查报告。

资信调查报告应至少包括的内容：对调查目的及针对性的阐述；明确调查信息的使用范围和注意事项；对调查对象基本情况的描述；对调查对象信用状况、履约能力的评价；除信息来源方要求保密外，应将信息来源告知委托方。

根据上述要求，资信调查机构须建立资信调查报告质量控制制度，明确信用调查报告的基本要求、报告内容等，同时明确信用调查项目负责人、报告撰写人、内部审查人员等质量保障相关人员的职责；建立实地调查制度，根据委托方委托调查范围，开展实地尽职调查。

（三）从业人员管理

1. 董事、监事和高级管理人员任职资格管理

征信机构的从业人员需要充分具备开展征信业所需的专业技能，尤其是高管人员一般应从法律法规、管理能力和消极条件等方面进行规定。

（1）经营个人征信业务的征信机构的董事、监事和高级管理人员，应当熟悉与征信业务相关的法律法规。董事、监事和高级管理人员是征信机构的决策者和主要运营者，熟悉与征信机构相关的法律制度，是保障征信机构规范运营、健康发展的基本前提。其一，与征信相关的法律法规中，国务院征信业监督管理部门所制定的部门规章和其他规范性文件，虽不属于法律、法规，但与征信紧密相连，是经营个人征信业务的征信机构的董事、监事和高级管理人员也应熟悉的重要制度。其二，征信机构运营中涉及《中华人民共和国民法典》《中华人民共和国公司法》《中华人民共和国刑法》《中华人民共和国政府信息公开条例》等法律法规的相关内容，经营个人征信业务的征信机构的董事、监事和高级管理人员应对此有明晰的了解。

（2）经营个人征信业务的征信机构的董事、监事和高级管理人员，应当具有履行职责所需的管理能力。其一，公司的运营本身就需要董事、监事和高级管理人员具有符合其各自职位的管理能力，如决策能力、组织能力、内外协调能力等。其二，征信

业务具有较强的专业性，经营个人征信业务的征信机构的董事、监事和高级管理人员应当具备处理征信业务技术问题的能力，包括掌握必要的专业知识，能够从事专业问题的分析研究，能够熟练运用专业工具和方法等。

（3）经营个人征信业务的征信机构的董事、监事和高级管理人员任职资格的消极条件。《征信机构管理办法》规定有下列情形之一的，不得担任个人征信机构董事、监事和高级管理人员：因贪污、贿赂、侵占财产、挪用财产或者破坏社会主义市场经济秩序，被判处刑罚，或者因犯罪被剥夺政治权利，执行期满未逾5年的；最近3年有重大违法违规记录的。"最近3年无重大违法违规记录"应是3年内没有因违法违规行为受到刑事处罚或重大行政处罚的记录。由于征信机构经营与信用相关的业务，应对其董事、监事和高级管理人员在信用方面有更高的要求。

2. 从业人员执业资格管理

监管部门统一制定征信机构专职业务人员执业资格考试办法，由征信业协会组织实施。征信业协会负责征信从业人员执业资格的确认、检查、变更和注销等事宜，并建立征信从业人员资格管理信息系统，进行执业资格公示和注册登记管理。通过征信从业人员资格考试、在征信机构从事征信业务的，应由本人通过所在征信机构向征信业协会提出执业资格证书申请。征信机构不得任用未取得执业资格证书的人员从事征信业务，个人和征信机构不得在办理执业资格证书申请过程中弄虚作假。

三、我国征信业监管机制

征信监管机制是指征信法律制度体系框架、监管机关、征信机构、征信市场、征信参与者之间，在法定的制度安排下，形成有序的组织结构和稳定的运行规律，并在相互作用下产生良性的社会功能。我国已形成中国人民银行及其派出机构主抓征信业的管理、其他部门积极配合的管理架构，以尽可能避免出现管理真空，从而推动征信业的健康有序发展。

1. 明确中国人民银行对征信业的监督管理职责

我国的征信业是从信贷征信起步，逐步发展到经济领域征信，金融机构是征信机构的主要信息来源和产品使用者。考虑到征信业与金融业的紧密关系，2008年，《国务院办公厅关于印发中国人民银行主要职责内设机构和人员编制规定的通知》将中国人民银行的职责由"管理信贷征信业"调整为"管理征信业，推动社会信用体系建设"。但在《征信业管理条例》出台前，中国人民银行对征信业的管理职责没有法律保障，管理手段和管理措施也不够。

《征信业管理条例》第四条规定："中国人民银行（以下称国务院征信业监督管理部门）及其派出机构依法对征信业进行监督管理。"《征信业管理条例》明确了中国人民银行及其分支机构行使对征信业的监督管理职责。对征信业的监督管理职责由中国人民银行总行及其分支机构共同行使，根据《中华人民共和国中国人民银行法》及《征信业管理条例》的规定，分支机构在授权范围内，对辖内的征信机构及其征信业务进行管理。中国人民银行应当依法制定征信业监督管理的规章制度，审批个人征信机构的设立，接受企业征信机构的备案，组织对征信机构、金融信用信息基础数据库运行机构的检查等。

《征信业管理条例》为中国人民银行对征信业实施监督管理的措施和手段提供了法律保障，中国人民银行作为国务院征信业监督管理部门，可及时有效地掌握征信机构的组织管理及业务开展情况，了解征信市场发展的深层次问题，规范征信行业健康发展。

2. 明确地方政府和国务院有关部门在社会信用体系建设中的职责

根据《国务院办公厅关于社会信用体系建设的若干意见》和国务院社会信用体系建设部际联席会议的有关制度，地方政府和行业主管部门在推动地方信用体系和行业信用体系建设方面发挥着重要作用。国务院有关部门和地方政府通过建立本行业、本地区的信用信息系统，依法依规有效采集和应用个人、企业、事业单位及其他社会组织的信用信息；对本地区各部门、各单位的信用信息进行整合，形成统一平台，实现对失信行为的协同监管，改善各行业、各部门、各地区的信用环境。

《征信业管理条例》第四条规定，"县级以上地方人民政府和国务院有关部门依法推进本地区、本行业的社会信用体系建设，培育征信市场，推动征信业发展"。

县级以上地方人民政府、国务院有关部门在培育征信市场、推动征信业发展中也发挥着重要作用。

（1）将自身在履职过程中所获得的个人和企业的信用信息，按照《中华人民共和国政府信息公开条例》的规定及时公开，制定信用信息公开的目录，形成信息公开的监督机制，解决征信机构信息来源渠道不畅、信息来源缺乏的问题，提高政府机关掌握的信用信息的使用效率。

（2）政府部门可以将企业和个人的信用状况作为选择资金扶持对象、落实优惠政策、对企业实行资质管理、安排发展项目、干部招聘、评优评先等的重要依据，通过征信机构的信息采集、查询等行为，既服务公共事务管理，又能培育征信市场、推动征信机构的发展壮大。

【思考练习】

一、填空题

1. 美国的征信业始于_____年，其第一家征信所是由_____建立的。
2. 美国、欧盟、日本征信业的发展模式分别是_____、_____及_____。
3. 中国征信行业发展可分为_____、_____、_____、_____等四个主要阶段。
4. 在美国征信法律法规中，_____是截至目前，美国信用法律体系中最具代表性的一部，也是影响力最大的一部。
5. _____的建立，标志着日本建构完成了一个相对完整的，以个人信息保护法为基本法、各部门单行法为补充法的法律体系。
6. 2008年5月1日施行的_____，是我国历史上第一部有关政府信息公开的全国性法规。

7. 中国人民银行征信管理局于_____年底启动了征信标准化工作，迄今共发布了____项标准。

8. _____是承担个人信用数据库日常运行和管理的部门。

9. 《征信业管理条例》规范的对象主要是_____及_____。

10. 征信标准化是为了保证征信行业有一个有效、规范的运作秩序，解决资源共享的实际问题而制定的共同的和重复使用的指导性文件或规则的活动，包括_____和_____等。

二、判断题

1. 在日本征信体系的形成构建过程中，行业协会发挥着非常重要的作用。（　　）

2. 美国征信立法是由于20世纪70年代征信业的快速发展所导致的系列问题而开始，走的是一条在发展中规范的立法过程。（　　）

3. 在市场主导型的征信体系中，中央银行承担着主要的监管职能。（　　）

4. 从中国征信市场发展的历程和现状看，中国征信市场的发展是典型的政府主导型征信制度模式。（　　）

5. 征信标准体系是由征信体系建设范围内具有外在联系的标准组成的科学的有机整体。（　　）

6. 征信机构是征信市场的组织载体，但不是征信市场的参与主体。（　　）

7. 征信管理体系是制定和实施征信方针和目标，并进而实现这些目标的一系列相互关联的要素的集合。（　　）

8. 目前，我国虽然已经基本确立了征信管理体制，初步形成了征信管理体系，但仍存在体制不健全、法律法规基础薄弱、管理手段不足等问题。（　　）

9. 《征信业管理条例》适用于在我国境内外从事个人或企业信用信息的采集、整理、保存、加工，并向信息使用者提供的征信业务及相关活动。（　　）

10. 《征信业管理条例》对设立从事个人征信业务的征信机构的管理相对严格，除符合公司法规定的条件外，还需具备主要股东信誉良好，最近1年无重大违法违规记录、注册资本不少于5 000万元等条件。（　　）

三、单项选择题

1. 美国《公平信用报告法》规定消费者个人的不良信用记录允许保留（　　）年。
A. 2　　　　　B. 5　　　　　C. 7　　　　　D. 10

2. 征信要监管，主要目的是（　　）。
A. 保护使用者的利益　　　　　B. 保护数据主体的利益
C. 保护征信机构的利益　　　　D. 保护政府的利益

3. 经营个人征信业务的征信机构的董事、监事和高级管理人员，应当熟悉与征信业务相关的法律法规，具有履行职责所需的征信业从业经验和管理能力，最近（　　）无重大违法违规记录，并取得国务院征信业监督管理部门核准的任职资格。
A. 半年　　　　B. 一年　　　　C. 两年　　　　D. 三年

4. 《征信业管理条例》经（　　）国务院第228次常务会议通过，现予公布。
   A. 2012年12月26日　　　　B. 2012年10月26日
   C. 2010年12月26日　　　　D. 2010年10月26日

5. 征信业务是指对（　　）等组织的信用信息和个人的信用信息进行采集、整理、保存、加工，并向信息使用者提供的活动。
   A. 金融保险机构　B. 银行业　　C. 企事业单位　D. 国有企业

6. 《征信业管理条例》对个人不良信用信息的保存期限设定为（　　）年，超过（　　）年的，应当予以删除。
   A. 3，3　　　　B. 5，5　　　　C. 6，6　　　　D. 2，2

7. 设立经营个人征信业务的征信机构的，主要股东信誉良好，最近（　　）年无重大违法违规记录，注册资本不少于人民币（　　）万元。
   A. 3，5 000　　B. 3，3 000　　C. 5，5 000　　D. 5，3 000

8. 设立经营企业征信业务的征信机构，自公司于登记机关准予登记之日起（　　）日内向所在地的国务院征信业监督管理部门派出机构办理备案。
   A. 15　　　　B. 25　　　　C. 30　　　　D. 35

9. 擅自设立经营个人征信业务的征信机构或者从事个人征信业务活动的，由国务院征信业监督管理部门予以取缔，处（　　）万元以上（　　）万元以下的罚款。
   A. 5，50　　　B. 5，30　　　C. 3，30　　　D. 3，50

10. 征信机构金融信用信息基础数据库运行机构违反条例规定，违法提供或者出售信息的，由国务院征信业监督管理部门或者其派出机构责令限期改正，对单位处（　　）万元以上（　　）万元以下的罚款；对直接负责的主管人员和其他直接责任人员处（　　）万元以上（　　）万元以下的罚款。
    A. 5，50；1，10　B. 1，10；1，5　C. 5，20；2，10　D. 10，20；2，10

四、多项选择题

1. 美国征信产品主要有（　　）。
   A. 个人征信调查　B. 企业征信调查　C. 企业资信报告　D. 信用记录

2. 目前，中国征信行业的主体主要有（　　）。
   A. 中国人民银行征信中心　　　　B. 各级政府设立的信息中心
   C. 金融行业协会　　　　　　　　D. 社会化征信机构

3. （　　）是美国征信体系的主要监管部门。
   A. 财政部货币监理署　　　　　　B. 联邦储备理事会
   C. 联邦贸易委员会　　　　　　　D. 消费者金融保护局

4. 设立经营企业征信业务的征信机构，应当符合《中华人民共和国公司法》规定的设立条件，并自公司登记机关准予登记之日起30日内向所在地的国务院征信业监督管理部门派出机构办理备案，并提供下列材料（　　）。
   A. 营业执照
   B. 股权结构、组织机构说明

C. 业务范围、业务规则、业务系统的基本情况

D. 信息安全和风险防范措施

5. 我国征信业监管主要包括（　　）。

A. 征信机构管理　B. 征信业务管理　C. 征信市场管理　D. 从业人员管理

6. 中国人民银行作为国务院征信业监督管理部门履行（　　）管理职责。

A. 制定征信业管理的规章制度，管理征信机构的市场

B. 对征信业务活动进行常规管理

C. 对征信机构、金融信用信息基础数据库运行机构等报送或查询信息的机构遵守《征信业管理条例》及有关规章制度的情况进行检查，对违法行为进行处罚

D. 受理信息主体提出的投诉

7. 征信机构、金融信用信息基础数据库运行机构违反《征信业管理条例》规定，有（　　）行为的，由国务院征信业监督管理部门给予处罚，构成犯罪的，依法追究刑事责任。

A. 窃取或者以其他方式非法获取信息，采集禁止采集的个人信息或者未经同意采集个人信息，违法提供或者出售信息

B. 因过失泄露信息，逾期不删除个人不良信息，未按照规定对异议信息进行核查和处理

C. 拒绝、阻碍国务院征信业监督管理部门或者其派出机构检查、调查或者不如实提供有关文件、资料

D. 违反征信业务规则，侵害信息主体合法权益的其他行为

五、简答题

1. 国外征信业的发展模式有哪些？
2. 中国征信业发展模式具有哪些特点？
3. 国外征信监管的主要模式有哪些？
4. 试分析国外征信业监管对中国有哪些启示。
5. 中国人民银行作为征信业监管机构的具体职责是什么？
6. 试分析当前我国互联网征信平台建设现状及问题。
7. 简述中国征信业监管体系的主要内容。

六、思考题

事件发生经过：2013 年 5 月的一天，某市中国人民银行的征信管理工作人员接到举报电话，称其辖区内的某商贸公司（以下简称 A 公司）打着"某市企业征信管理中心"的旗号征集企业征信业务信息。随后，某自然人（以下简称自然人 B）与其律师匆忙到中国人民银行反映其疑被某征信公司（以下简称 C 公司）的违法授权所欺骗。

据自然人 B 描述，2013 年 5 月初，他与 C 公司签订了一份 50 万元的加盟合同（当时协商先缴 10 万元，随后补齐），合同载明：C 公司自签订日起授权自然人 B 在某市境内作为"11315 企业征信业务"区域代理。但自然人 B 后来了解到 C 公司还同时

与其他企业或个人签订了同地域授权合同。为此,自然人B以自己没有能力经营为由,请C公司退还所交款项,但对方不予理睬,还要求其尽快缴纳剩下的加盟费。自然人B感到自己受骗了,遂到中国人民银行反映该情况。

事件调查结果:某市中国人民银行工作人员立即对A公司进行了调查,该公司法人代表称:她于2012年2月向C公司缴纳加盟费,注册成立现有公司,开展建立企业信用档案的征信业务,已为70多户企业建立了信用档案,每户收费800元。《征信业管理条例》(以下简称《条例》)实施后,C公司向她颁发了在某市开展企业征信业务的"授权书"。

中国人民银行工作人员查看了A公司的营业执照、机构代码证、税务登记证以及C公司出具的"授权书"等相关资料,初步确认:A公司是在某市工商局注册的独立法人,而非C公司的分支机构;对C公司在全国开展征信业务是否在中国人民银行备案无法确定,《条例》没有征信业务授权的相关规定,只有备案与审批的规定,所以其出具的"授权书"应属无效。

首先,C公司建立的所谓"全国企业征信系统"是在企业并不知情的情况下,按行政区域收集全国所有企业的名称并放入该系统,为企业建立"信用档案"。C公司所谓的分支机构——A公司,打着"某市企业征信管理中心"的名义电话通知企业领取信用档案,应属违规行为。且登录该"全国企业征信系统"的网址查看,该系统大多数的采集信息仅有企业名称和企业信用编码,除缴纳费用企业的"政府监督信息"部分较完整外,其他信息基本为空白。

其次,企业只要缴纳企业信用档案服务费,就可以使用该系统。C公司将缴纳了信用档案服务费的企业视为合作伙伴,给予较高的信用分值,授予"立信企业"称号,对未缴费的企业则给予相对较低的信用分值。另外,C公司还对企业进行评级,并出具《企业信用状况白皮书》,对在系统内分类排前3位的企业还另收取0.8万~2.8万元的特色服务费。

1. 结合以上案例,分析我国企业开展征信业务应具备的条件。
2. 分析加强征信联合监管机构建设的重要意义。

附录

《征信业管理条例》内容及解读

一、总则

第一章是总则,主要规定《征信业管理条例》的适用范围,包括适用的业务领域、业务类型等。征信监管体质,包括中国人民银行及其派出机构的监管职责,国务院有关部门和县级以上地方政府的相应职责。

第一条 为了规范征信活动,保护当事人合法权益,引导、促进征信业健康发展,推进社会信用体系建设,制定本条例。

第二条 在中国境内从事征信业务及相关活动,适用本条例。

本条例所称征信业务,是指对企业、事业单位等组织(以下统称企业)的信用信息和个人的信用信息进行采集、整理、保存、加工,并向信息使用者提供的活动。

国家设立的金融信用信息基础数据库进行信息的采集、整理、保存、加工和提供,适用本条例第五章规定。

国家机关以及法律、法规授权的具有管理公共事务职能的组织依照法律、行政法规和国务院的规定,为履行职责进行的企业和个人信息的采集、整理、保存、加工和公布,不适用本条例。

第三条 从事征信业务及相关活动,应当遵守法律法规,诚实守信,不得危害国家秘密,不得侵犯商业秘密和个人隐私。

第四条 中国人民银行(以下称国务院征信业监督管理部门)及其派出机构依法对征信业进行监督管理。

县级以上地方人民政府和国务院有关部门依法推进本地区、本行业的社会信用体系建设,培育征信市场,推动征信业发展。

二、征信机构

第二章是征信机构,包括征信机构的定义、类别、设立条件、审批程序等,以及对外商投资设立的征信机构、境外征信机构在境内经营征信业务的专门规定。

第五条 本条例所称征信机构,是指依法设立,主要经营征信业务的机构。

第六条 设立经营个人征信业务的征信机构,应当符合《中华人民共和国公司法》

规定的公司设立条件和下列条件，并经国务院征信业监督管理部门批准：

（一）主要股东信誉良好，最近3年无重大违法违规记录；

（二）注册资本不少于人民币5 000万元；

（三）有符合国务院征信业监督管理部门规定的保障信息安全的设施、设备和制度、措施；

（四）拟任董事、监事和高级管理人员符合本条例第八条规定的任职条件；

（五）国务院征信业监督管理部门规定的其他审慎性条件。

第七条 申请设立经营个人征信业务的征信机构，应当向国务院征信业监督管理部门提交申请书和证明其符合本条例第六条规定条件的材料。

国务院征信业监督管理部门应当依法进行审查，自受理申请之日起60日内作出批准或者不予批准的决定。决定批准的，颁发个人征信业务经营许可证；不予批准的，应当书面说明理由。

经批准设立的经营个人征信业务的征信机构，凭个人征信业务经营许可证向公司登记机关办理登记。

未经国务院征信业监督管理部门批准，任何单位和个人不得经营个人征信业务。

第八条 经营个人征信业务的征信机构的董事、监事和高级管理人员，应当熟悉与征信业务相关的法律法规，具有履行职责所需的征信业从业经验和管理能力，最近3年无重大违法违规记录，并取得国务院征信业监督管理部门核准的任职资格。

第九条 经营个人征信业务的征信机构设立分支机构、合并或者分立、变更注册资本、变更出资额占公司资本总额5%以上或者持股占公司股份5%以上的股东的，应当经国务院征信业监督管理部门批准。

经营个人征信业务的征信机构变更名称的，应当向国务院征信业监督管理部门办理备案。

第十条 设立经营企业征信业务的征信机构，应当符合《中华人民共和国公司法》规定的设立条件，并自公司登记机关准予登记之日起30日内向所在地的国务院征信业监督管理部门派出机构办理备案，并提供下列材料：

（一）营业执照；

（二）股权结构、组织机构说明；

（三）业务范围、业务规则、业务系统的基本情况；

（四）信息安全和风险防范措施。

备案事项发生变更的，应当自变更之日起30日内向原备案机构办理变更备案。

第十一条 征信机构应当按照国务院征信业监督管理部门的规定，报告上一年度开展征信业务的情况。

国务院征信业监督管理部门应当向社会公告经营个人征信业务和企业征信业务的征信机构名单，并及时更新。

第十二条 征信机构解散或者被依法宣告破产的，应当向国务院征信业监督管理部门报告，并按照下列方式处理信息数据库：

（一）与其他征信机构约定并经国务院征信业监督管理部门同意，转让给其他征信机构；

（二）不能依照前项规定转让的，移交给国务院征信业监督管理部门指定的征信机构；

（三）不能依照前两项规定转让、移交的，在国务院征信业监督管理部门的监督下销毁。

经营个人征信业务的征信机构解散或者被依法宣告破产的，还应当在国务院征信业监督管理部门指定的媒体上公告，并将个人征信业务经营许可证交国务院征信业监督管理部门注销。

三、征信业务规则

第三章是征信业务规则，包括个人征信业务规则、企业征信业务规则，以及加强征信信息管理的相关规定、技术措施等。

第十三条 采集个人信息应当经信息主体本人同意，未经本人同意不得采集。但是，依照法律、行政法规规定公开的信息除外。

企业的董事、监事、高级管理人员与其履行职务相关的信息，不作为个人信息。

第十四条 禁止征信机构采集个人的宗教信仰、基因、指纹、血型、疾病和病史信息以及法律、行政法规规定禁止采集的其他个人信息。

征信机构不得采集个人的收入、存款、有价证券、商业保险、不动产的信息和纳税数额信息。但是，征信机构明确告知信息主体提供该信息可能产生的不利后果，并取得其书面同意的除外。

第十五条 信息提供者向征信机构提供个人不良信息，应当事先告知信息主体本人。但是，依照法律、行政法规规定公开的不良信息除外。

第十六条 征信机构对个人不良信息的保存期限，自不良行为或者事件终止之日起为5年；超过5年的，应当予以删除。

在不良信息保存期限内，信息主体可以对不良信息作出说明，征信机构应当予以记载。

第十七条 信息主体可以向征信机构查询自身信息。个人信息主体有权每年两次免费获取本人的信用报告。

第十八条 向征信机构查询个人信息的，应当取得信息主体本人的书面同意并约定用途。但是，法律规定可以不经同意查询的除外。

征信机构不得违反前款规定提供个人信息。

第十九条 征信机构或者信息提供者、信息使用者采用格式合同条款取得个人信息主体同意的，应当在合同中作出足以引起信息主体注意的提示，并按照信息主体的要求作出明确说明。

第二十条 信息使用者应当按照与个人信息主体约定的用途使用个人信息，不得用作约定以外的用途，不得未经个人信息主体同意向第三方提供。

第二十一条 征信机构可以通过信息主体、企业交易对方、行业协会提供信息，政府有关部门依法已公开的信息，人民法院依法公布的判决、裁定等渠道，采集企业信息。

征信机构不得采集法律、行政法规禁止采集的企业信息。

第二十二条 征信机构应当按照国务院征信业监督管理部门的规定，建立健全和严格执行保障信息安全的规章制度，并采取有效技术措施保障信息安全。

经营个人征信业务的征信机构应当对其工作人员查询个人信息的权限和程序作出明确规定，对工作人员查询个人信息的情况进行登记，如实记载查询工作人员的姓名、查询的时间、内容及用途。工作人员不得违反规定的权限和程序查询信息，不得泄露工作中获取的信息。

第二十三条 征信机构应当采取合理措施，保障其提供信息的准确性。

征信机构提供的信息供信息使用者参考。

第二十四条 征信机构在中国境内采集的信息的整理、保存和加工，应当在中国境内进行。

征信机构向境外组织或者个人提供信息，应当遵守法律、行政法规和国务院征信业监督管理部门的有关规定。

四、异议和投诉

第四章是异议和投诉，包括信息主体对自身信用报告的知情权、异议申诉权等。

第二十五条 信息主体认为征信机构采集、保存、提供的信息存在错误、遗漏的，有权向征信机构或者信息提供者提出异议，要求更正。

征信机构或者信息提供者收到异议，应当按照国务院征信业监督管理部门的规定对相关信息作出存在异议的标注，自收到异议之日起20日内进行核查和处理，并将结果书面答复异议人。

经核查，确认相关信息确有错误、遗漏的，信息提供者、征信机构应当予以更正；确认不存在错误、遗漏的，应当取消异议标注；经核查仍不能确认的，对核查情况和异议内容应当予以记载。

第二十六条 信息主体认为征信机构或者信息提供者、信息使用者侵害其合法权益的，可以向所在地的国务院征信业监督管理部门派出机构投诉。

受理投诉的机构应当及时进行核查和处理，自受理之日起30日内书面答复投诉人。

信息主体认为征信机构或者信息提供者、信息使用者侵害其合法权益的，可以直接向人民法院起诉。

五、金融信用信息基础数据库

第五章是金融信用信息基础数据库，包括数据库信用信息的采集、报送、查询、使用等规定。

第二十七条　国家设立金融信用信息基础数据库，为防范金融风险、促进金融业发展提供相关信息服务。

金融信用信息基础数据库由专业运行机构建设、运行和维护。该运行机构不以营利为目的，由国务院征信业监督管理部门监督管理。

第二十八条　金融信用信息基础数据库接收从事信贷业务的机构按照规定提供的信贷信息。

金融信用信息基础数据库为信息主体和取得信息主体本人书面同意的信息使用者提供查询服务。国家机关可以依法查询金融信用信息基础数据库的信息。

第二十九条　从事信贷业务的机构应当按照规定向金融信用信息基础数据库提供信贷信息。

从事信贷业务的机构向金融信用信息基础数据库或者其他主体提供信贷信息，应当事先取得信息主体的书面同意，并适用本条例关于信息提供者的规定。

第三十条　不从事信贷业务的金融机构向金融信用信息基础数据库提供、查询信用信息以及金融信用信息基础数据库接收其提供的信用信息的具体办法，由国务院征信业监督管理部门会同国务院有关金融监督管理机构依法制定。

第三十一条　金融信用信息基础数据库运行机构可以按照补偿成本原则收取查询服务费用，收费标准由国务院价格主管部门规定。

第三十二条　本条例第十四条、第十六条、第十七条、第十八条、第二十二条、第二十三条、第二十四条、第二十五条、第二十六条适用于金融信用信息基础数据库运行机构。

六、监督管理

第六章是监督管理，包括国务院征信业监督管理部门及其派出机构的监督管理职责、监督检查措施、相关工作人员的保密要求等。

第三十三条　国务院征信业监督管理部门及其派出机构依照法律、行政法规和国务院的规定，履行对征信业和金融信用信息基础数据库运行机构的监督管理职责，可以采取下列监督检查措施：

（一）进入征信机构、金融信用信息基础数据库运行机构进行现场检查，对向金融信用信息基础数据库提供或者查询信息的机构遵守本条例有关规定的情况进行检查；

（二）询问当事人和与被调查事件有关的单位和个人，要求其对与被调查事件有关的事项作出说明；

（三）查阅、复制与被调查事件有关的文件、资料，对可能被转移、销毁、隐匿或者篡改的文件、资料予以封存；

（四）检查相关信息系统。

进行现场检查或者调查的人员不得少于2人，并应当出示合法证件和检查、调查通知书。

被检查、调查的单位和个人应当配合，如实提供有关文件、资料，不得隐瞒、拒绝和阻碍。

第三十四条 经营个人征信业务的征信机构、金融信用信息基础数据库、向金融信用信息基础数据库提供或者查询信息的机构发生重大信息泄露等事件的，国务院征信业监督管理部门可以采取临时接管相关信息系统等必要措施，避免损害扩大。

第三十五条 国务院征信业监督管理部门及其派出机构的工作人员对在工作中知悉的国家秘密和信息主体的信息，应当依法保密。

七、法律责任

第七章是法律责任，包括违规从事征信经营活动、采集禁止采集的个人信息或未经本人同意采集个人信息、对外提供或者出售信息等违法行为的法律责任。

第三十六条 未经国务院征信业监督管理部门批准，擅自设立经营个人征信业务的征信机构或者从事个人征信业务活动的，由国务院征信业监督管理部门予以取缔，没收违法所得，并处 5 万元以上 50 万元以下的罚款；构成犯罪的，依法追究刑事责任。

第三十七条 经营个人征信业务的征信机构违反本条例第九条规定的，由国务院征信业监督管理部门责令限期改正，对单位处 2 万元以上 20 万元以下的罚款；对直接负责的主管人员和其他直接责任人员给予警告，处 1 万元以下的罚款。

经营企业征信业务的征信机构未按照本条例第十条规定办理备案的，由其所在地的国务院征信业监督管理部门派出机构责令限期改正；逾期不改正的，依照前款规定处罚。

第三十八条 征信机构、金融信用信息基础数据库运行机构违反本条例规定，有下列行为之一的，由国务院征信业监督管理部门或者其派出机构责令限期改正，对单位处 5 万元以上 50 万元以下的罚款；对直接负责的主管人员和其他直接责任人员处 1 万元以上 10 万元以下的罚款；有违法所得的，没收违法所得。给信息主体造成损失的，依法承担民事责任；构成犯罪的，依法追究刑事责任：

（一）窃取或者以其他方式非法获取信息；

（二）采集禁止采集的个人信息或者未经同意采集个人信息；

（三）违法提供或者出售信息；

（四）因过失泄露信息；

（五）逾期不删除个人不良信息；

（六）未按照规定对异议信息进行核查和处理；

（七）拒绝、阻碍国务院征信业监督管理部门或者其派出机构检查、调查或者不如实提供有关文件、资料；

（八）违反征信业务规则，侵害信息主体合法权益的其他行为。

经营个人征信业务的征信机构有前款所列行为之一，情节严重或者造成严重后果的，由国务院征信业监督管理部门吊销其个人征信业务经营许可证。

第三十九条 征信机构违反本条例规定，未按照规定报告其上一年度开展征信业务情况的，由国务院征信业监督管理部门或者其派出机构责令限期改正；逾期不改正的，对单位处 2 万元以上 10 万元以下的罚款；对直接负责的主管人员和其他直接责任人员给予警告，处 1 万元以下的罚款。

第四十条 向金融信用信息基础数据库提供或者查询信息的机构违反本条例规定，有下列行为之一的，由国务院征信业监督管理部门或者其派出机构责令限期改正，对单位处 5 万元以上 50 万元以下的罚款；对直接负责的主管人员和其他直接责任人员处 1 万元以上 10 万元以下的罚款；有违法所得的，没收违法所得。给信息主体造成损失的，依法承担民事责任；构成犯罪的，依法追究刑事责任：

（一）违法提供或者出售信息；

（二）因过失泄露信息；

（三）未经同意查询个人信息或者企业的信贷信息；

（四）未按照规定处理异议或者对确有错误、遗漏的信息不予更正；

（五）拒绝、阻碍国务院征信业监督管理部门或者其派出机构检查、调查或者不如实提供有关文件、资料。

第四十一条 信息提供者违反本条例规定，向征信机构、金融信用信息基础数据库提供非依法公开的个人不良信息，未事先告知信息主体本人，情节严重或者造成严重后果的，由国务院征信业监督管理部门或者其派出机构对单位处 2 万元以上 20 万元以下的罚款；对个人处 1 万元以上 5 万元以下的罚款。

第四十二条 信息使用者违反本条例规定，未按照与个人信息主体约定的用途使用个人信息或者未经个人信息主体同意向第三方提供个人信息，情节严重或者造成严重后果的，由国务院征信业监督管理部门或者其派出机构对单位处 2 万元以上 20 万元以下的罚款；对个人处 1 万元以上 5 万元以下的罚款；有违法所得的，没收违法所得。给信息主体造成损失的，依法承担民事责任；构成犯罪的，依法追究刑事责任。

第四十三条 国务院征信业监督管理部门及其派出机构的工作人员滥用职权、玩忽职守、徇私舞弊，不依法履行监督管理职责，或者泄露国家秘密、信息主体信息的，依法给予处分。给信息主体造成损失的，依法承担民事责任；构成犯罪的，依法追究刑事责任。

八、附则

第四十四条 本条例下列用语的含义：

（一）信息提供者，是指向征信机构提供信息的单位和个人，以及向金融信用信息基础数据库提供信息的单位。

（二）信息使用者，是指从征信机构和金融信用信息基础数据库获取信息的单位和个人。

（三）不良信息，是指对信息主体信用状况构成负面影响的下列信息：信息主体在借贷、赊购、担保、租赁、保险、使用信用卡等活动中未按照合同履行义务的信息，对信息主体的行政处罚信息，人民法院判决或者裁定信息主体履行义务以及强制执行的信息，以及国务院征信业监督管理部门规定的其他不良信息。

第四十五条 外商投资征信机构的设立条件，由国务院征信业监督管理部门会同国务院有关部门制定，报国务院批准。

境外征信机构在境内经营征信业务，应当经国务院征信业监督管理部门批准。

第四十六条 本条例施行前已经经营个人征信业务的机构，应当自本条例施行之日起 6 个月内，依照本条例的规定申请个人征信业务经营许可证。

本条例施行前已经经营企业征信业务的机构，应当自本条例施行之日起 3 个月内，依照本条例的规定办理备案。

第四十七条 本条例自 2013 年 3 月 15 日起施行。

参考文献

[1] 安建. 征信业管理条例释义 [M]. 北京：中国民主法制出版社，2013.

[2] 章政，田侃等. 中国信用发展报告 [M]. 北京：社会科学文献出版社，2013.

[3] 胡大武，杜军等. 征信法律制度研究 [M]. 北京：法律制度出版社，2012.

[4] 叶谦，常胜等. 征信理论与实务 [M]. 北京：高等教育出版社，2015.

[5] 唐明琴. 征信理论与实务 [M]. 北京：中国金融出版社，2015.

[6] 王晓明. 征信体系构建、制度选择与发展路径 [M]. 北京：中国金融出版社，2015.

[7] 王艳君，郭瑞云，于千程. 商业银行授信业务 [M]. 北京：中国金融出版社，2012.

[8] 赵素春. 商业银行信贷业务 [M]. 北京：经济科学出版社，2010.

[9] 周建松. 信用卡知识读本 [M]. 北京：科学出版社，2008.

[10] 刘新海. 征信与大数据 [M]. 北京：中信出版社，2016.

[11] 中国人民银行征信管理局. 现代征信学 [M]. 北京：中国金融出版社，2015.

[12] 庄志龄. 中国征信所 [M]. 上海：上海远东出版社，2016.

[13] 周琼. 关于企业征信系统建设的探讨 [J]. 现代经济信息，2016（6）.

[14] 邹小芃，余君，钱英. 企业信用评估指标体系与评价方法研究 [J]. 数理统计与管理，2005（1）.

[15] 马燕. 全新视角下的信用担保尽职调查 [D]. 厦门：厦门大学，2013.

[16] 征信管理条例，2013 年 1 月 21 日中华人民共和国国务院令第 631 号.

[17] 关于公布失信被执行人员名单信息的若干规定，最高人民法院，2013 年 7 月 19 日.